当代学者论著文库
DANGDAI XUEZHE LUNZHUWENKU

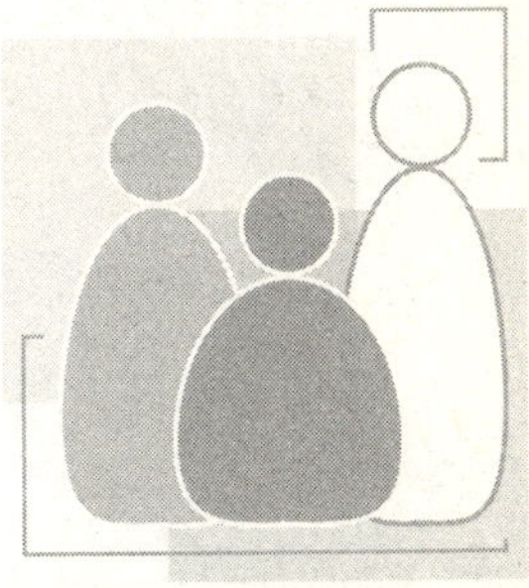

中国社会保护政策减贫效应研究

朱俊生 庹国柱 董晓波 张 琦 ◎ 著

ZHONGGUO SHEHUI BAOHU ZHENGCE JIANPIN XIAOYING YANJIU

首都经济贸易大学出版社
Capital University of Economics and Business Press
· 北 京 ·

图书在版编目(CIP)数据

中国社会保护政策减贫效应研究/朱俊生等著.—北京:首都经济贸易大学出版社,2013.4

(当代学者论著文库)

ISBN 978-7-5638-2036-8

Ⅰ.①中… Ⅱ.①朱… Ⅲ.①社会保障制度—关系—扶贫—研究—中国 Ⅳ.①D632.1②F124.7

中国版本图书馆 CIP 数据核字(2012)第 253935 号

中国社会保护政策减贫效应研究

朱俊生 庹国柱 董晓波 张 琦 著

出版发行 首都经济贸易大学出版社

地　　址 北京市朝阳区红庙(邮编 100026)

电　　话 (010)65976483 65065761 65071505(传真)

网　　址 http://www.sjmcb.com

E-mail publish@cueb.edu.cn

经　　销 全国新华书店

照　　排 首都经济贸易大学出版社激光照排服务部

印　　刷 北京市泰锐印刷有限责任公司

开　　本 787 毫米×980 毫米 1/16

字　　数 228 千字

印　　张 13

版　　次 2013 年 4 月第 1 版第 1 次印刷

书　　号 ISBN 978-7-5638-2036-8/D·130

定　　价 28.00 元

本书为中国国际扶贫中心2010年研究课题成果

课题组主要成员

庹国柱　朱俊生　张　琦
董晓波　卢海元　雒庆举
潘绍明

目　　录

引言

一、问题的提出：社会保护政策成为新时期减贫的重要政策选择

人人共享社会发展成果是社会群体和政府为之共同努力的价值目标，反贫困战略在帮助贫困群体化解贫困风险和顺利摆脱贫困循环圈中发挥着至关重要的作用。改革开放以来，中国的农村反贫困实践取得了举世瞩目的成绩。这一成绩的取得主要是经济体制改革和开发式扶贫的结果。其中，20 世纪 80 年代中期开始的开发式扶贫从利用农村资源和改善农村基础设施出发，将农村发展与提高贫困家庭的劳动和发展能力相结合，对消除和减少农村贫困发挥了重要的作用。开发式扶贫政策隐含的前提是贫困者有机会、有能力从这些扶贫项目中受益。然而，在新的历史阶段，随着贫困的性质和形式的变化，这些前提性假设基本都不复存在了。在新的形势下，农村致贫和返贫的原因发生了很大的变化：在剩下的绝对贫困人口中，相当一部分人因老弱病残丧失了基本的劳动能力，从而丧失了进入劳动力市场的机会，开发式扶贫策略对他们脱贫难以奏效；部分绝对贫困人口和低收入人口因为教育水平较低和健康水平较低在劳动力市场处于不利的境地，缺失获取更高报酬的工作机会，并且对子女教育脱贫产生了不良影响；低收入人口和普通农户都缺乏应对大病致贫风险的能力，他们脱贫的基础极为薄弱，市场风险和疾病风险很容易使他们再度陷入贫困中。显然，开发式扶贫的政策效应日益削弱，难以有效惠及绝大多数剩余的贫困人群。同时，《中国农村扶贫开发纲要（2001—2010 年）》的实施已经顺利结束，标志着新一轮的扶贫开发即将展开。新时期下农村扶贫战略如何发展成为一个值得研究的话题，战略转向的研究将对下一轮扶贫开发具有借鉴意义。因此，需要针对农村新的贫困发生机制，寻求更加有效的减贫策略。其中，发挥社会保护政策的减贫效应成为重要的政策选择。

综上所述，单纯的经济发展并不能自发地消除贫困，社会保护政策在反贫困中的作用举足轻重。为了应对中国反贫困战略的新形势，需要深入分析社会保护政策减贫的机制，系统评估现有社会保护政策的减贫效果，

从而为新时期中国政府制定更加具有针对性、可操作性、战略性的社会保护政策，推进新时期中国扶贫工作提供参考。同时，分析总结中国社会保护政策的经验和不足，也可以为未来全球扶贫工作的开展提供借鉴和参考。

二、研究目标与框架

（一）研究目标

本书的研究目标是说明社会保护政策减贫的机制及其在中国减贫政策框架中的地位，并分析和评价中国政府目前已有的社会保护政策的减贫效果。具体目标包括：一是通过分析我国农村扶贫开发的效果及其局限，探讨扶贫工作的战略转向；二是分析我国社会保护政策影响减贫的机制；三是分析我国政府社会保护政策及其减贫效应；四是提出构建社会保护与开发式扶贫并行的减贫战略政策体系。

（二）研究框架

本书共分为八个部分。

第一部分为引言，主要说明研究的背景、目标、框架以及方法。

第二部分分析社会保护政策的界定及其减贫机制。首先考察了主要国际组织对社会保护的界定，并比较了社会保护与社会保障以及社会福利等概念的关系，在此基础上提出了本书对于社会保护的理论界定，然后分析了社会保护政策减贫的三种机制，即救助性机制、预防性机制和发展性机制。

第三部分介绍了我国农村扶贫开发的历程。按各时期制度发展的背景划分，分别探讨了救济为主的“输血”式农村扶贫和经济要素为主的“造血”开发式扶贫。

第四部分实证评价了我国农村扶贫开发的效果。通过成本与效益指标的分析，分别评价了救济式扶贫和经济要素为主的开发式扶贫的减贫效果。

第五部分探讨了反贫困战略转变的新方向。首先从国际反贫困演进的历程出发，探讨反贫困的战略转向，然后探讨了我国开发式扶贫面临新挑战背景下社会保护政策的地位和角色以及社会保护减贫的战略意义。

第六部分评估了我国社会保护政策的减贫效果。首先建立了社会保护政策减贫效应的评估标准与框架，然后分别评估了我国社会保护政策降低贫困的效果及其存在的问题。

第七部分探讨了社会保护政策减贫的国际经验。首先分析了 OECD 国家公共社会保护支出与这些国家的贫困发生率以及社会保护政策的减贫效果，然后分析了一些国家社会保护制度设计中对于低收入群体不同的考虑及其与减贫效果差异之间的关系。

第八部分是政策建议，提出了构建社会保护与开发式扶贫并行的减贫战略政策体系的必要性、内涵以及具体的政策建议。

三、研究方法

本书在研究中采用如下方法：

第一，历史研究方法。通过查阅文献资料划分我国扶贫演变的历史进程，阐述各阶段扶贫进展，总结归纳各阶段扶贫特征，以把握制度发展的脉络。同时，对于中国各项社会保护政策的变迁与梳理，也采取了历史研究方法。

第二，定量分析与定性分析相结合的方法。本书选取成本和效益指标，在统计数据和图表分析的基础上对救济式和开发式扶贫的效果进行评价。本书运用统计数据，从社会保护政策对贫困人口的包容能力、保障水平以及公平性等三个方面系统地评估了社会保护政策的减贫效果。

第三，理论和实践相结合的方法。本书考察了国际组织对于社会保护政策内涵与外延的争议，提出了社会保护政策的体系框架，探讨了社会保护政策减贫的作用机制，并分析了机制背后的反贫困理论的发展及其蕴含的政策理念的变化，最后在借鉴国际社会保护政策反贫困经验与教训的基础上，提出了我国社会保护政策减贫的方向、思路和政策建议。

第一章 社会保护政策的界定及其减贫机制分析

本章首先考察了主要国际组织对社会保护的界定，并探讨了社会保护与社会保障以及社会福利等概念的关系，在此基础上提出了笔者对于社会保护的理论界定，然后分析了社会保护政策减贫的三种机制，即救助性机制、预防性机制和发展性机制。

一、社会保护的概念界定

社会保护和社会保护政策框架兴起于金融市场动荡的20世纪90年代。20世纪80年代至90年代，拉丁美洲的债务危机、1997年东南亚金融危机以及90年代末俄罗斯的政治经济危机使人们意识到社会风险管理的重要性。同时，全球化也使传统的社会政策越来越难以在国家层面实现。因此，“社会保护”和“社会保护政策”作为“国际化”的政策首先由国际非政府组织提出，在各国具体的政策实践中逐渐总结出一些共同的原则[①]。从20世纪90年代开始，特别是在世界银行、亚洲开发银行（ADB）、国际劳工组织（ILO）和经济合作组织（OECD）等国际机构的推动下，社会保护的政策框架在不断完善的基础上逐渐被越来越多的国家和政府以及学术机构所认同[②]。社会保护干预政策能够更好地实施对低收入群体的援助和保护，近年来已成为国际发展研究议题的主流。如2001年召开的亚洲开发银行（ADB）亚太贫困论坛已将“社会保护”作为主要的政策框架对亚洲地区的减贫进展作分析和评估。国际劳工组织（ILO）则认为，社会保护政策有助于消除周期性贫困和暂时性贫困。

但不论是学术界的国际社会发展研究文献，还是实践中的社会保护政策方案制定者，对于社会保护的含义及其政策框架却持有不同的理解。目

① 李薇：《保障与发展的双赢——社会保护政策框架下的城市反贫困战略研究》，《中共桂林市委党校学报》，2008年第1期。

② 徐月宾、刘凤芹、张秀兰：《中国农村反贫困政策的反思——从社会救助向社会保护转变》，《中国社会科学》，2007年第3期。

前，各种国际组织以及学者对社会保护尚没有统一的定义，往往从不同的角度作出不同的界定。以下我们首先系统地梳理已有的界定，然后提出我们的观点。

（一）关于“社会保护”的主要观点

亚洲开发银行对社会保护的界定是：“通过提高劳动力市场的效率、减少人们面临的风险、增强他们的能力以免受风险以及收入的中断或丧失，以降低贫困和脆弱性方面的政策和计划。”并认为，社会保护主要包括五个领域，即劳动力市场、社会保险、社会救助、微观和基于区域的计划以及儿童保护①。

英国国际发展部将社会保护定义为：“政府或私人实施的公共行为的一部分，主要致力于处理风险、脆弱性以及长期贫困问题。”出于操作方面的考虑，英国国际发展部将社会保护细分为三个主要组成部分：社会保险、社会救助以及确立和执行最低标准②。

国际劳工组织将社会保护界定为：“社会向其成员提供的一系列公共措施，以保护社会成员免于各种意外事故（疾病、生育、工伤、失业、因病失去工作能力、老年以及主要收入者的死亡）引起的经济和社会痛苦，医疗卫生服务的提供，向有儿童的家庭提供福利津贴。”③

国际劳工组织关于社会保护的概念界定反映在其关于社会保障的各种标准中。比如，国际劳工组织第102号公约将社会保障内容划分为经典的九个方面，并设定了最低标准。其主要内容有：①包括医疗、疾病、失业、老龄、工伤、生育、家庭、残疾和遗属九个方面的保障，并规定了每种津贴的享受条件和发放周期；②设定了每个方面的最低保障标准，即最低的覆盖人群所占比例和待遇水平（见表1－1）；③确立了实施最低标准的原则，即政府具有提供保障、恰当的行政管理和服务的一般职责，社会保障集体融资方案，一定待遇水平的保证，养老金支付水平的调整及对拒

---

① ADB（Asian Development Bank）. 2009. “Social Protection：Reducing Risks，Increasing Opportunities.” Manila. [www. adb. org/SocialProtection/default. asp].

② UK DFID（United Kingdom Department for International Development）. 2005. “Social Transfers and Chronic Poverty：Emerging Evidence and the Challenge Ahead：A DFID Practice Paper.” [www. dfid. gov. uk/Documents/publications/socialtransfers. pdf].

③ García，A. Bonilla and J. V. Gruat. 2003. “Social Protection：A Life Cycle Continuum Investment for Social Justice，Poverty Reduction and Sustainable Development.” International Labor Organization，Geneva. [www. ilo. org/public/english/protection/download/lifecycl/lifecycle. pdf].

发津贴享有上诉权，对质量和数额有申诉权等。

表 1－1　102 号公约规定的最低覆盖范围要求和现金福利最低比例

种类	覆盖范围	津贴（%）
疾病津贴	不低于全体雇员的 50%；或经济活动人口，其在全体居民中的构成不低于 20%；或财产低于特定水平的所有居民	45
失业津贴	不低于全体雇员的 50%；或财产低于特定水平的所有居民	45
老龄津贴	不低于全体雇员的 50%；或经济活动人口，其在全体居民中的构成不低于 20%；或财产低于特定水平的所有居民	40
工伤津贴	不低于全体雇员的 50%	
短期		50
残疾		50
遗属		45
家庭津贴	不低于全体雇员的 50%；或经济活动人口，其在全体居民中的构成不低于 20%；或财产低于特定水平的所有居民	3（或 1.5）
生育津贴	规定类别雇员中的所有妇女，其在全体雇员中所占比例不低于 50%；规定类别经济活动人口中的所有妇女，其在全体居民中的构成不低于 20%	45
残疾津贴	不低于全体雇员的 50%；或经济活动人口，其在全体居民中的构成不低于 20%；或财产低于特定水平的所有居民	40
遗属津贴	规定类别雇员中供养人的妻子和孩子，其在全部雇员中的构成不低于 50%；规定类别经济活动人口中的供养人的妻子和孩子，其在全体居民中的构成不低于 20%；或所有已丧失供养人的妻子和常住孩子，其财产低于特定水平	40

资料来源：ILO. 2008. "Setting Social Security Standards in a Global Society：An Analysis of Present State and Future Practice and of Future Options for Global Social Security Standard in the International Labour Organization"，Consultation Paper，ILO，Geneva.

在 102 号公约的基础上，其他最新保障标准也取得了重大进步和发展，为每种保障设立了较高的标准，特别是在被保障人群覆盖范围和最低待遇水平两方面。其主要内容有：①121 号公约，即《工伤保险津贴公约》（Employment Injury Benefits Convention，1964）、128 号公约，即《残疾、老龄及遗属津贴公约》（Invalidity，Old-Age and Survivors' Benefits Convention，

1967)、130号公约，即《医疗及疾病津贴公约》（Medical Care and Sickness Benefits Convention，1969)、168号公约即《就业促进和失业保护公约》(Employment Promotion and Protection against Unemployment Convention，1988)及183号公约，即《生育保护公约》（Maternity Protection Convention，2000)等；②这些公约均将覆盖范围扩大到所有雇员或者符合规定条件的所有居民，并提高享受保障人群的比例及待遇水平；③部分公约根据自身特点明确了享受条件、给付周期及实施方式，以保证最终的保障效果。

其主要特征是：①覆盖范围较广；②待遇水平较高；③享受条件较宽泛。为了更清晰地展现这些公约在最低覆盖范围要求和津贴替代率方面的变化，将其与第102号公约进行比较，参见表1－2。

表1－2 国际劳工组织社会保障公约要求的现金福利最低替代率

社会保障分支	102公约		121，128，130，168，183公约	
	覆盖范围	津贴（%）	覆盖范围	津贴（%）
疾病津贴	不低于全体雇员的50%；或经济活动人口，其在全体居民中的构成不低于20%；或财产低于特定水平的所有居民	45	全体雇员；或不低于经济活动人口的75%，或财产低于特定水平的所有居民	60
失业津贴	不低于全体雇员的50%；或财产低于特定水平的所有居民	45	不低于全体雇员的85%；或财产低于特定水平的所有居民	50
老龄津贴	不低于全体雇员的50%；或经济活动人口，其在全体居民中的构成不低于20%；或财产低于特定水平的所有居民	40	全体雇员；或不低于经济活动人口的75%；或财产低于特定水平的所有居民	45
工伤津贴	不低于全体雇员的50%		全体雇员	
短期		50		60
残疾		50	45	60
遗属		45		50

续表

社会保障分支	102公约		121，128，130，168，183公约	
	覆盖范围	津贴（%）	覆盖范围	津贴（%）
家庭津贴	不低于全体雇员的50%；或经济活动人口，其在全体居民中的构成不低于20%；或财产低于特定水平的所有居民	3（或1.5）	不低于全体雇员的50%；或经济活动人口，其在全体居民中的构成不低于20%；或财产低于特定水平的所有居民	3（或1.5）
生育津贴	规定类别雇员中的所有妇女，其在全体雇员中所占比例不低于50%；规定类别经济活动人口中的妇女，其在全体居民中的构成不低于20%	45	规定类别雇员中的所有妇女，包括那些非正规就业形式的妇女	妇女生育前工资收入的2/3
残疾津贴	不低于全体雇员的50%；或经济活动人口，其在全体居民中的构成不低于20%；或财产低于特定水平的所有居民	40	全体雇员；或经济活动人口，其在经济活动总人口中的构成不低于75%；或财产低于特定水平的所有居民	50
遗属津贴	规定类别雇员中供养人的妻子和孩子其在全部雇员中的构成不低于50%；规定类别经济活动人口中的供养人的妻子和孩子，其在全体居民中的构成不低于20%；或所有已丧失供养人的妻子和常住孩子，其财产低于特定水平	40	全体雇员或学徒工的妻子和孩子；或规定类别经济活动人口中的供养人的妻子和孩子，其在经济活动总人口中的构成不低于75%；或所有已丧失供养人的妻子和常住孩子，其财产不超过规定水平	45

资料来源：ILO. 2008. “Setting Social Security Standards in a Global Society：An Analysis of Present State and Future Practice and of Future Options for Global Social Security Standard in the International Labour Organization”，Consultation Paper，ILO，Geneva.

国际货币基金组织认为：“政府对于社会保护的支出包括提供给个人和家庭的服务和转移支付的费用以及以集体的形式提供的服务的费用。……集体形式的社会保护服务与以下事项相关：制定和实施政府的政策；制定和实施法律和提供社会保护的标准；将研究和实验的进展运用到社会保护事务和服务中去。”国际货币基金组织关于社会保护的界定不包括医疗卫生服务，而是将其作为不同的费用支出①。

经济合作与发展组织认为：“社会保护与赋权提供了保障，释放了人们的潜能，因此能够鼓励穷人利用机会，这反过来又会促进更加可持续的有利于穷人的发展战略。社会保护涉及所有的部门，对于打破贫困的代际循环、建立国家建设的社会合同以及推动实现联合国千年发展目标都非常重要。”经济合作与发展组织还认为：“社会保护可以通过对具有明显性别维度的各个年龄人群的投资来衡量。”②

联合国经济和社会委员会在一份报告中对社会保护做出了如下界定：“对于社会保护的理解和界定存在实质性的差别。不同的传统、文化和组织与政治结构都影响对于社会保护的定义，也影响到社会成员应该如何得到社会保护的选择。本报告将社会保护广泛地理解为社会实行的一系列公共和私人政策与计划，以应对各种意外事件带来的收入的终止或实质性减少；向有孩子的家庭提供救助，也向人们提供医疗卫生服务和住房。”③

世界银行的专家霍尔兹曼和乔根森（Holzmann and Jorgensen）将社会保护定义为：“公共干预，目的是：①帮助个体、家庭和社区更好地应对风险；②向严重贫困者提供支持。”他们指出：“这个定义将传统的社会保护工具，包括劳动市场干预、社会保险计划以及社会安全网整合在同一个主题下。”④

（二）对社会保护已有界定的评述

国际上，对社会保护有影响力的定义主要可以归结为以下四种⑤：

第一，从狭义上看，社会保护就其本质而言是给“值得救助的贫困者”提供的旧式社会福利贴上一种新的标签。

---

① IMF（International Monetary Fund）. 2001. “Government Financial Statistics Manual.” Washington，D. C.

② OECD（Organisation for Economic Co-operation and Development）. 2009. “Social Protection.” Paris，Cedex.

③ UN ECOSOC（United Nations Economic and Social Council）. 2000. “Enhancing Social Protection and Reducing Vulnerability in a Globalizing World：Report of the Secretary-General.” New York. ［www. icsw. org/un-news/pdfs/csdsocprotect. PDF］.

④ Holzmann，Robert and Steen Jorgensen. 2001. “Social Risk Management：A New Conceptual Framework for Social Protection，and Beyond.” International Tax and Public Finance 8（4）：529 – 556.

⑤ 谢东梅：《低收入群体社会保护的政策含义及其框架》，《商业时代》，2009 年第 21 期。

第二，将社会保护等同于安全网，用以减轻生产和消费危机对贫困者造成的冲击。

第三，从广义上看，社会保护除了安全网之外，还包括教育、医疗补助、就业机会的创造以及小额信贷计划。

第四，基于更为广泛的视角，社会保护不仅局限于目标性的收入转移，还应包括政治、社会和文化等方面的权利。

1. 将社会保护等同于社会救助

第一种理解是将社会保护等同于社会救助，它仅限于对极端贫困人口的救助，将收入转移政策视为一种“不可持续的消费”。这种理解与社会福利制度改革背景有很大的关系。20 世纪 70 年代末以来，经济自由主义以及全球化极大地改变了世界很多国家的经济和社会政策。经济制度的市场化在国际上已成定局，社会福利制度的改革也是大势所趋。减缓国家福利支出的增长速度既是意识形态的选择，又是预算约束的应对措施，或者说是基于经济压力不得已而为之的策略选择。在这样的背景下，极为狭窄的社会保护政策含义理解与社会发展史上的“补救型”的社会政策有异曲同工之处，它可以大大地削减国家的福利支出，同时强调非政府组织在社会保护网络中的作用。这种狭义的政策理解被批评者们认为是社会福利政策的倒退。

2. 将社会保护视为基本的安全网

持第二种观点的研究者和政策制定者仍是从一个较为狭义的角度看待社会保护政策——仅仅将社会保护视为基本的安全网，是为短期贫困和临时生活冲击提供收入支持的一项政策工具。在国际上，安全网作为一种具有特殊含义和意识形态背景的概念，于 20 世纪 80 年代末开始被广泛使用，90 年代末这一概念引入中国，引起关注。唐钧等在社会救助意义上使用了安全网概念。尚晓援将安全网概念归结为二：一是指政府通过社会救助或收入支持的方式对社会上最困难的群体提供最低生活水平保障的政策；二是指在经济转型阶段，对由于转型而受到负面冲击的最困难群众提供补偿性的临时救济。因此，安全网作为应对收入减少和平滑消费的一种机制，作为对于生产危机和生活冲击的一种回应，其作用是对目标个人（群体）提供“经济保护”，但还不能称之为“社会保护”。

3. 社会保护是安全网及人力资本投资的“跳板”

第三种解释进一步从人力资本投资和风险管理的视角来理解社会保护政策的含义。

除了安全网以外，保护低收入者免于遭受收入的减少或波动，可以通过增加人力资本投资和积累，从而作为其摆脱长期贫困的重要途径。1990年，世界银行发展报告认为，发展劳动密集的外向型经济、人力资本投资与安全网是构成发展中国家发展战略的“三条腿”。世界银行的社会保护定义从政策行动出发，认为仅在风险冲击后向低收入者提供临时救济和补助是远远不够的，主张对人力资本投资（如教育和医疗卫生投入）进行公共干预，帮助个人、家庭和社区更好地管理风险，对被剥夺的低收入者提供支持，创造更多的就业机会；从风险和社会风险管理的角度，将社会保护定义为既是“安全网”（Safety-net），又是人力资本投资的“跳板”（Trampoline）。其政策含义的实质是对目标个人（群体）提供“经济保护”，赋予“机会”（Opportunity）——教育的机会、保健的机会以及就业的机会。

亚洲开发银行（ADB）认为，社会保护是“一套旨在提高劳动力市场效率和效用、保护人们抵御小规模农业或劳动力市场内在风险，并在市场机制失效的时候提供基本支持的政策和项目”，覆盖了农业、工业和服务业等不同领域以及正规和非正规经济。国际劳工组织（ILO）认为，社会保护政策通过公共的、合作的安排为家庭和个人提供福利，使他们避免因为一些基本的风险和需求而忍受较低的或下降的生活水平。可见，亚洲开发银行和国际劳工组织对社会保护的定义实际上与世界银行的观点大致相同。

4. 社会保护是目标性的收入转移及政治、社会等方面的权利

第四种解释则基于更广泛的视角，在社会保护政策含义中注入了“社会”和“转变”（Transformative）等要素。在政策发展过程中，社会保护对于帮助低收入者摆脱临时贫困是一项有效的保护措施已逐渐达成共识。

然而，对于持续性和周期性贫困，其作用仍较为有限。这是因为，当低收入者面对长期的危机、风险和压力时，通常会采用更加安全、更低回报的生产方式——风险最小化策略，或尽可能减少人力资本投资，从而陷入贫困陷阱。约束贫困者的行为包括经济、社会、政治、文化等因素。因此，广义的社会保护政策目标是对贫困者提供“经济”的和“社会”的支持，消除偏见和歧视，鼓励他们改变行为方式，促使他们能够抓住机会，避免陷入贫困陷阱。具体来说，包括对低收入者提供经济支持、保护弱势群体免于遭受生活风险、增强边缘化群体的社会地位和权力等三层含义。国际发展研究所（Overseas Development Institute，ODI）和世界银行的社会

保护政策含义与框架都基于“社会权力”和“社会公平”。国际发展研究所认为：“社会保护是指为了应对脆弱、风险以及社会无法容忍的剥夺而采取的一种公共行为。”2000 年，世界银行“与贫困作战”的报告提出的新“三条腿”，即赋权（Empowerment）、保障（Security）和机会（Opportunity），就是全面的社会保护政策框架。

（三）社会保护与社会保障、社会福利等概念的关系

1. 传统的观点：社会福利是社会保障制度的一个组成部分

社会福利与社会保障是社会科学和社会政策中最基础与最核心的两个战略概念。中国理论与实务界大都将社会保险、社会福利、社会救助和优抚安置四大项目视为中国社会保障体系的主要组成部分。根据这种说法，社会福利是社会保障制度的一个组成部分。

相关的政府文件也大都将社会福利作为社会保障的一个组成部分。比如，《中共中央关于制定国民经济和社会发展第七个五年计划的建议》中关于社会保障内涵的原始表述包含“社会保险、社会福利和社会救济”三项基础内容。1993 年，《中共中央关于建立社会主义市场经济体制若干问题的决定》将社会保障的内涵拓展为“社会保险、社会救济、社会福利、优抚安置和社会互助以及个人储蓄积累保障”六项内容；2006 年，《中共中央关于构建社会主义和谐社会的决定》要求“逐步建立社会保险、社会救助、社会福利、慈善事业相衔接的覆盖城乡居民的社会保障体系”；中共十七大报告指出：“要以社会保险、社会救助、社会福利为基础，以基本养老、基本医疗、最低生活保障制度为重点，以慈善事业、商业保险为补充，加快完善社会保障体系。”虽然不同时期对于社会保障的内涵表述不太一样，但都将社会福利作为社会保障的一部分。

2. 对社会福利和社会保障的再定义

尚晓援（2001）通过对社会福利和社会保障之间关系的考察发现[①]：虽然“社会福利”和“社会保障”这两个概念都有广义和狭义的定义，但从主要西方国家及亚洲新兴工业化国家和地区的实践经验，以及从国际比较社会福利制度研究的惯例看，把“社会福利”定义为“社会保障”制度的一个部分是不恰当的。

从社会福利发展的历史来看，现代的社会福利，即国家出面对弱势群体

---

① 尚晓援：《“社会福利”与“社会保障”再认识》，《中国社会科学》，2001 年第 3 期。

提供救济而使其得以生存的做法开始于英国历史上的济贫法，远远早于任何旨在提供有规律的收入保障的政府行为之前。从社会保障和社会福利的含义来看，社会保障在国际社会政策的研究中有相对固定的、通行的含义，指由国家或由立法保证的、针对8种主要收入风险［疾病、老年、妊娠、工伤、残疾、失业（及失收）、丧偶和失怙］而设立的、旨在增加收入安全的制度安排。社会福利的含义则宽泛和含糊得多。广义的“社会福利”制度指国家和社会为实现“社会福利”状态所做的各种制度安排，包括旨在增进收入安全的“社会保障”制度。狭义的“社会福利”则指为帮助特殊的社会群体，医治社会病态而提供的社会服务，它与“社会保障”的制度安排同为促进人类幸福的制度措施，只是二者所针对的是不同的社会问题而已。

按上述理解，社会保障作为由国家或立法规定的保障居民收入安全的制度，通过大规模的收入再分配，在发达的工业化国家中对保护工资劳动者和社会上的弱势群体，促进社会公正和社会平等，起过重要的历史作用。但是，在许多发展中国家，由于国情国力的限制，实行以社会保险为中心的社会保障制度在经济上过于昂贵，无法向更大的人口群体扩展，从而造成了新的社会不平等以及对最困难的社会群体（主要是与传统部门和农村有联系的社会群体）的剥夺。

刘继同也认为，欧美国家社会科学界对其内涵、外延和相互关系的理解已形成某种“国际惯例”。目前，中国学术界与公众对它们的理解则与国际惯例截然相反①。在欧美国家，总体来说，无论是作为概念，还是作为社会制度，社会福利的内涵、外延远比社会保障更为丰富多彩和博大精深。无论从何种角度看，社会保障都是个小概念，社会福利则是个大概念。依据前述国际惯例，社会保障与社会福利的关系既是部分福利（社会保障）与整体福利（社会福利）的关系、基础福利（社会保障）与主体福利（社会福利）的关系，又是物质福祉（社会保障）与社会心理福祉（社会福利）的关系，还是简单低级福利（社会保障）与复杂高级福利（社会福利）的关系、现实福利（社会保障）与未来福利（社会福利）状态的关系。这意味着社会保障与社会福利的基本关系是：社会保障只是社会福利的基础部分，社会保障包括在社会福利之中，国家层面整体性制度安排和制度设计应该是“社会福利制度”，而不是“社会保障制度”。社会

① 刘继同：《社会福利与社会保障界定的“国际惯例”及其中国版含义》，《学术界》，2003年第2期。

福利与社会保障概念的内涵、外延的“中国版”理解与国际惯例背道而驰，截然相反。概括来说，目前“中国版”的社会保障与社会福利的社会理解是：社会保障是个大概念，国家有关改善民众生活质量状况与不断提高他们基本需要满足程度的综合性制度安排是以“社会保障制度”著称于世的，而非“社会福利制度”；社会福利是个小概念，社会福利包括在社会保障概念与制度之中，社会福利只是国家宏观层面总体性社会保障制度的重要组成部分（参见表1-3）。

表1-3　社会福利概念和社会保障概念内涵、外延的比较

比较的层面	社会保障	社会福利
词义和语意	社会安全、社会安定的状况	人类社会成员幸福、美好的生活状态
时代与阶段	历史问题：工业、都市化的产物	人类社会的永远追求和日趋重要的地位
动机与动力	经济保障与社会稳定	互助、宗教感召、政治、经济考虑、意识形态
服务的目标	充分就业、收入保障、社会稳定	消除贫困、经济发展、福利最大化、促进平等
内容与范围	社会保险、社会救助	津贴
服务的对象	穷人、弱势社群、遗属、家庭	弱势劣势社群、普通民众、中产阶级、所有人
服务的方法	收入保障和实物救助为主	社会服务为主，收入保障和实物救助为辅
资金的来源	国家为主，雇主和雇员分担	国家、社区、家庭、市场、志愿组织、宗教团体
功能与性质	社会控制、强化工作伦理、经济保障、治疗性与补救性性质	有效发挥功能、社会投资、社会补偿、机会平等，人的发展，预防性与发展性功能与性质

资料来源：刘继同：《社会福利与社会保障界定的“国际惯例”及其中国版含义》，《学术界》，2003年第2期。

对社会福利和社会保障的再定义不是一个单纯的学术问题，而是对中国社会福利和社会保障体制的结构性失衡进行再认识的必要的一步。从根本上说，则是为了实现社会政策的目标转换。中国的社会政策目前在理论上缺少整体性的目标设计，在实际中则以保证城市工人的收入安全为中心。而由于经济实力的限制，选择收入安全作为最主要的社会政策目标是不实际的。而且，在社会救助（即缓解贫困）和社会公平的问题上，中国目前的社会政策也有待改进。所以，中国政府应该选择补缺性的福利模式，充分承担对最困难的社会群体进行救助和提供服务的责任，兼顾收入安全和社会公平的政策目标，采用通过利用最低的经济成本以保障社会安定的福利政策，从而确保实现经济发展的中心目标。为了实现这样的目标转换，对社会福利制度的几大方面——社会保险、社会救助和社会福利服务——进行结构性调整，乃是中国社会福利制度改革的当务之急。

3. 社会保护与社会保障及社会福利的关系

我们认为，继续把社会福利当做社会保障的一个组成部分是不恰当的。在发展中国家，与以社会保险为中心的“社会保障”相比，“社会安全网”正得到越来越多的政策关注。在发达国家，与收入安全相比，非收入性福利以及与其相关的社会问题越来越重要。从社会福利制度的发展趋势来看，在社会福利的六项主要服务领域（社会保障或收入保障服务，社会保险和社会救助、医疗服务，教育、住房、社会工作服务和对个人的社会服务、就业）内，旧的制度安排都面临着挑战。国家通过大规模的官僚体制直接对公民提供“从摇篮到坟墓”的保障已经成为历史，但这并不意味着人类对社会福利目的的追求降低了。所涉及的问题是如何对国家的责任，对国家、社会、家庭和个人关系的重新认识和定义。各个国家都在根据自己的历史、现状、通行的价值观念、国情国力和政治可行性对政府在社会福利不同方面的责任进行再思考和再定义，并对社会福利的目标体系重新认识和界定。在国际上，由于上述社会保障所代表的制度目标和制度安排存在的问题，从20世纪90年代开始，越来越多的学者、政府组织和国际组织开始使用“社会保护”来代替“社会保障”的概念。

（四）本书对社会保护的界定

本书从广义的范畴来界定社会保护，即其不仅包括目标性的收入转移，还包括政治、社会等方面的权利。我们认为，在对低收入群体的贫困问题研究中，采用社会保护政策具有针对性，它专门针对一个国家或社会的贫困群体、弱势群体和边缘化群体，涉及生活、教育、医疗和社会公平等领域，使得低收入群体可以预防、减少和处理他们所面临的各种经济和社会风险。因此，社会保护主要是指政府通过收入支持，对社会上最低收入群体提供最低生活保障，赋予其教育、医疗和就业等机会，促进社会公平和公正的政策措施。政府是该项政策工具的主要提供者，在整个社会保护网络中处于核心地位。

鉴于上述理论界定与分析，在现阶段，本书将我国社会保护政策框架界定为如下五个方面：

第一，社会救助，包括生活救助（即最低生活保障制度）、医疗救助和教育救助等。

第二，农村老年保障制度。健全的农村老年保障制度可以预防老年贫困。

第三，农村医疗和健康保障制度。疾病是当前农村贫困的一个最重要的原因。因此，要预防和减少农村贫困，最迫切也是最有效的方法即是提供普遍的医疗保障，这也是社会保障制度发挥社会投资和预防贫困作用的关键所在。

第四，农村儿童、老年人和残疾人福利制度。对于儿童，普惠型福利不仅具有明显的预防贫困的作用，也是社会政策发挥人力资本投资功能的体现。对于老年人和残疾人来说，反贫困政策的目标是保证他们的基本生活需要得到满足。这些人中的大多数已失去了从事有收入工作的能力，而主要依靠家庭帮助，对这部分人口实施普惠型福利不仅可以减轻农村家庭普遍面临的养老经济压力，也可以使他们的生活质量有实质性的提高。

第五，就业保护与促进。这不仅为有劳动能力的贫困和低收入人群提供就业机会，给就业者托底保护，更提高就业者的竞争力，提升他们在劳动力市场中的地位。

二、社会保护政策减贫的作用机制

导致贫困的内在根本性原因，是更深刻意义上的社会生存、适应及发展能力的低下与短缺。由收入贫困扩展到能力贫困与权利贫困，由绝对贫困发展到相对贫困，贫困理论的发展表明，反贫困不单纯是保障最低生存的绝对标准，而是关系到贫困者本人健康、教育、公正、权利等多维因素相互作用的反贫困，这意味着反贫困政策需要从强调生产要素的投入逐渐演进到加强社会要素的投入。

中国长期以来主要实行开发式扶贫政策，其隐含的前提是贫困者有机会、有能力从这些扶贫项目中受益（方黎明、张秀兰，2007）。这就要求：①贫困人口规模大并且相对集中，这样才能使更多的贫困人口有机会从扶贫项目中受益；②贫困人口具有基本的劳动能力，从而利用这些项目实现脱贫；③贫困者有一定的人力资本（教育、健康）积累，能够实现收入的稳步增长；④扶贫项目能够有效地瞄准贫困的发生机制。然而，在新的阶段，随着贫困的性质和形式的变化，这些前提性假设基本都已不复存在。在这种背景下，开发式扶贫的政策效应日益削弱，难以有效惠及绝大多数剩余的贫困人群。因此，需要针对农村新的贫困发生机制，寻求更加有效的减贫策略，将开发式扶贫与社会保护政策有机结合起来，充分发挥社会保护政策减贫机制的作用。

（一）救助性机制

在新的形势下，农村致贫和返贫的原因发生了很大的变化，在剩下的绝对贫困人口中，相当一部分人因老弱病残丧失了基本的劳动能力，从而丧失了进入劳动力市场的机会，开发式扶贫策略对这部分人脱贫难以奏效，而必须通过救助机制为其提供必要的社会保障。

社会保护政策的救助机制是指对贫困群体提供最低生活保障，帮助社会脆弱群体摆脱即期生存危机。社会保护政策对贫困的救助机制的发挥有赖于建立与完善社会救助制度，保障贫困者的生存权。

目前，贫困分布已经由区域的、整体性的贫困逐渐过渡到个体性贫困，贫困人口的构成也以边缘化人口为主要组成部分（都阳、蔡昉，2005）。因此，扶贫政策也需要进行战略性的调整，需要从瞄准区域的政策向瞄准个体的政策转化，在这一过程中，完善包括社会救助在内的社会保护政策尤其重要。

不同于传统的开发式扶贫，社会保护政策的救助性机制能够实现贫困瞄准对象从区域到个人的转变。对于开发式扶贫而言，以县、区域或村为单位的瞄准机制其准确性直接影响到整个扶贫政策和投资的效果。参考1985年至1990年官方数据发现，根据各种选择标准所选出的县一般要比未选中的县更加贫困，但随着时间的推移，项目区覆盖的县数和非项目区覆盖的县数之间存在明显的无条件（绝对的和相对的）发散迹象[①]。贫困分布上这种点、片、线并存的特征和贫困群体大进大出的态势，使得开发式扶贫将瞄准机制调整为以村为对象，但终究也会导致偏差和变异：国家扶贫开发工作的重点县中有非贫困乡；非国家扶贫工作重点县也存在贫困乡；在有些贫困乡中也并不是所有的农民均为贫困人口，非贫困乡也存在贫困人口。搜寻贫困人口

① 刘坚：《新阶段扶贫开发的成就与挑战——中国农村扶贫开发纲要（2001年—2010年）中期评估报告》，中国财政经济出版社，2006年版。

成本较高、寻找周期较长以及地方政府利益博弈等是制约扶贫的因素，也是中央扶贫目标得不到落实，目标偏离和扶贫变异的症结所在。

由此可见，无论是采用以县还是以村为贫困瞄准对象，本质上均属于区域性的瞄准机制，而区域性瞄准带来的问题和发挥空间的有限决定了其不是最佳选择方法。为此，需要探索新的机制来瞄准贫困者，投资开发应设计一个统一的瞄准系统。采取以家庭为导向的方法和新的瞄准机制（如代理工具瞄准方法），将能产生巨大的回报。

（二）预防性机制

贫困主要是由于人们获取收入的能力或机会被剥夺或受损，从而在致贫风险面前异常脆弱所致。因此，为了应对贫困，需要塑造和提升应对致贫风险的能力。这就要求我国农村减贫政策实现战略重心的转移，即把扶贫的关口前移，把更多的资金投入到提升农民教育和健康水平中，并清除户籍歧视的制度安排，提高农民自身获取收入、预防和应对贫困风险的能力，而不是在其陷入贫困不能自拔之后再进行扶持和救助。

但开发式扶贫政策以经济要素增长为主，缺乏预防性保障机制。返贫容易脱贫难的现象往往可以归因于穷人缺乏抗风险能力的保障机制。风险发生的不确定性使勉强能维持温饱的人变得极其脆弱，经常导致在贫困线边缘的低收入者陷入贫困，其结果是扶贫成本和脱贫成本过高。低收入人口和普通农户大都缺乏应对大病致贫风险的能力，他们脱贫的基础极为薄弱，市场风险和疾病风险很容易使他们再度陷入贫困中。

而社会保护政策则可以提供预防性保障机制，实现收入维持，防止社会总体生活水平下降，尤其是保障社会成员的基本生活水平。社会保护政策对贫困的预防性保障机制的发挥有赖于建立与完善社会保险和社会福利等制度，增强对诸如疾病、年老、失业、灾害等不可预见风险的抵抗力。

社会保护的预防性机制有两个重要的理论基础：一是反贫困政策要根据一个人生命的不同阶段的需要进行干预，即生命周期理论；二是重视贫困的预防，即社会风险管理理论。

1. 生命周期理论①

生命周期是指在现代社会中一个人从出生到死亡的全部生命历程中所

① 本部分主要参考了徐月宾、刘凤芹、张秀兰：《中国农村反贫困政策的反思——从社会救助向社会保护转变》，《中国社会科学》，2007 年第 3 期。

经历的具有明显不同的经济和社会特征的阶段，如按照年龄划分可以分为儿童期、成年期和老年期等。基于生命周期的反贫困政策视角是，人的生命的不同阶段是相互联系的，前一阶段的经历会对其后面阶段的经历产生影响。在社会政策理论中，这种关联性主要表现为一些特定阶段的问题会在后一阶段重新出现，或者会影响到其后续阶段的机会。这些不同阶段不仅有不同的需要和问题，而且上一阶段的生活质量对下一阶段有着非常重要的影响或决定作用。因此，反贫困政策应该以不同生命阶段的特殊需求为依据，特别是要重视对这些阶段的“上游”进行干预，即消除儿童贫困。

按照一些学者的观点，“标准的欧洲社会保障制度”即是以不同生命周期的需要为基础的。普惠型的家庭津贴或儿童福利制度使儿童贫困问题得到了有效的缓解，而覆盖绝大多数社会成员的社会保险将一些常规性的社会风险如失业、疾病和年老基本覆盖。因此，在很多欧洲国家中，需要社会救助的贫困人群的比例非常之低，因为大多数公民都能够从其他渠道获得帮助而免于贫困。同样，经合组织国家积极的社会政策也是基于生命周期理论的政策干预，如针对学龄前、上学阶段、进入劳动力市场阶段、退休以及老年等不同阶段人群制定有不同的政策目标和措施。其中：对儿童来说，社会政策的目标是社会投资，特别是要降低儿童贫困，使他们有最好的生活起点和公平的机会；此外，政府还与雇主合作帮助有工作的父母解决家庭责任与工作之间的矛盾，从而使他们有时间照顾儿童。对于就业年龄人群来说，社会政策的目标是克服就业障碍，保证他们不被排斥在主流社会之外。实际上，20世纪90年代中期以后很多国家在社会福利领域的改革主要表现为将传统的社会救助改变为围绕和支持就业的帮助，如就业支持政策（welfare-to-work）和工作支持政策（welfare-in-work）：前者是为失业者提供就业的服务和福利，而后者则是在受助者就业后给予继续支持的各种福利和服务。这些政策的核心即是帮助和鼓励失业者参加工作。对已退休的老年人来说，社会政策的目标是提高他们的经济、社会参与率。

由此可见，以生命周期为基础的社会保护政策框架是非常宽泛的，其政策目标是改变个人发展的条件，而不是修补这些条件所造成的后果。积极的社会政策不仅以满足人一生不同阶段的需求作为目标，而且更关注通过人力资本投资使个人的潜力得到最大的开发，最终成为一个能够自我满足需求的社会成员。这样，社会政策就从一个反应和补偿型的模式转变为一个发展型的模式。

基于生命周期理论的“上游干预”策略为社会保护政策发挥预防性机制奠定了重要的基础，对中国反贫困政策有非常好的借鉴意义。“上游干预”就是在上游消除贫困产生的条件和机制，切断贫困产生的链条。中国目前的农村社会救助制度如农村最低生活保障制度等是一种“下游干预”措施。尽管这些制度的实施增加了贫困者获得帮助的渠道，但完全依靠社会救助，我们不仅很难消除绝对贫困，更不能消除导致贫困的因素。近年来，中国农村贫困出现了代际传递的现象，这就是我们未能对上游及早进行干预的结果。实施“上游干预”政策同样需要从环境和个人等多方面入手，但最直接也是中国当前农村反贫困政策中最迫切需要解决的问题是消除儿童贫困和提高贫困儿童接受教育和医疗服务的可及性。

2. 社会风险管理理论①

与生命周期理论这一从人的层面阐释的理论不同，从社会层面阐释构建的另一个反贫困政策理论是社会风险管理理论。这一理论汲取了风险社会学的营养，从全球化下人们面临的风险入手建构反贫困政策的框架，其视野更开阔，社会内容也更为丰富，而且和生命周期理论可以相容。这一理论同样在所有新的社会政策思想中都有体现，但以世界银行的社会风险管理框架最具代表性。

与生命周期理论一样，社会风险管理也是以预防贫困为首要目的。按照世界银行的风险管理框架，所有的个人、家庭和社区都会面对来自不同方面的风险，这些风险既包括自然的也包括人为的。但贫困人群不仅更容易遭遇风险，风险对他们的负面影响也会更为严重，因为他们应对风险的工具非常有限。不仅如此，由于贫困人群没有能力或者不愿意选择高风险高回报的经济活动，他们不仅难以脱贫，其贫困程度甚至会进一步加深。因此，世界银行的风险管理框架更关注贫困的成因，而不是贫困的症状，因而也更重视贫困的预防而不是对贫困的补偿。这与经合组织国家的积极的社会政策是完全一致的。

应该说，积极的社会政策和传统的社会政策，其目的都是消除贫困和减缓贫富差距的扩大。二者的区别仅仅在于如何才能达到这一社会目标。简单来说，传统的社会保障制度在很大程度上是一种将资源用于减轻人们不幸和困境的事后补偿机制，其目的是保障他们的基本生活不受影响。而

① 本部分主要参考了徐月宾、刘凤芹、张秀兰：《中国农村反贫困政策的反思——从社会救助向社会保护转变》，《中国社会科学》，2007 年第 3 期。

按照风险管理的理论，在经济全球化的环境下，消除贫困不仅代价高昂，也是很难实现的事情，因而只有预防贫困才能达到消除贫困的目的。预防贫困是世界银行风险管理框架最重视的内容。这一框架要求对贫困和高风险人群提供事前的收入支持以鼓励其选择高风险高回报的经济活动，从而使他们逐步摆脱贫困，而干预的措施应该根据风险的类型选择不同的工具。同样，积极的社会政策也主张社会政策要致力于消除或减少那些会使人们陷入不幸或困境的因素，而不是在风险成为事实后再向他们提供生活保障。相应地，社会政策不再只是针对现实的贫困者或不幸人士的帮助，而是一种增进全体社会成员经济和社会能力的社会资源配置。

此外，社会风险管理理论还认为，有效的反贫困政策是不同社会系统包括政府、市场、非营利组织和家庭等共同作用的结果，因此，世界银行的社会风险管理干预工具非常宽泛，包括了宏观经济政策、治理和善治、提高基础教育和医疗卫生的可及性等。的确，贫困的成因是非常广泛的，包括涉及环境和个人的多方面的因素，因而反贫困的目标同样需要多方面的努力才能实现。

社会风险管理理论注重消除或减少易使人们陷入贫困的原因，主张反贫困政策要以增加贫困和低收入群体抵御风险的能力为目标，这对中国当前的农村社会救助制度建设具有直接的意义。长期以来，中国农村的反贫困政策将目标定位在减少绝对贫困人口的规模上，其中的社会救助制度则只针对已经陷入绝对贫困的人群。这一政策定位存在的一个严重局限是不能阻断贫困的发生。特别是对于那些处于贫困边缘的家庭来说，由于他们抵御风险的能力极差，任何微小的经济冲击甚至家庭生活事件都有可能使其陷入贫困的境地。近年来，脱贫人口返贫率高是农村贫困的一个明显的特点，说明反贫困政策对于相当一部分贫困家庭来说并没有增加他们抵抗风险的经济或物质能力，而只是将其收入提高到了贫困线以上。按照风险管理及积极社会政策的理念，在农村反贫困策略上我们不仅需要对当前的贫困人口提供有针对性的帮助，更要为边缘贫困人口提供帮助，增强他们抵御风险的能力。此外，建立起一个有效的、针对所有人群的医疗保障制度对减缓因病致贫的风险也是非常必要的。

（三）发展性机制

部分绝对贫困人口和低收入人口因为教育水平较低和健康水平较低在劳动力市场处于不利的境地，缺失获取更高报酬的工作机会，并且对子女教育脱贫产生了不良影响。

而社会保护政策则可以增强贫困者的竞争能力，提升其正常生活水平，从而可以防止经常性贫困以及持续性贫困的发生。社会保护政策对反贫困的发展性机制的发挥有赖于就业保护与就业促进等政策的完善，实现贫困者的发展权。

社会保护的发展性机制的重要理论基础是人力资本投资理论。高水平人力资本存量会提高农户能力和劳动生产率（Sen，1985；World Bank，2001；De Brauw，2002），通过扩展穷人获得教育、医疗和卫生保健机会能增加人力资本并对减贫有直接影响，需要给予优先重视（Fan，Chan-Kang，2005；刘民权，俞建拖，2007；段世江，石春玲，2004）。

成型于20世纪30～60年代的西方社会保障制度是在高经济增长、低失业率和国内企业面临的国际竞争非常有限的环境下逐步建立起来的。这一期间的社会主流思潮是，资本主义制度下的自由市场经济是产生贫困的根本原因。基于这一认识，反贫困政策是政府通过提供社会福利来减低或避免出现人们的命运完全由市场主宰的情形。但在全球化的形势下，国家竞争能力直接表现为市场组织的国际竞争能力，由此而使市场组织对经济和社会发展的积极作用被重新认识。这一变化反映在社会政策领域中即是：人们认识到，贫困不是市场经济制度造成的，而正相反，人们之所以贫困是因为他们未能被市场特别是劳动力市场所包容的结果，所以反贫困的目标必须通过增强人们适应市场经济变化的能力来实现。因此，强调对劳动力市场的干预不仅是新的社会政策与传统社会保障制度的核心区别，更是由于对劳动力市场的干预政策具有公平和效率兼顾的特征而使致力于这一方向的反贫困政策具有了社会投资的功能。反贫困政策的社会投资功能主要表现为对人力资本的投资。

传统的反贫困政策以权利和市场不公平为出发点，因而主要是通过基于税收和转移支付的"劫富济贫"政策来实现的。但在全球化形势下，"劫富"的余地不是很大，因为"劫富"意味着要提高个人和企业的税收，这样做不仅会影响企业的国际竞争能力，也会对投资和工作积极性产生负面的影响。加之老龄化的趋势，企业和个人都面临着越来越大的社会保险缴费压力，因此从分配领域进行干预的政策余地很有限。于是，贫困问题还得通过对贫困者的干预来解决。的确，从现象上看，贫困和收入差距的存在，直接表现为一部分社会成员未能在劳动力市场有效地发挥其角色作用：失业或收入低；而失业或收入低的直接原因往往是与健康状况（残疾或疾病）或缺少必要的知识和技能等因素相关。这样，对贫困是人力资本缺失所致的认识使社会政策的理念从社会负担转向了人力资本投资，并在干预方式上发生了相应的变化①。

总而言之，社会政策使人力资本投资的理念将社会政策对社会基本制度的干预下降到了对参与这个制度的个体进行干预。无论是对家庭功能还是对个人能力的干预，干预的目的都是为了使他们更好地适应市场经济的需求，特别是劳动力市场的变化。此外，这一政策框架也是一种整合和协调公共与私人利益的机制，个人能力的提升对预防贫困和提高国家竞争能力具有根本性的作用。

可见，以投资人力资本为核心的积极的社会政策试图将个人、家庭和国家等不同层面的利益和目标有机地结合起来，最后形成一种通过帮助个人来帮助国家的政策机制。人力资本投资理论也成为社会保护政策发展性机制的重要理论基础。

综上所述，社会保护的减贫机制体现在以下三个方面，即救助性机制、预防性机制以及发展性机制。上述机制的发挥也与国际上反贫困理论的发展及其蕴含的政策理念的变化密切相关。这些理论及其蕴含的新的政策理念通常包含了以下几个相互关联的内容：①对贫困进行多维度的理解；②注重对人力资本的投资；③反贫困政策要根据一个人生命的不同阶段的需要进行干预，即生命周期理论；④重视贫困的预防，即社会风险管理理论。

---

① 本部分主要参考了徐月宾、刘凤芹、张秀兰：《中国农村反贫困政策的反思——从社会救助向社会保护转变》，《中国社会科学》，2007 年第 3 期。

第二章　我国农村扶贫开发的历程

我国农村反贫困战略的实施先后经历了“输血”救济式农村扶贫、经济要素为主的“输血”开发式扶贫，过渡到新时期下经济社会要素相结合的扶贫战略发展历程。扶贫内容由单一向多元，范围由区域性向全国性发展，这一历程的演变标志着农村反贫困战略随着执政理念的转变不断得到发展和完善。

一、救济为主的农村扶贫阶段（1949～1985年）

这一时期的扶贫开发可划分为两个阶段：一是单一小规模扶贫模式（1949～1977年）；二是专项区域救济性扶贫模式（1978～1985年）。

（一）单一小规模扶贫模式（1949～1977年）

基于基础设施和技术落后、经济与国际市场隔离、长期战乱和社会发展水平普遍偏低等多重背景的影响，建国初期农村绝对贫困率较高。1949年至1977年间（除1956年），国民人均卡路里日摄入量少于2千克[①]，农村居民人均收入仅增加18元，年均增长率不足1.5%。以此衡量，到改革开放以前至少有40%至50%的人群处于生存贫困状态[②]。

因此，为实现发展经济和减少贫困的目标，我国选择工业化和现代化建设道路，开始了以发展生产来消除贫困的历程。这一时期，所有制结构上，通过土地改革推翻私有制，逐渐建立起以公社、大队和生产队三级所有的集体经济体系来保障人们的基本生活；经济发展上，以加快工业化带动整个国民经济增长；贫困救济上，依托紧急救济计划和自上而下的民政救济系统，并由民政部门以划拨专项资金的方式对农村特困人口和受灾群众实施救济[③]。其中：救济对象主要是丧失劳动能力、无人抚养或赡养的

---

① 郁建立：《扶贫：一个沉重的话题》，中国社会学网：http：//www.sociology.cass.net.cn/shxw/pkyj/t20030829－0971.htm.

② 周彬彬：《人民公社时期的贫困问题》，《经济开发论坛》，1991年第3期。

③ 陈标平、胡传明：《建国60年中国农村反贫困模式演进与基本经验》，《求实》，2009年第7期，第82－86页。

农村“五保户”、特困户以及其他生活困难群体；救济形式主要表现为政府以实物生活救济为主，向其提供社会、自然灾害、优抚安置等救济。救济特点带有明显的单一性和分散性，属于一种道义、慈善性的“输血式”救济行为①。

该阶段这种单一小规模“输血式”救济扶贫模式虽然保障了贫困人口的临界生存权，但不能从根本上提高其发展的能力。截至1978年，农民年人均收入只有134元，以农民人均纯收入100元为贫困线，则我国农村贫困人口规模高达2.5亿人，占全国人口总数的25.97%，占世界贫困人口总数的1/4，农村贫困发生率达到30.7%②。

（二）专项区域性扶贫模式（1978～1985年）

改革开放以后，我国实行以家庭联产承包责任制为基础和统分结合的双层经营体制，导致旧有的集体福利保障模式逐渐弱化，平均分配主义被以经济导向型的战略所替代。与此同时，反贫困转向以解决农村贫困人口温饱问题为主要目标，进行有计划、有组织的大规模扶贫开发。

自1984年起，国家开始设立以促进区域经济发展为核心任务的反贫困计划。财政扶贫的主要任务是帮助农村贫困人口改善生产生活条件，促进农村经济全面发展。1984年，党中央、国务院发出《关于帮助贫困地区尽快改变面貌的通知》（以下简称《通知》），确立了开发式扶贫方针，标志着我国扶贫战略第一次发生重大转变。《通知》的扶贫思路是：以县为单位，通过区域经济增长带动区域内的贫困人口脱贫，并促进提高自我发展的能力，扶贫重点是“老、少、边、穷”地区；与此同时，将甘肃定西、河西和宁夏西海固的集中连片贫困地区作为“三西”专项建设列入国家计划，进行区域性专项扶持工作，通过改善农业基础设施条件、发展种植业、养殖业等方式解决贫困农户经济来源问题。

该阶段的扶贫模式开始由道义性扶贫向制度性扶贫转变，由道义的自愿选择转变为政府的重要职责。但这一时期的扶贫制度带有明显的区域性和政治性色彩，“输血”救济扶贫方式的实质尚未改变。1978年到1984年，中国的农业保持持续高增长率，农民年人均收入从1978年的134元增长到1985

① 林卡、范晓光：《贫困和反贫困——对中国贫困类型变迁及反贫困政策的研究》，《社会科学战线》，2006年第1期。

② 赵曦、熊理然：《中国农村扶贫开发的历史成就及其历史经验》，《中国农业经济学会纪念农村改革30周年学术论文集》。

年的 397 元，人均纯收入年增长率高达 16.5%①；农村贫困人口从 1978 年的 2.5 亿人减少到 1985 年的 1.25 亿人，绝对贫困人口平均每年减少 1 786 万人，贫困发生率从 30.7% 下降到 1985 年的 14.8%，年递减速度为 9.4%②。

（三）救济式农村扶贫的特征

1. 扶贫战略是减少绝对贫困的救济式扶贫

自新中国成立以来到 20 世纪 80 年代前期，以国家财政补贴或向贫困地区调拨粮食、衣物等救济物品等方式扶贫，扶助水平为保障贫困地区人民最低程度的生活水准，属于“输血”扶贫模式。

2. 扶贫工作体现政府的直接责任

救济式农村扶贫战略以政府为组织基础，以国家财政为经济基础，面向贫困群体给予救助，是一种道义自愿向政府直接职责转变的体现。

3. 以集体主义体制提供福利保障

这一时期的扶贫以工人阶级的领导为政治基础，以马克思主义为意识形态基础，主张集体主义是人们摆脱贫困的必由之路③。但在此阶段，相对贫困现象并不普遍，平均主义的策略在一定程度上缓解了绝对贫困现象。

4. 救济式扶贫具有局限性

以调拨救济物品和财政补贴为主要扶贫方式，以政府为扶贫责任主体，这种“输血式”扶贫在赤贫人口生存困境中只能起到暂时性的缓贫作用，并不能真正转化为自我“造血”的能力，反之还可能会滋长“等、靠、要”的依赖心理与行为④。

二、经济要素为主的扶贫开发阶段（1986 年～）

1986 年是以经济要素为主实施开发式扶贫的标志性年份，目标是通过发展经济来提高贫困人口自我发展和自我积累的能力。这一时期的扶贫开发可划分为四个阶段：一是县级瞄准扶贫开发模式（1986～1993 年）；二是八七扶贫攻坚开发模式（1994～2000 年）；三是村级瞄准扶贫开发模式

---

① 国务院扶贫开发领导小组办公室：《中国农村扶贫开发概要》，北京：中国财政经济出版社，2003 年版，第 32 页。

② 国家统计局：《中国统计年鉴》，北京：中国统计出版社，2004 年版，第 123 页。

③ Wong L-d. (1998) *Marginalization and Social Welfare in China*, London: Routledge.

④ 韩嘉玲等：《社会发展视角下的中国农村扶贫政策改革 30 年》，《贵州社会科学》，2009 年第 2 期，第 67－76 页。

(2001～2005年)；四是新时期综合扶贫开发模式（2006～今）。

（一）县级瞄准扶贫开发模式

1986年确定了开发式扶贫方针，中共中央、国务院《关于帮助贫困地区尽快改变面貌的通知》是其纲领性文件。建立组织基础和确定政策方针导向是推进全国经济性扶贫模式的最重要途径。

1. 扶贫采用县级瞄准机制

成立国务院贫困地区经济开发领导小组（1993年更名为国务院扶贫开发领导小组）负责贫困地区经济开发，确定以县级区域为扶贫开发的基本方针，主要通过国家财政扶贫资金、以工代赈资金和扶贫贴息贷款三种方式对贫困县给予扶持①。重点实施扶贫政策，划定了18个集中贫困区域，使用农业部县级农村收入数据将331个贫困县列入国家重点扶持范围，各省依据自己的标准确定了368个省重点贫困县享受省级财政补贴。同时，重点关注“老革命根据地”和“少数民族地区”，以组织劳务输出、改善贫困地区基础设施、制定“对口帮扶”和“定点扶贫”政策等方式发动全社会力量缓解农村绝对贫困问题②。

2. 首次确定国定贫困县标准

贫困县的确定有两个关键性指标：一个是总贫困线；第二个关键指标是人均产粮低于200公斤。国家统计局农调总队以绝对贫困为核心计算总贫困线，基本生存需求包括满足最低营养标准（2 100大卡）的基本食物需求和满足最低限度的衣着、住房、交通、医疗及其他社会服务的非食品消费需求两个部分。

计算的基本步骤是③：①计算食物贫困线：国家统计局首先将营养标准确定为每人每天2 100大卡，然后根据20%最低收入人群的消费结构计算满足这一标准所需要的各种食物量，再按食物价格计算与之相应的货币价值形式，得到最后的食物贫困线；②计算非食物贫困线：以1995年为界，1995年之前主要根据非食品消费支出的比重计算，此后采纳世界银行

---

① 韩嘉玲等：《社会发展视角下的中国农村扶贫政策改革30年》，《贵州社会科学》，2009年第2期，第67－76页。

② 陈标平、胡传明：《建国60年中国农村反贫困模式演进与基本经验》，《求实》，2009年第7期，第82－86页；刘娟：《我国农村扶贫开发的回顾、成效与创新》，《探索》，2009年第4期，第87－90页。

③ 此计算参见国家统计局网站：http：//www1stats1gov1cn/tjsj/qtsj/ncjjzb/t20021022_389441htm。

依据食品消费支出函数回归模型来计算低收入群体非食物消费支出的方法；③计算总贫困线：食物贫困线和非食物贫困线的加总。以县为单位，结合1986年全国6.7万户农村居民收支调查资料计算，得到当年贫困县的标准分别为1985年农民人均收入低于300元、200元（少数民族自治县和位于一般老革命根据地的县）或150元（特困县）人民币。对于民主革命时期作出过重大贡献、在海内外有较大影响的老区县给予重点照顾，放宽到年人均纯收入300元。其中，农村贫困标准在1985年、1990年、1994年、1997年由国家统计局根据全国农村住户调查分户资料测定，其余年份则使用农村居民消费价格指数进行更新。

该时期扶贫战略从“救济式”转变为“开发式”，实现了从传统的分散扶贫向区域经济性扶贫的转变。1986年至1993年，592个国家重点贫困县的农民人均纯收入从206元提高到483.7元，年增长率在13%左右；农村绝对贫困人口由1.25亿人下降到8 000万人，年均递减6.2%，农村贫困发生率由14.8%进一步下降到8.7%①。但这一阶段我国东部和西部经济发展的差距逐渐拉大，1994年592个国定贫困县中，中西部地区县数占82%，贫困人口数占80.3%，贫困发生率向中西部倾斜②。

（二）八七扶贫攻坚开发模式

1994年3月，国务院制定的《国家八七扶贫攻坚计划》是该阶段扶贫开发模式的纲领性文件；1996年10月，中共中央、国务院颁布的《中共中央、国务院关于尽快解决农村贫困人口温饱的决定》进一步完善了我国开发式扶贫战略。

1. 多元化综合扶贫开发

《国家八七扶贫攻坚计划》是扶贫历程中第一个有明确目标、对象、措施和期限的扶贫开发行动纲领。该文件强调继续坚持开发式扶贫方针，并提出用7年左右时间基本解决农村贫困人口的温饱问题。

该计划要求，继续重点支持发展种养业，积极推进农业产业化经营，增加财政扶贫资金和扶贫贷款，改善贫困地区的基本生产生活条件，提高贫困地区群众的科技文化素质，鼓励多种所有制经济组织参与扶贫开发，注重动员全社会帮助贫困地区的开发建设，推动扶贫开发领域的国际交流

① 王朝明：《中国农村30年开发式扶贫：政策实践与理论反思》，《贵州财经学院学报》，2008年第6期。

② 参见：国务院扶贫办报告，2001年。

与合作，推进扶贫开发的规范化建设。具体包括：①基础设施建设上，解决贫困地区的水、路、电问题；②教育文化发展上，落实基本普及9年制义务教育，落实青壮年文盲“两基”工作；③医疗卫生环境上，提高医疗服务条件和能力；④按照资金、权利、任务、责任“四到省”的原则，对中西部扶贫工作进行部署，逐年增加财政投入，采用定点扶贫和对口扶贫政策，支持自愿移民，扶贫对象逐步到村、到户，并鼓励社会参与、加强地区间的协作，扩大国际组织间的合作等各项扶贫措施①。

2. 重新调整贫困县标准

按照“四进七出”的原则对贫困县进行调整，即以县为单位，凡是1992年年人均纯收入低于400元的县全部纳入国定贫困县的扶持范围；凡是1992年年人均纯收入高于700元的原国定贫困县，一律退出国家扶持范围。

经过调整以后，纳入国家“八七”扶贫攻坚计划的国家级贫困县增加到592个，分布在27个省、自治区、直辖市。其中，国家重点扶持贫困县数量较多的省区是云南（73个）、陕西（50个）、贵州（48个）、四川（43个）、甘肃（41个）；数量较少的省区是广东（3个）、浙江（3个）、吉林（5个）、海南（5个）、西藏（5个）②。1996年以后，政府大幅度增加扶贫资金，将扶贫对象从贫困县进一步调整到贫困村和贫困户，同时得到了世行、亚行等国际组织扶贫资金的支持。例如，中国“九五”计划期间启动的“西南世界银行贷款项目”和秦巴山区扶贫世界银行贷款项目，利用世行贷款的总规模达到了4.46亿美元③。

该阶段是我国自改革开放以来贫困人口减少速度最快的时期，《国家八七扶贫攻坚计划》确定的战略目标基本实现。全国592个国家重点扶持贫困县的农民人均纯收入由1995年的824元提高到1999年的1 347元，以乡为单位的通公路率和通电率均达到97%以上，适龄儿童辍学率下降到6.9%④；农村尚未解决温饱问题的贫困人口减少到3 000万人，贫困发生

---

① 国务院扶贫开发领导小组办公室：《中国农村扶贫开发概要》，北京：中国财政经济出版社，2003年版，第4页。

② 韩嘉玲等：《社会发展视角下的中国农村扶贫政策改革30年》，《贵州社会科学》，2009年第2期，第67－76页。

③ 赵卫华：《农村贫困的新特点与扶贫战略的调整》，《吉林广播电视大学学报》，2005年第1期，第5－10页。

④ 赵卫华：《农村贫困的新特点与扶贫战略的调整》，《吉林广播电视大学学报》，2005年第1期，第5－10页。

率从30.7%下降到3%左右[①]；贫困地区各项社会事业得到全面发展，农村贫困从区域性和绝对性贫困向相对贫困转变。

（三）村级瞄准扶贫开发模式

2001年国家公布《中国农村扶贫开发纲要（2001—2010年）》（下简称《纲要》），将扶贫工作的重点从以县级瞄准转向村级瞄准机制，进一步提高了扶贫目标的精准性和扶贫的效果。

1. 扶贫采用村级瞄准机制

针对前一阶段全国经济性扶贫模式出现贫困群体被遗漏的问题，该时期扶贫对象采用了村级瞄准机制。《纲要》将基本的扶贫投资单位从贫困县转变为贫困村，把年人均纯收入在786元至1 067元之间的低收入人口纳入到扶贫对象中。各省份（除北京、天津、上海和西藏以外）都确定了贫困村，约有30%的贫困村位于中部省份、29%位于西南、21%位于西北、6%位于东北和14%位于沿海地区。全国平均有20%的村被确定为贫困村，其中：贵州、云南、山西、陕西、河南、四川、甘肃和湖北贫困村的数量最多，共占全国贫困村总数的56%[②]。

2. 整村推进与参与式扶贫

政府通过制定和实施参与式村级扶贫规划，确定了以整村推进为主体、以产业扶贫和劳动力转移培训为翼的“一体两翼”扶贫开发战略[③]。同时，注重政府主导的开发式扶贫和全社会共同参与扶贫的良性互动，强调扶贫开发的可持续性与农村经济社会的全面发展，形成了由面到点、横纵联合、网络式、多向度的发展式扶贫机制[④]。

自2003年开始，中央渐进式地推行了一系列强农惠农支农的政策，并连续下发了六个中央“一号文件”，逐渐形成了一个集产业政策、区域政策和社会政策于一体的“大扶贫”格局[⑤]。2003年，新型农村合作医疗和医疗救助制度开始试点，前者由中央政府和地方政府共同出资补贴，后者通过资助参保和提供救助资金为贫困群体提供保障；2004年，推出种粮直

---

① 赵慧珠：《走出中国农村反贫困政策的困境》，《文史哲》，2007年第4期，第162页。

② 汪三贵：《中国新时期农村扶贫与村级贫困瞄准》，《管理世界》，2007年第1期。

③ 姜爱华：《政府开发式扶贫资金绩效研究》，北京：中国财政经济出版社，2008年版，第80页。

④ 陈标平、胡传明：《建国60年中国农村反贫困模式演进与基本经验》，《求实》，2009年第7期，第82－86页；刘娟：《我国农村扶贫开发的回顾、成效与创新》，《探索》，2009年第4期，第87－90页。

⑤ 刘娟：《我国农村扶贫开发的回顾、成效与创新》，《探索》，2009年第4期，第87－90页。

接补贴和开展农村剩余劳动力转移培训的“阳光工程”计划；2005年，实施“一体两翼”扶贫开发战略，以整村推进为切入点，提高农民素质，以产业化调整农业结构，提高扶贫开发目标的瞄准性，实现了基础建设、社会服务、文化培训等各方面的融合发展。

该阶段的扶贫开发模式在改善农村贫困状况中取得巨大成就，连片地区的贫困人口正在逐步摆脱贫困。到2005年年底，全国农村绝对贫困人口2 365万人，低收入线下的贫困人口4 067万人，贫困发生率为2.5%；人均纯收入从2001年的2 366.4元增长到2005年的3 254.9元①。

（四）新时期综合扶贫开发模式

农村的改革发展与反贫困战略息息相关。新时期下的科学发展观、构建社会主义和谐社会、新农村建设是农村反贫困战略转向的重要背景，表明以人为本的理念将使反贫困制度更加体现人文关怀，经济和社会性要素的综合式扶贫开发将逐渐得到发展和完善。

从2006年起，全面免征农业税，加大对农村扶持的力度，政策取向从净税收转变为净补贴。2007年，国务院颁布的《关于在全国建立农村最低生活保障制度的通知》（国发〔2007〕19号）是中国农村反贫困政策发展的一个新里程碑；2008年，财政部与民政部联合发布《关于进一步提高城乡低保补助水平 妥善安排当前困难群众基本生活的通知》，进一步提高了低保补助水平；2009年，实行1 196元新的扶贫标准。这一系列政策的出台和实施，为综合性反贫困战略转向提供了支持。随着《中国农村扶贫开发纳要（2001－2010年）》实施的结束，扶贫效果递减和目标群体越加分散，表明了新时期农村反贫困战略转向的必要性。

新政策的实施，标志着农村反贫困将进入新一轮扶贫战略转变的时期，扶贫重点相应地将由绝对贫困向相对贫困转变，社会性要素与经济性要素相融合共同为扶贫开发服务将成为关注的焦点。

（五）开发式农村扶贫的特征

1. 扶贫战略是以经济要素增长为主的开发式扶贫

这一时期的扶贫通过财政扶贫资金、以工代赈资金和扶贫贴息贷款等方式对贫困群体在教育、医疗、劳动力转移等各方面提供扶助。这种多元

① 《中国统计年鉴》，中国统计出版社，2008年版。

化的扶贫模式既保障了人们的基本生活，也减少了返贫的现象，有利于制度实施的可持续性。

2. 体现政府、社会和贫困群体的多方参与责任

救济式农村扶贫战略以政府为主导，以财政为基础对贫困群体提供维持最低标准的生活保障，是一种“被动输血式”扶贫。而开发式扶贫以政府为稳定的组织基础，以社会各界为道德基础，以贫困群体为实施基础，强调多方参与，是一种“主动造血式”扶贫。

3. 村级瞄准机制减少了扶贫对象的漏出

以县为扶贫单位导致了用于贫困县的扶贫资金没有被当地贫困人群独享，实际上该县的非贫困人口也参与了分享。采用村级瞄准机制，扶贫到户的开发式扶贫战略与以县为单位进行扶贫相比，减少了贫困漏出率，进一步提高了扶贫精准的效率和效果。

4. 强调提高自我积累和自我发展的能力

开发式扶贫既强调多元，也强调参与。通过人力资本投资、引导贫困地区建立经济支柱产业等多元化扶贫方式，增强了自我发展的能力，是一种“外部驱动因素的造血式”扶贫；强调贫困主体参与，增进了扶贫供给主体与需求主体之间的沟通，在检验扶贫绩效的同时提高了自我积累的能力，是一种“内部激励因素的造血式”扶贫。

第三章　我国农村扶贫开发效果评价

由于扶贫开发效果受多重因素的影响，因此，本章首先通过相关分析甄选出影响扶贫的主要因素，并以此为依据对扶贫开发的效果进行评价。参考附表1中的指标，变量选取贫困发生率、农村居民人均纯收入、政府扶贫资金投入、基尼系数和农村居民恩格尔系数。通过 Pearson 相关系数分析，各因素单尾显著性检验 P 都等于0.000，得到农村居民人均纯收入、政府扶贫资金投入、基尼系数与贫困发生率 Y 之间呈现出较强的负线性相关关系，农村恩格尔系数则与贫困发生率 Y 之间呈现出正线性相关关系（图3-1）。

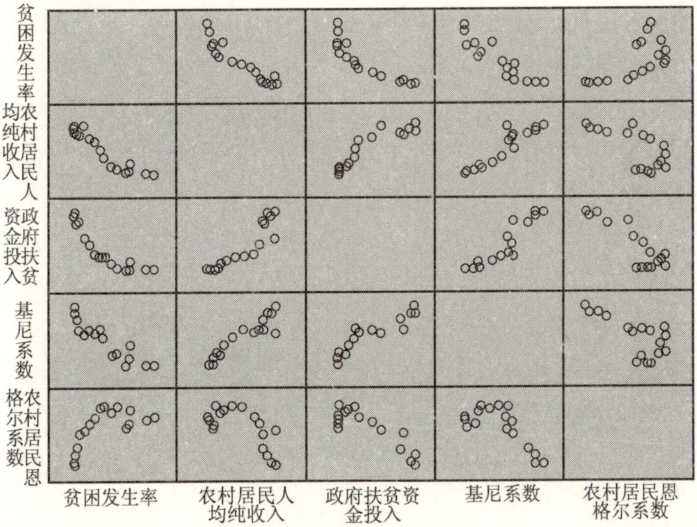

图3-1　贫困发生率与恩格尔系数、基尼系数等指标的相关关系

相关因素对贫困发生率的影响程度由大到小分别为：基尼系数（-0.924）、政府资金投入（-0.886）、农村居民人均纯收入（-0.855）、农村恩格尔系数（0.745）（数据见附表2）。由此可知，基尼系数和政府资金投入对贫困的影响程度最大。其中：前者反映了扶贫产出的效益，代表了公平性；后者与扶贫投入有关，反映了成本。据此，本章将分别选取效益指标（包括公平与效率）和成本指标（包括扶贫与脱贫成本）对扶贫效果展开评价。

一、扶贫开发成本分析

（一）扶贫成本指标

1. 财政扶贫投入

由附表1可知，随着经济发展水平的提高，包括中央财政扶贫资金、信贷扶贫资金和以工代赈三大项目的政府扶贫资金由1986年的42亿元上升至2002年的283亿元。总体来看，资金投入在总量上有所增加，通过在农业产业化、整村推进、教育、劳动力转移或培训等方面的投入，贫困发生率和贫困人口总数都有所下降。其中：贫困发生率从1986年的15.5%下降至2008年的4.2%，贫困人口总数从1986年的13 100万人下降到2008年的4 007万人（参见附表1）。然而，资金的增长率却显示出政府在扶贫投入方面缺乏稳定性和可持续性（见图3－2）。扶贫资金增长率无规律的变动表明了政府在扶贫资金的投入上缺乏相应的规范机制，尚未对其加以固定化和程序化。随意性和不稳定性影响了扶贫的效果，导致了扶贫产出效果参差不齐。

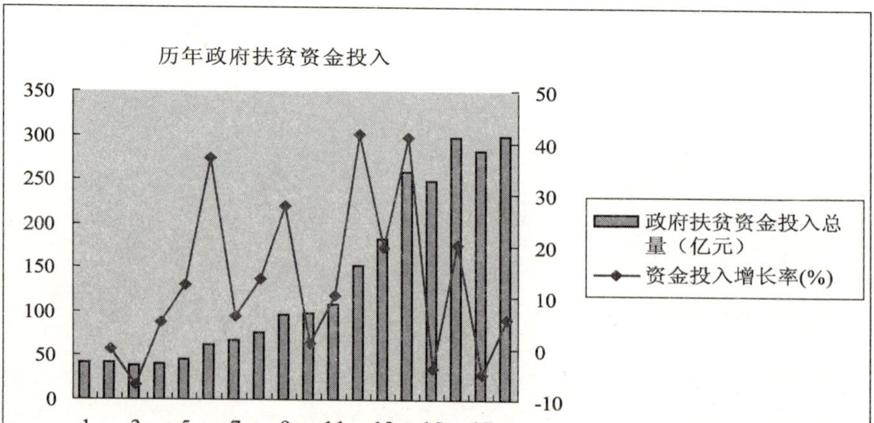

图3－2 历年政府扶贫资金投入总量及增长率

2. 人均扶贫成本

通过1986年至2003年政府扶贫资金投入总量和贫困人口的总数，得到每年人均扶贫成本呈递增趋势（图3－3）。其中：1986年至1993年成本递增幅度维持平稳，1993年到1998年小幅度增加，但自1998年以后其增加幅度剧烈，特别是2001年最明显。随着经济社会发展水平的提高，政府用于扶贫的资金从绝对数量来看在逐渐增加，贫困人口总数在逐渐减少，事实上人均扶贫成本却在不断增加。1986年人均扶贫成本为32.06元/人,到2003年增至1 031.03元/人，后者约是前者的32倍（数据见附表3）。人均扶贫成本过高，表明了政府扶贫投入出现了边际产出递减现象，受助者的瞄准性和有效性均不精确，扶贫效果在降低。

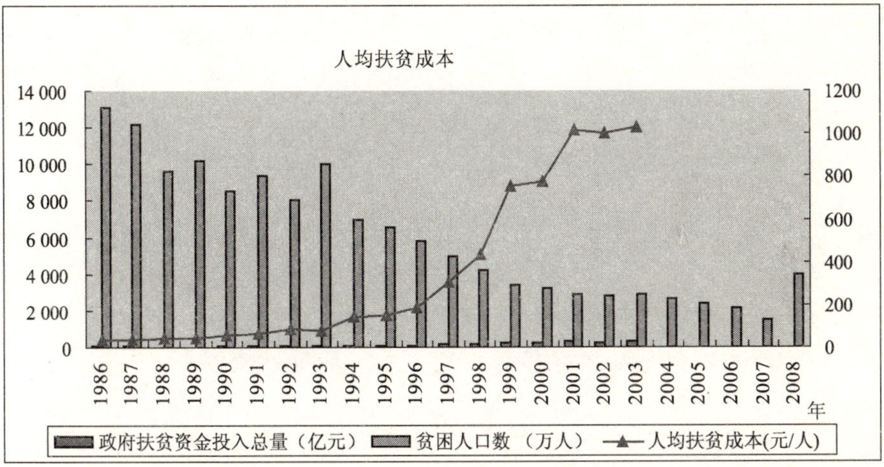

图3－3　人均扶贫成本

（二）脱贫成本指标

通过对1997年至2000年国定贫困县扶贫资金的使用情况进行分析，得到的结论是这一时期的人均脱贫成本和净脱贫成本都在增加（参见表3－1）。其中：净脱贫人均成本要远高于人均脱贫成本，表明了返贫容易脱贫难的现象普遍存在，返贫影响了脱贫的效果。同时，也说明了脱贫作用的脆弱性，即扶贫只解决了贫困者维持温饱生存方面的暂时性需求，而尚未对其长期的发展给予扶助和指导。这样的扶贫方式仍然只算是“输血式”的反贫困，高成本的扶贫投入换来的只是绝对数量的暂时性减少，其效率和效果均不理想。

表 3-1 国定贫困县扶贫资金使用情况及效益

指标	1997 年	1998 年	1999 年	2000 年
扶贫投资总额（万元）	1 928 929.6	2 193 635	2 601 670	2 429 432
当年脱贫人口（万人）	1 407.4	1 161.6	1 298.4	863.8
人均脱贫成本（元）	1 370.6	1 889	2 004	2 813
当年返贫人口（万人）	386.4	722.2	932.9	789.8
净脱贫人数（万人）	1021	439.4	365.5	74
净脱贫人均成本（元）	1 889.3	4 992	7 118	32 830

数据来源：1998 年至 2000 年数据来源于杨立雄：《城乡统筹与农村反贫困战略》（PPT）；1997 年数据来源于《中国农村监测报告 2000》，中国统计出版社，2000 年版。

二、扶贫开发效益分析

（一）扶贫公平指标

1. 基尼系数与贫困发生率

贫困发生率与基尼系数呈正相关关系，基尼系数越高，贫困人口越多。一般来说，农村基尼系数会偏高，农村中的实际贫困人口要多于官方估计的人数。这里将平均收入的 40% 作为贫困线，运用回归分析，通过向后筛选策略建立回归模型①，得到：

$$R = -8.516 + 45.573 \times G$$

R 指贫困发生率，G 指基尼系数。结合上式，则可通过农村地区的基尼系数计算贫困发生率。计算结果表明，以上述相对贫困标准计算的贫困发生率与基于官方绝对贫困线标准的贫困比例呈现出相反趋势，即随着基尼系数的上升，农村贫困比例实际上是在迅速增加而非下降（图 3-4）。而且，不平等程度对贫困的影响存在显著的时间趋势，不平等对贫困的弹

① 本部分对基尼系数和贫困发生率相关观点的探讨均源于：杨立雄：Study on the Poverty Line in China Rural Areas，2009 年 4 月韩国福利年会论文。

性系数随时间的推移将变得越来越大①。这些分析都说明了大量贫困群体被遗漏在制度范围之外得不到保障。

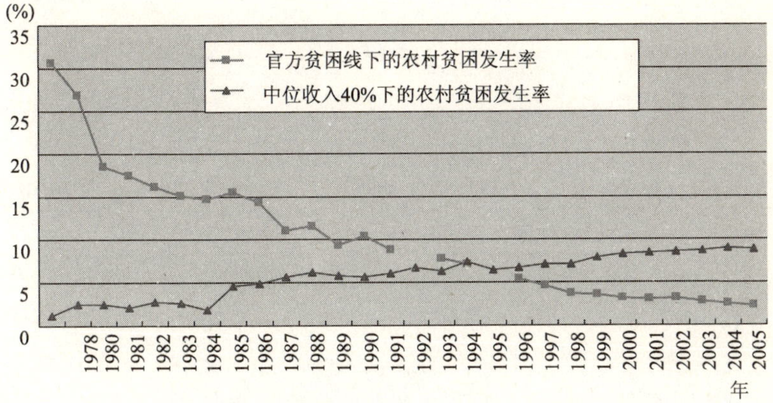

图 3－4　基于不同贫困线下贫困发生率的比较（1978～2005 年）

通常把基尼系数 0.4 作为监控贫困差距的“警戒线”，基尼系数自 1986 年的 0.31 上升到 2005 年的 0.44（附表 1），已超出警戒线。这表明人们收入分配之间的差距在拉大，贫困者所能分配到的社会财富越来越少，农村扶贫政策没有能为贫困农户创造更为平等地获得发展资源的机会与权利。甚至国家从农村的退出和市场化向农村的渗透不但没有为农村开拓发展的新空间，与之相反，还孵化出了市场这一抽取农村资源和生产不平等的新机制，导致了城乡之间的收入差距越拉越大②。

2. 收入差异与公平

运用回归分析，依据前面的相关分析，采用逐步筛选策略，剔除基尼系数、恩格尔系数等，分析结果显示：当农村居民人均纯收入作为解释变量时，调整的判定系数（0.877）较接近 1，表明被解释变量贫困发生率可被模型解释的部分较多；F 检验统计量的观测值 = 114.871，对应的概率 P 值 = 0.000 < 显著性水平（$\alpha = 0.05$），在显著性水平为 0.05 的情况下，回归方程通过 F 检验，说明线性回归效果显著。得到回归结果如表 3－2

① Ravallion, Martin, Shaohua Chen.（2007）China’s（Uneven）Progress Against Poverty, *Journal of Development Economics*, 82（1）, pp. 1～42。

② 陆汉文：《当代中国农村的贫困问题与反贫困工作——基于城乡关系与制度变迁过程的分析》，《江汉论坛》，2006 年第 10 期，第 108－112 页。

所示。

表 3－2　农村居民人均纯收入与贫困发生率的回归分析

Coefficients[a]						
Model		Unstandardized Coefficients		Standardized Coefficients	t	Sig.
		B	Std. Error	Beta		
1	(Constant)	14.589	0.734		19.863	0.000
	农村居民人均纯收入	－0.005	0.000	－0.940	－10.718	0.000
a. Dependent Variable：贫困发生率						

由表 3－2 可知，回归方程为：$Y = 14.589 - 0.005X$，农村居民人均纯收入对贫困发生率 Y 的影响是人均纯收入每增加 1 元时，对贫困发生率平均有 0.005 的缓解。然而，实际中穷人从改革和增长中所获的收益少于富人，城乡、地区之间收入分配差距中不利于穷人的变化部分抵消了经济增长的减贫效应①，影响了减贫的效果（见图 3－5）。

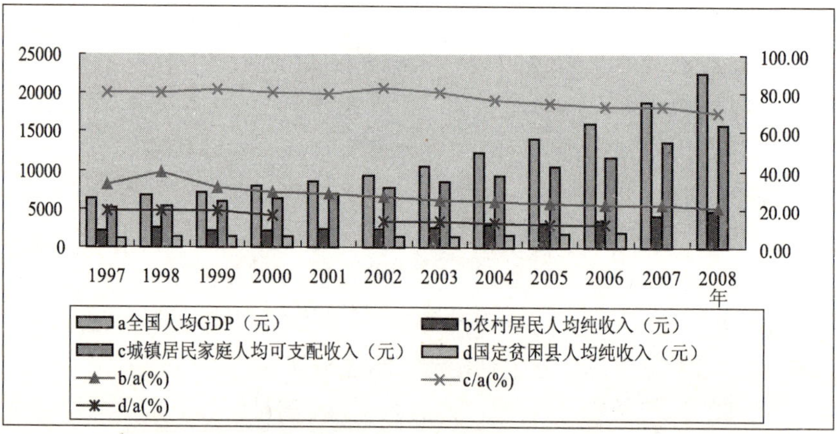

图 3－5　国定贫困县、农村居民与城镇居民收入比较（1997～2008 年）

收入在农民、贫困群体和城镇之间存在较大差异，且分别占 GDP 的比重有所差距。以 1998 年为界，以当年农民人均纯收入占全国 GDP 的比重

① 胡兵等：《经济增长、收入分配与贫困缓解——基于中国农村贫困变动的实证分析》，《数量经济技术经济研究》，2007 年第 5 期，第 33－42 页。

为例，除1998年有所上升以外，其余年份都呈现下降趋势，比重由1986年的44%下降至2008年的21%；而且1999年至2008年的下降幅度大于1986年至1997年的幅度（数据见附表1）。说明了农村居民在全国人均创造的经济生产值中的比重逐渐降低，特别是贫困群体在经济发展中参与分享、贡献并发挥作用的力度在减弱。同时，附表1中贫困距指数（PG）和平方贫困距（SPG）也证实了这一点。说明了尽管经济增长使大量农村居民摆脱了绝对贫困，但收入的差距不但冲抵了部分减贫效应，而且还加剧了剩余相对贫困群体陷入贫困的境况。

3. 消费差异与公平

不公引致基尼系数的上升除在收入方面有所表现外，还体现在消费上的差异。并且，消费差异在外部与内部均有体现，前者主要存在于贫困群体与城乡居民之间；后者存在于贫困群体内部之间。

（1）外部之间的消费差异与不公。通过面积图3－6可知，城镇居民消费面积与国定贫困县、农村居民相比较来看，差异较明显。甚至国定贫困县与农村居民人均消费支出的面积相加也不大于城镇居民人均消费性支出的面积。

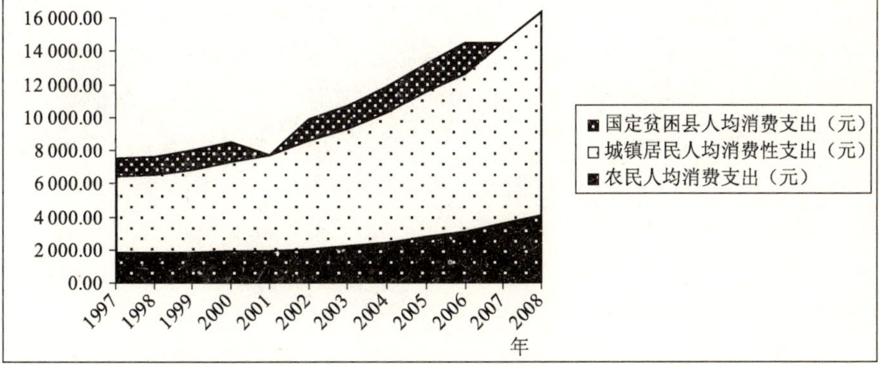

图3－6　国定贫困县、农村居民与城镇居民消费比较（1997～2008年）

（2）内部之间的消费差异与不公。以收入五等分法来看，2002年至2006年，国定贫困县内部在人均纯收入、人均消费支出方面均存在较大差异，特别是20%低收入户与20%高收入户之间各指标的差距都非常明显，并且贫困户倾向于储蓄而非消费（图3－7）。这导致了恩格尔系数在贫困群体内部之间的消费也存在差异。尽管恩格尔系数从1986年的56.36%下降至2008年的43.7%（附表1），但各收入分组内部之间存在差距，20%的低收入户在食品方面的花费与20%高收入户相比差距更加显著。

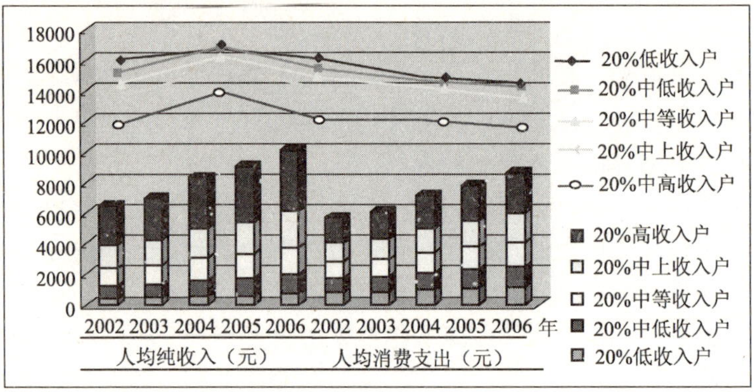

图3-7　收入五等分法比较人均纯收入、消费支出及恩格尔系数

说明：折线代表收入五等分法恩格尔系数2002年至2006年的变化，变化与横纵坐标的刻度无关，旨在说明贫困群体内部之间的消费差异。

数据来源：相关年份《中国农村贫困监测报告》，中国统计出版社。

这一方面说明了恩格尔系数的差异（主要是食品消费）影响贫困。食品消费导致内部贫困群体的营养和健康不同，进而会影响人力资本差异，而精神娱乐的消费对贫困群体发展而言将更加显著。另一方面也说明了贫困群体和农村居民的消费能力有巨大的提升空间（见下面对平均消费倾向与边际消费倾向的探讨）。当贫困户面临风险时有可能抑制家庭消费水平，倾向于预防性的储蓄。据统计显示，在农村地区人均收入低于每年888元的世行贫困线农户中，有43%的农户进行了储蓄，处于贫困线和两倍于贫困线标准之间的低收入户的中位储蓄率超过了17%①。这对今后反贫困战略转向有启示意义。

（二）扶贫效率指标

1. 扶贫资金弹性

扶贫资金弹性反映了扶贫资金变动率与贫困人口变动率之间的动态关

① World Bank. 2009. From poor areas to poor people: China's evolving poverty reduction agenda——An assessment of poverty and inequality in China.

系，以揭示扶贫资金的减贫效果（图3－8，数据见附表4）。

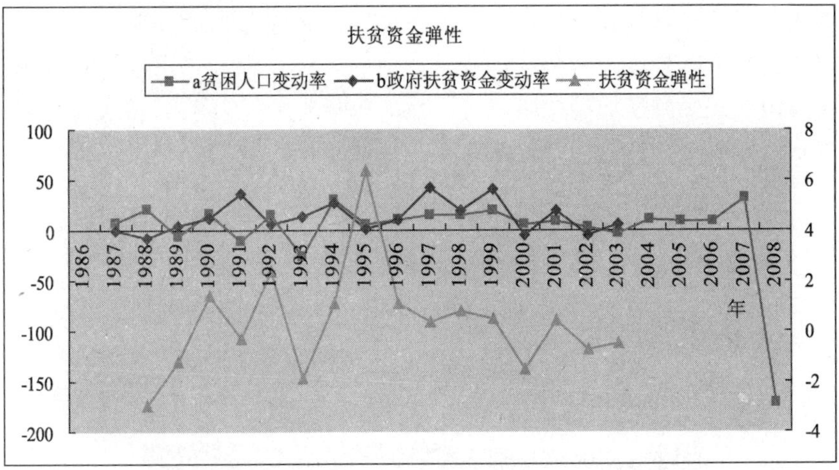

图3－8　扶贫资金弹性

说明：扶贫资金弹性＝（a/b）·100%，其中a＝（上年贫困人口数－本年贫困人口数）/上年度贫困人口数，b＝（本年扶贫资金投入额－上年扶贫资金投入额）/上年度扶贫资金投入额。该公式具体参见：姜爱华：《政府开发式扶贫资金绩效研究》，北京：中国财政经济出版社，2008年版，第123页。

从图3－8中可得到以下三个结论：①政府扶贫资金变动率不稳定，印证了前述分析中财政扶贫资金逐渐增加但增长率不稳定的分析；②贫困人口变动率并没有遵循逐年下降的规律，说明扶贫存在漏出和返贫现象；③扶贫资金弹性经历先升后降的过程，说明扶贫资金对减贫的效果有贡献，但这种贡献却是有限的。随着资金投入的增加，出现边际减贫效果递减的迹象。所有这些表明了单靠采用资金投入的经济要素扶贫方式效率不高，特别是当绝对贫困人口减少、遗留下来的是大部分相对贫困人群时，其扶贫效果不理想，反贫困战略需要考虑将多种方式予以结合。

2. 平均消费倾向（APC）和边际消费倾向（MPC）

反贫困产出直接效果表现为贫困群体摆脱贫困，收入和消费的能力都在提高，食品消费将不再是主要的支出，人们可以有一定的消费能力自由选择文教娱乐等方面的支出。因此，这里通过平均消费倾向（APC）指标和边际消费倾向（MPC）指标解释贫困者收入与消费能力之间的变动关系，对于扶贫效果和刺激经济增长均有作用。

其中：平均消费倾向意味着如果能够保持人们收入的稳定增长，则潜在的消费需求将会得到释放；边际消费倾向取决于收入的性质，更关注的是以长期收入前景确定消费。于是，通过收入和支出计算出农村、城镇与国定贫困县居民的平均消费倾向与边际消费倾向（附表8），将农村、城镇和国定贫困县居民的平均消费倾向和边际消费倾向分别绘制面积图加以比较，参见图3－9。

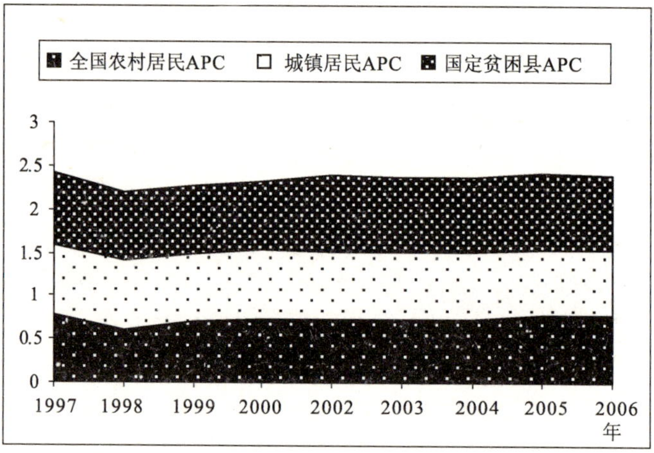

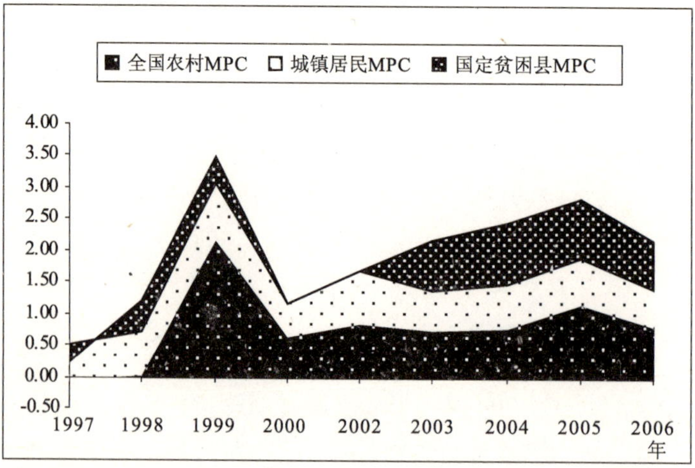

图3－9　农村、城镇与国定贫困县居民APC与MPC的比较

由图3－9我们可以得到以下几类差异，这将有利于探讨扶贫的效果和方向：

（1）平均消费倾向：国定贫困县>农村居民>城镇居民。尽管前述显示我国城镇居民人均消费较高，但其平均消费倾向APC是逐渐降低的，说明人均可支配收入上涨幅度大于消费性支出的上涨幅度，收入逐年提高，消费比例却在减少，出现消费疲软现象。与之相反，贫困群体和农村居民的平均消费倾向明显高于城镇，说明这部分人虽然拥有较高的消费倾向，却没有消费的能力。因此，从反贫困战略来看，如何持续稳定地提高贫困者的收入水平是着眼重点之一，更加重要的是赋能。

（2）边际消费倾向：农村居民>国定贫困县居民>城镇居民。与贫困阶层相比，富裕阶层边际消费倾向要低，因为富裕阶层的消费已超越维持基本生存的需求，而贫困者的消费通常都是最基本的消费，其生活资料的需求在收入中占有相当大的比重。说明农村和国定贫困县居民增加的收入更多的是用来消费，甚至会出现消费增长超出收入的现象。因此，对于反贫困战略调整来说，如何缩小群体之间的差距以体现公平是着眼点之一，这就需要将扶贫与收入分配、社会保障等领域相结合，变单一式扶贫为综合性反贫困。

通过比较农村、城镇和国定贫困县在APC和MPC之间的差距，使我们认识到经济增长不能自动惠及贫困者，也不能自动改善分配状况。边际消费倾向和平均消费倾向表明，农村居民和贫困群体有巨大的消费潜力，通过在缩小不平等和满足心理预期等方面提供保障将会带来经济社会的长足进步和发展。而这就需要在反贫困中提供保障机制，促进收入和消费水平的提高，缩小收入分配差距，形成对未来的良好预期，让贫困者公平参与经济发展，平等分享社会成果，这些都应当是今后扶贫开发需要考虑的方面。

三、效果评价小结

我国农村扶贫由计划经济下单一小规模救济式扶贫，过渡到区域救济性模式，发展成为市场经济下以经济要素为主的开发式扶贫，取得了良好的减贫成绩。然而，计划经济时期的救济式扶贫是以集体主义体制为贫困者提供福利保障，公平度较高，但属于一种输血式扶贫；而市场经济下的开发式扶贫是以经济要素为主的扶贫，虽然解决了大量绝对贫困人口生活保障的问题，但公平度不高，遗留下来的是相对贫困问题。

（一）市场经济是一种优胜劣汰的经济

市场经济优胜劣汰的天然属性，表明了需要参与者自主具备敏锐的市场意识。而农村贫困者所从事的农业经济和主体地位决定了其在市场经济中的劣势。农产品的收购价格遵循“逐远逐低”的原则，即在销售价格既定的前提下，随着运输距离的加大，农民销售农产品的价格要低于那些距离经济中心较近的地区；而工业品销售遵循“逐远逐高”的原则，即资金总是倾向流向利润率较高的地方，使得农村有限资金及其他生产要素流出。这种双重原则的影响意味着远离经济中心的农村在市场经济中出售农产品和购买工业品时都会遭受一定的损失。

（二）开发式扶贫不能自动消除制度不公

开发式扶贫从本质上来看本应着眼于解决因地区发展差距所导致的相对贫困或者绝对贫困问题。但由于这种扶贫政策在瞄准机制上存在偏差，导致扶贫的效果大打折扣，农村贫困也就很难通过这种方式来消除[①]。国定贫困县的确定涉及公共资源合理分配的问题，确定为贫困县将会得到中央财政扶贫资金的支持并带来一系列的优惠政策。如果分配合理，则意味着瞄准机制精确，扶贫资金的使用效率较高；反之，则漏出率较高，导致应保未保和差距拉大的现象。但事实上，在国家确定的贫困县当中平均只有27.8%的农村人口生活在贫困线以下，30%的农村贫困人口分散在国家确定的非贫困县之中[②]。因缺乏有效的确定标准和完善的甄选机制，贫困群体被遗漏在制度覆盖范围之外，被排斥在外的贫困群体生活将更加拮据。

综合评价来看，救济式扶贫归属于输血模式，存在不可弥补的局限性；而经济要素为主的扶贫方式以经济增长和增加扶贫对象的收入为着眼点，因没有兼顾到基于经济发展而引致的不公平现象对于扶贫效果的影响，忽视了贫困群体在公平、共享方面的意愿，最终也不是可持续反贫困战略的发展方向。但如果把单一政策和多项政策的治贫效果指数进行对比

---

① 赵卫华：《农村贫困的新特点与扶贫战略的调整》，《吉林广播电视大学学报》，2005年第1期，第5－10页。

② 徐志明：《扶贫投资低效率与市场化反贫困机制的建立》，《乡镇经济》，2008年第9期，第83－87。

可以很清楚地发现，不同政策在治理贫困方面可以互为补充，任何两项政策组合的三项治贫指标都比一单项政策更加明显，这将有助于为最贫困的家庭找到最好的脱贫之路①。

① Ruerd Ruben and Marijke Kuiper, Poverty Targeting with Heterogeneous Endowments: Mico-simulation of a Less Favored Ethiopian Village [C]. Poverty Monitoring and Evaluation-Workshop Proceedings of the Sixth East Asia PADI Consultation Meeting &Regional Workshop on Poverty Monitoring and Evaluation, China Agriculture Press.

第四章　反贫困战略转变新方向：从开发式扶贫到社会保护

一、开发式扶贫低效的根源

我国在扶贫开发过程中逐渐形成一条“以经济要素为主，多方参与，强调自我发展能力”的中国特色扶贫道路，为贫困群体摆脱贫困作出了重要的贡献。然而，这种单一的扶贫开发模式存在诸多缺陷并最终导致低效。

（一）战略基础：经济单向度与生产要素投入

扶贫低效的原因之一是我国开发式扶贫战略重点关注贫困的经济维度，强调以生产要素的投入作为反贫困的战略方向。

经济发展战略是世界银行和许多国际组织所提倡的扶贫战略核心思想之一[①]，如果将贫困的变化分解为经济增长因素和收入分配因素，那么经济增长因素揭示了短期贫困变化的70%和长期贫困变化的95%[②]。由此可见，对于绝大多数发展中国家来说，减少贫困的首要任务就是发展经济。我国农村贫困是以收入为标准的绝对贫困，国家统计局在测量贫困标准和人口时并不考虑社会发展指标，关注较多的反而是更容易提高生产率和收入水平的短期投资，加上人们长期以来习惯上将教育和医疗支出看做是消费而非投资[③]。

基于此，我国在反贫困战略的选择上，增加农民收入的主要渠道是农业，反贫困强调投入生产要素，以提高生产力增加家庭收入。根据国家统计局对全国519个贫困县的监测资料计算，1998年至2001年间，有46%

---

① World Bank. 1990. *World Development Report* 1990，New York：Oxford University Press.

② Kraay and A. 2005. When is Growth Pro-Poor? Evidence from a Panel of Countries. *Journal of Development Economics. Forth-coming.*

③ 中国发展研究基金会：《在发展中消除贫困：中国发展报告2007》，中国发展出版社，2007年版，第96页。

的扶贫资金用于农业（主要来源于信贷扶贫资金），20%用于基础设施，14%用于工业，而只有4%用于文教卫生和技术培训等人力资本开发领域[①]。在发展初期，经济增长减少了贫困。农村经济的增长可以说是一种有利于贫困人口的增长方式，农民收入增长更多地受到农产品产量和相对价格提高的双重影响。事实证明，经济增长不是反贫困的唯一因素。到了90年代后期，扶贫效果并非所愿的一个重要原因便是该时期农民收入的增长完全依赖于非农业收入的增长，农业收入增长并没有惠及贫困和低收入人群[②]。由此可见，反贫困政策的实施不是单纯地依靠救济，开发式扶贫一直以来也注重通过增加贫困人口的资产积累和转移为农村贫困家庭提供机会，致力于提高他们的创收能力。其中，扶贫项目包括基础设施建设、农业投资、企业帮扶、教育培训等。

然而，开发式扶贫本质上始终是以发展经济和提高收入水平作为反贫困政策的核心内容，尽管对缓解当地的贫困问题也发挥了一定的作用，却因对贫困的理解过于狭隘凸显了诸多不足：

（1）扶贫政策缺乏预防性保障机制。返贫容易脱贫难的现象归因于贫困者缺乏抗风险能力的保障机制。风险发生的不确定性使勉强能维持温饱的人变得极其脆弱，常常造成在贫困线边缘的低收入者陷入贫困，导致扶贫成本和脱贫成本过高。

（2）扶贫政策缺乏救助性系统保障。救济式和开发式扶贫以单一经济要素为主，注重从收入角度缓解贫困。随着绝对贫困数量的减少，剩下的相对贫困群体呼唤反贫困政策的新定位。原先这种单一的反贫困模式将不能为贫困者在教育、医疗、生活标准等方面提供全面保障。

（3）扶贫政策缺乏发展性引导机制。以经济要素为目标的扶贫只是解决了暂时性的温饱问题，属于输血式扶贫；从长远来看，为缓解因制度不公导致的“冲抵”效应，扩大反贫困的发展空间和激发扶助的潜力，实施公共服务均等化、人力资本投资等综合措施是彻底脱贫的关键。

上述缺陷表明了以经济增长为重心推动区域经济发展实施的农村反贫困战略，强调生产要素投入的单一反贫困措施，其效率和效果均不理想。因此，反贫困模式需要转变。

---

① 中国发展研究基金会：《在发展中消除贫困：中国发展报告2007》，中国发展出版社，2007年版，第96页。

② 中国发展研究基金会：《在发展中消除贫困：中国发展报告2007》，中国发展出版社，2007年版，第13～14页。

（二）贫困衡量：收入标准与绝对贫困

扶贫低效原因之二是贫困标准过低。贫困线是一个国家或地区衡量贫困程度的标准，合理确定贫困线既关系到贫困群体的识别，又关系到反贫困实施的有效性。然而，我国贫困线无论从绝对角度还是相对角度评价，实际上都显偏低。

1. 我国贫困线的绝对比较

以购买力平价和汇率为衡量标准，将世界银行 1.08 美元、1.25 美元和 2 美元贫困线转化后与我国官方贫困线进行对比，如表 4－1 所示。

表 4－1　中国官方贫困线与世界银行贫困线的对比

当年价格，单位：元（人民币）

我国官方标准				以购买力平价 PPP 为衡量标准*			以汇率为衡量标准		
年份	农村居民消费价格指数	贫困线	低收入线	a 世行 1.08 美元贫困线	b 世行 1.25 美元贫困线	c 世行 2 美元贫困线	a 世行 1.08 美元贫困线	b 世行 1.25 美元贫困线	c 世行 2 美元的贫困线
1989	119.3	259		439.57	714.20	1 142.72	1 784.81	1 695.22	2 712.36
1990	104.5	300		459.35	746.34	1194.15	1865.12	1771.51	2834.41
1991	102.3	304		469.91	763.51	1221.61	1908.02	1812.25	2899.61
1992	104.7	317		492.00	799.39	1279.03	1997.70	1897.43	3035.89
1993	113.7	367		559.40	908.91	1454.26	2271.38	2157.38	3451.80
1994	123.4	440		690.30	1 121.59	1794.55	2802.88	2662.20	4259.53
1995	117.5	530		811.10	1317.87	2108.60	3293.39	3128.09	5004.94
1996	107.9			875.18	1421.99	2275.18	3553.57	3375.21	5400.33
1997	102.5	640		897.06	1457.54	2332.06	3642.40	3459.59	5535.34
1998	99	635		888.09	1442.96	2308.74	3605.98	3424.99	5479.99
1999	98.5	625		874.77	1421.32	2274.11	3551.89	3373.62	5397.79
2000	99.9	625	865	873.89	1419.89	2271.83	3548.34	3370.24	5392.39
2001	100.8	630	872	880.88	1431.25	2290.01	3576.73	3397.21	5435.53
2002	99.6	627	869	877.36	1425.53	2280.85	3562.42	3383.62	5413.79
2003	101.6	637	882	891.40	1448.34	2317.34	3619.42	3437.76	5500.41
2004	104.8	668	924	934.18	1517.86	2428.57	3793.15	3602.77	5764.43

续表

我国官方标准				以购买力平价 PPP 为衡量标准*			以汇率为衡量标准		
年份	农村居民消费价格指数	贫困线	低收入线	a 世行 1.08 美元贫困线	b 世行 1.25 美元贫困线	c 世行 2 美元贫困线	a 世行 1.08 美元贫困线	b 世行 1.25 美元贫困线	c 世行 2 美元的贫困线
2005	102.2	683	944	954.74	1551.25	2482.00	3876.60	3682.03	5891.25
2006	101.5	693	958	969.06	1574.52	2519.23	3934.75	3737.26	5979.61
2007	105.4	785		1021.39	1659.54	2655.27	4147.22	3939.07	6302.51

*该计算思路来源于岳希明、李实等：《透视中国农村贫困》，北京：经济科学出版社，2007 年版，第 26 页。即按世界银行估算的 1993 年美元和人民币之间的购买力平价（1 美元 = 1.419 元）将世界银行的贫困线换算成以人民币 1993 年价格表示的贫困线，即 559.4 元 = 1.08 × 1.419 × 365，然后通过农村居民消费价格指数得到其他年份的数据。以此类推，2005 年 PPP—1 美元 = 3.4 元，所以每天 1.25 美元时的贫困线 = 3.4 × 1.25 × 365 = 1 551.25（元），每天 2 美元时贫困线 = 3.4 × 2 × 365 = 2 482（元）。

注：（1）以购买力平价 PPP 为标准中，一天 1 美元的贫困线是以 1985 年国际价格衡量的，1993 年更新为每天 1.08 美元；2008 年修订为最贫困国家 1.25 美元，发展中国家 2 美元的中间贫困线（2005 年价格）。

（2）以汇率为衡量标准中，1993 年世行 1.08 美元时，汇率 1 美元 = 5.762 元，贫困线 = 1.08 × 5.762 × 365 = 2 271.3 804（元）；2008 年世行 1.25 美元，发展中国家 2 美元贫困线，2005 年汇率 1 美元 = 8.0702 元，一天 1.25 美元时，贫困线 = 1.25 × 8.0702 × 365 = 3 682.028 75 元；一天 2 美元时，贫困线 = 2 × 8.0702 × 365 = 5 891.246 元。

数据来源：（1）农村居民消费价格指数来源于历年《中国统计年鉴》。（2）1991 年贫困线数据来源于张磊：《中国扶贫开发历程（1949 ~ 2005 年）》，中国财政经济出版社，2007 年版，第 58 页；其余来源于《中国统计年鉴》和《中国农村贫困监测报告》。（3）世行各贫困线标准数据由注（1）和（2）通过农村居民消费价格指数计算得到。

通过上述对比可以看到，无论是 1.08 美元、1.25 美元还是 2 美元，我国历年的贫困线（或低收入线）不但增长的幅度较小，而且与世界银行的标准相比其差距在逐渐拉大。这种低标准的贫困线，导致贫困人口漏出率较高，目标瞄准政策极差。倘若按照温饱线，2001 年国家确定的贫困村中约有 84.6% 的人不是贫困人口，按照低收入线，则有 72.0% 的人不是贫困人口；到 2004 年，依据温饱线确定的贫困村中约有 89.7% 的人不是贫困人口，按低收入线则有 79.3% 的人不是贫困人口①。由此可见，尽管依据温饱线计算的贫困人口在不断下降，但以低收入线计算的贫困人口数量

① 曹洪民：《我国扶贫工作的形势与政策》（国务院扶贫办会议材料），2005 年，第 46 - 47 页。

却在不断上升。即使是在扶贫保障范围内的贫困人口，其所接受到的扶助水平也明显偏低和保障不足。

2. 我国贫困线的相对比较

（1）贫困线与相对收入的比较。一般来看，欧盟和发达国家通常将中间收入的40%或50%或60%作为贫困线。中国是用农村居民人均纯收入而非中间收入来计算贫困线，这种方法导致了贫困在一定程度上被低估。通过将历年农村居民人均纯收入的40%，50%和60%作为相对数贫困线与官方标准的贫困线进行比较，得到图4－1（具体数值见附表9）。

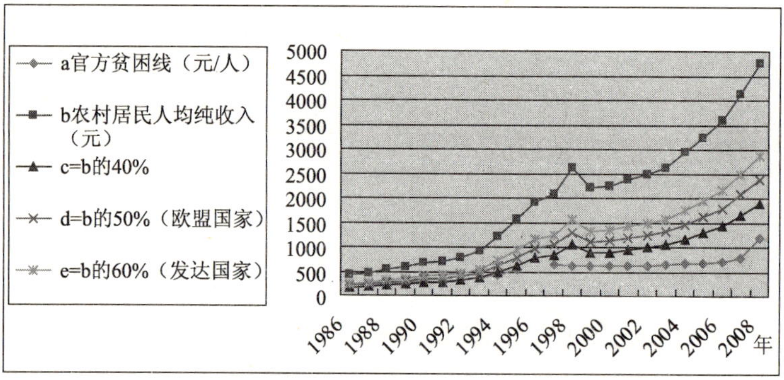

图4－1　我国官方贫困线与收入一定比例的相对比较

若以收入的50%和60%的比例为标准，以1998年为界：1998年以前，我国贫困线1986年至1998年期间与发达国家、欧盟国家之间的差距不明显；但是以后，采用各比例标准之间的差距在逐渐加大，一直到2008年官方贫困线与以60%的发达国家比例标准差距最大，即使采用40%的比例其差异仍然明显。这表明我国贫困线偏低，贫困内涵中绝对与相对尚未得到体现，同样的扶贫政策运用于社会经济中与人的需求发展层次不相适应，导致扶贫效果在递减。

（2）贫困线占农村居民人均纯收入份额的比较。通过计算贫困线占农民人均纯收入的比例得到，1986年贫困线占农民人均纯收入的比重为50.26%，到2007年降为18.96%（附表1）。这种变动一方面说明与农民人均纯收入增长相比，贫困线呈现小幅变动甚至静态发展；同时揭示了收入来源向多元化发展，贫困救助不再是贫困者的主要依靠，扶贫效果在逐渐递减。由图4－2可知，1986年至2008年，农村居民人均纯收入增长变动幅度与贫困线相比，贫困线增长变动的幅度要远远小于农村居民人均纯收入的增长幅度。这说明了随着经济社会发展水平的提高，农村居民的收入在相应增加，但理应与农村居民人均纯收入相匹配的贫困线变动幅度却未跟上其增长的步伐。当一般农村居民的收入在增加时，受助者的救助标准仍然没有得到大幅提高，贫困线在相对数的水平上呈现偏低的标准，导致贫困者与一般农村居民之间的差距在拉大，与城市居民之间的差距则更加明显。

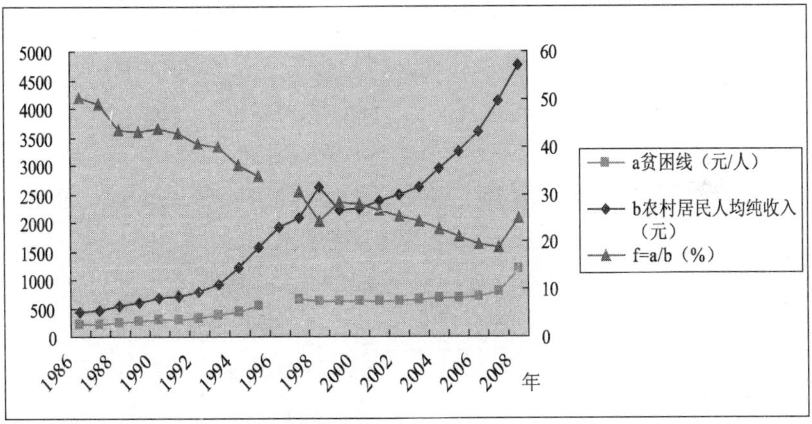

图 4－2　贫困线与农村居民人均纯收入的相对比较

说明：图中 1996 年出现的断点是因该年份官方贫困线的数据缺失所致。

（三）扶贫目标：偏离与变异

扶贫低效原因之三是目标确定、资金投入、评估产出等一系列瞄准机制发生了目标偏离和变异。我国实施扶贫开发战略初期，农村贫困人口呈区域性集中分布，贫困瞄准对象以贫困县（或区域）为基本单位的机制在反贫困中处于重要地位。随着绝对贫困逐年减少，贫困的区域性越来越碎片化，瞄准机制相应转变为以村为单位的扶贫，“整村推进”是现行政策之一，但这种方式依然难以有效瞄准贫困家庭（图 4－3）。

受搜寻贫困家庭成本过高和行政组织系统的影响，国务院扶贫资金主要通过各级政府层层传递到县，再由县扶贫领导小组组织和管理。于是，县扶贫领导小组在扶贫资金和项目管理上起着关键性的作用，扶贫资金的投向、项目的实施地点以及项目最终能不能取得效果，很大程度上都取决于该部门的决策①。中央政府有强烈的政治意愿来消除农村贫困，并希望

① 中国发展研究基金会：《在发展中消除贫困：中国发展报告 2007》，北京：中国发展出版社，2007 年版，第159－160 页。

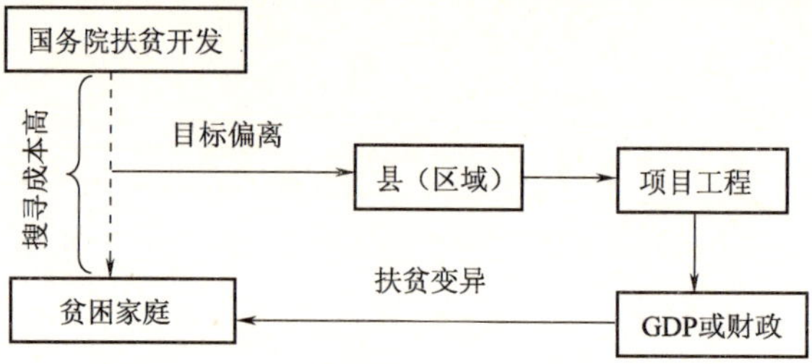

图4－3 扶贫目标的偏离与变异过程

各级地方政府按照中央的要求将扶贫资源完全用于对贫困人口有利的扶贫开发。然而，地方政府（特别是贫困县、乡政府）是多重目标叠加的组织，与维持地方政府正常运转、促进财政收入和GDP增长等多个重要目标相比，扶助贫困家庭很难成为贫困县最重要的目标。这就促使地方政府有极大的动机转移或挪用扶贫资金用于自己认为是更重要的地方，如投入地方经济、财政，甚至是对自己政绩有好处但扶贫效果不大的项目中去①。

因此，利益矛盾相互纠集，最终导致缓解贫困家庭贫困的初始目标在逐级管理的传递中出现偏离和变异。以县或区域为扶贫单位是通过转移穷人的资源来促动经济发展目标的变异，世界银行和一些研究者指出，瞄准到县使近一半的贫困人口被排除在扶贫瞄准范围之外②。并且，根据一个县级面板数据集来研究中国1981年至1995年的情况，发现政治因素影响了瞄准，而且随着项目区的扩大，对非贫困县的渗漏也越来越多③。

综合以上分析可知，开发式扶贫模式重点关注经济领域，对公共基础和社会性领域的投入有限，瞄准机制不足。部分贫困人群沉淀下来形成“贫困内核”，若按相对贫困标准计算，农村贫困存在被严重低估的可能性。因此，这种忽视贫困人口长期保障性机制而过多注重收入增长的暂时性反贫困战略需要调整。

---

① 中国发展研究基金会：《在发展中消除贫困：中国发展报告2007》，北京：中国发展出版社，2007年版，第166页。

② 参见Riskin，Mehta，Zhong，etal.（1996）*Rural Poverty Alleviation in China*：*An Assessment and Recommendation*. Report prepared for UNDP；NGWing- fai（2000）*Poverty Alleviation in the Ningxia Hui Autonomous Region*，China，1983－1992. Hong Kong：The Chinese University of Hong Kong；世界银行：《世界银行国别报告——中国战胜农村贫困》，北京：中国财政经济出版社，2000年版。

③ Park（2002）Regional Poverty Targeting in China，*Journal of Public Econmics*，86（1）：123－153.

二、贫困争议下的反贫困选择

分析低效的根源显示，贫困不是单纯的经济收入维度，贫困标准不单纯是保障最低生存的绝对标准，贫困瞄准机制也不是单纯的以村或以县为单位，而是关系到贫困者本人健康、教育、公正、权利等多种多维因素相互作用的反贫困。于是，低效引发了反贫困的相关争议，而争议则有利于明晰反贫困的选择，探寻反贫困战略转变的新方向。

（一）贫困与反贫困：绝对的抑或是相对的？

贫困本质上是一个多维度的概念，包括社会、生理、自然等多个维度[①]。反贫困对维度的理解大多体现在经济单向度，其所具有的多维度性很少反映在反贫困综合分析或政策实践的框架中[②]。

贫困具有演进的特性，使得对贫困的理解不断完善，由最初的收入贫困扩展到能力贫困再到权利贫困。其中：收入贫困可归结为生理形式的剥夺（Physiological Deprivation），主要着眼于物质或生理上的基本需要无法得到满足[③]；能力贫困和权利贫困可归结为社会形式的剥夺（Social Deprivation），主要关注因社会关系无法得到实现而导致的缺乏和排斥。能力贫困包括物质缺乏[④]、能力缺乏[⑤]、机会缺乏[⑥]；权利贫困包括因缺乏资

---

① Eleni Gabre-Madhin and Nithya Nagarajan, Making Markets Work and Work for the poor [C]. Poverty Monitoring and Evaluation-Workshop Proceedings of the Sixth East Asia PADI Consultation Meeting&Regional Workshop on Poverty Monitoring and Evaluation, China Agriculture Press; World Bank (2005) World Development Report 2006 : Equity and development [R]. The World Bank, Washington D. C.

② Devereux S. Conceptualizing Destitution [R]. IDS Working Paper 216. Institute of Development Studies, Brighton, Sussex BN1 9RE. England. 2003.

③ Rowntree, S (1901) Poverty: A Story of Town Life. London: Macmillan; Renwick, T. J. and Bergmann, B. R. (1993) A Budget-Based Definition of Poverty: With an Application to Single-Parent Families. *The Journal of Human Resources*, Vol. 28, No. 1 (Winter.), pp. 1 – 24；劳埃德·雷诺兹：《微观经济学》，商务印书馆，1992 年版。

④ Munsterberg, E. (1904) The Problem of Poverty. *The American Journal of Sociology*, Vol. 10, No. 3 (Nov.), pp. 335 – 353.

⑤ Sen. (1999) Development as Freedom. Knopf, pp75；世界银行：《1990 年世界发展报告》，北京：经济出版社，1991 年版；祝梅娟：《贫困线测算方法的最优选择》，《经济问题探索》，2003 年第 6 期。

⑥ Oppenheim (1993) Poverty : The Facts, CPAG；童星，林闽钢：《我国的农村贫困标准线研究》，《中国社会科学》，1994 年第 3 期；康晓光：《中国贫困与反贫困理论》，广西人民出版社，1995 年版。

源而被排斥到分享权利的范围之外的“排斥说”①，以及因制度变化而导致贫困的“制度说”②。因此，与之相适应，生理形式剥夺下反贫困的选择应着眼于生产要素的投入；而社会形式剥夺下的反贫困选择应着眼于社会性要素的投入，关注的是制度完善与公正。

贫困有绝对贫困与相对贫困之争，最具代表性的是汤森和阿马蒂亚·森的观点。绝对贫困（Absolute Poverty）中的“绝对”包含两方面的含义：一是贫困本质上绝对存在，缺乏获得某种基本物质生存机会的“可行能力”是不可缩减的绝对内核；二是“可行性能力”在任何时期、任何地区是绝对的，所用的衡量指标也是绝对的③。相对贫困（Relative Poverty）中的“相对”也有两方面的含义：贫困是与其他人相比较而言的，因缺乏资源而被相对剥夺了享有常规社会生活水平和参与正常社会生活的权利；同时贫困也不是一成不变的，它会随社会规范和习俗而改变④。因此，与之相适应，绝对与相对争议下反贫困的选择应将绝对与相对进行有效融合，这不仅体现在扶贫方式上，同时也表现在贫困线中。

综合来说，贫困包含了一个维持人体基本生存需求的绝对“贫困内核”，马斯洛需求层次理论说明人作为社会性的动物，其需求层次会随社会经济的发展而发生改变。根据这一思路，以一个圆环为例，小圆环的环心相当于绝对贫困的“内核”，它是绝对的，大圆环相当于相对贫困，将马斯洛需求层次理论对应到绝对与相对贫困标准中，如图 4 –4 所示。

一般而言，在一定的社会发展阶段，将维持社会成员基本生存所必需的物品和服务的最低标准看成是绝对标准，在此基础上的基本生活质量与发展权利可看成是相对标准。对于生理需求来说，人的基本能力是确定不变的，存在一些确定不变的定量指标可以普遍运用于各个阶段不同的人，这就是绝对的计算标准，如果缺乏则被认为是“绝对贫困”；对于安全、社交、尊重和自我实现的需求要根据不同的人选择不同的指标体系，不存

---

① Sen. 1981. Poverty and Famines；森，让·德雷兹著，苏雷译：《饥饿与公共行为》，社会科学文献出版社，2006 年版，第 24 页。

② 叶普万：《贫困经济学研究：一个文献综述》，《世界经济》，2005 年第 9 期；周怡：《贫困研究：结构解释与文化解释的对垒》，《社会学研究》，2002 年第 3 期；周怡：《社会情境理论：贫困现象的另一种解释》，《社会科学》，2007 年第 10 期.

③ Sen，Amartya.（1983）*Poor，Relatively Speaking*，Oxford Economic Papers，New Series，Vol . 35，No. 2（Jul）.

④ Townsend，Peter.（1962）*The Meaning of Poverty*，The British Journal of Sociology，Vol. 13，No. 3（Sep.）.

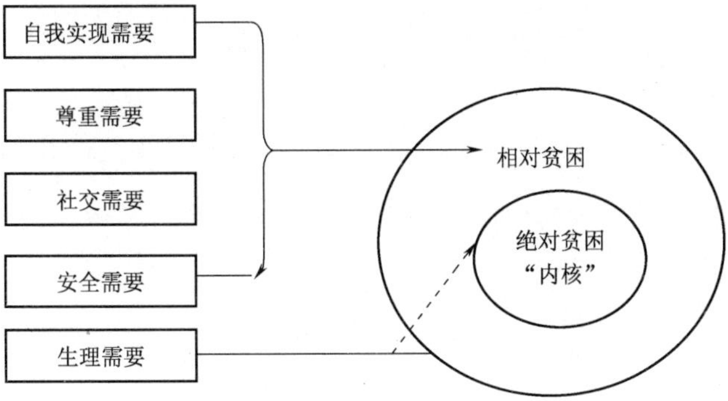

图 4－4　以马斯洛需求层次理论判断绝对与相对贫困标准

在一个统一的评价标准去衡量是否贫困，这就是相对标准，如果缺乏则被认为是“相对贫困”。同时，马斯洛需求层次理论指出，个体需要是逐级上升的，激励某人前需要了解这个人目前所处的需求层次，以便于重点满足这一层次或在这个层次之上的需求。同理，在实施反贫困制度前，我们需要知道他（她）目前所处于的层次状态和宏观经济社会发展背景，然后通过贫困线确定贫困群体，再将绝对贫困线与相对贫困线结合，综合分析得出有针对性的扶贫方式。

（二）贫困瞄准对象：区域的抑或是个人的?

以县、区域或村为单位的瞄准机制其准确性直接影响整个扶贫政策和投资的效果。参考 1985 年至 1990 年官方数据发现，根据各种选择标准所选出的县一般要比未选中的县更加贫困，但随着时间的推移，项目区覆盖的县数和非项目区覆盖的县数之间存在明显的无条件（绝对的和相对的）发散迹象[①]。贫困分布这种点、片、线并存的特征和贫困群体大进大出的态势[②]，使得开发式扶贫将瞄准机制调整为以村为对象，但终究也会导致偏差和变异：国家扶贫开发工作的重点县中有非贫困乡；非国家扶贫工作重点县也存在贫困乡、村；在有些贫困乡中也并不是所有的农民均为贫困人口；非贫困乡也存在贫困人口[③]。搜寻贫困人口成本较高、寻找周期较

① Jalan, Jyotsna and Martin Ravallion. 1998. Are There Dynamic Gains from a Poor-Area Development Program? *Journal of Public Econmics*, 67: 65 ~ 85.

② 刘坚：《新阶段扶贫开发的成就与挑战——〈中国农村扶贫开发纲要（2001 年 ~ 2010 年）〉中期评估报告》，中国财政经济出版社，2006 年版，第 9 页。

③ 王国良：《中国扶贫政策——趋势与挑战》，社会科学文献出版社，2005 年版，第 210 页。

长以及地方政府利益博弈等是制约扶贫的因素，也是中央扶贫目标得不到落实，目标偏离和扶贫变异的症结所在。

由此可见，无论是采用以县还是以村为贫困瞄准对象，本质上均属于区域性的瞄准机制，而区域性瞄准带来的问题和发挥空间的有限决定了其不是最佳选择方法。为此，需要探索新的机制来瞄准贫困者。投资开发设计一个统一的瞄准系统，采取以家庭为导向的方法和新的瞄准机制（如代理工具瞄准方法）将能产生巨大的回报①。

（三）反贫困战略方向：单一的抑或是综合的

1. 国际反贫困战略转向的经验

国际反贫困政策从强调生产要素的投入逐渐演进到加强社会要素的投入，这种战略转变的实践经验将对我们探寻反贫困新方向提供启示与借鉴。

（1）旨在直接增强生产投入要素的政策。生产要素的投入包括基础设施、小额信贷以及人力资本等。20 世纪 50 至 60 年代，国际减贫战略侧重点在于基础设施的投资。政策制定者普遍认为，贫困的主因是物质资本的短缺，而基础设施投资对农业生产、经济增长和减贫都具有作用。投资既增加了贫困人口进入市场和开展贸易的机会，也促进了生产率提高和收入的增加②。这一时期，小额信贷操作模式不仅迅速在发展中国家，甚至在发达国家也得到传播和复制③，如孟加拉国的格拉米乡村银行（Grameen Bank）、印度尼西亚的人民银行（Bank Rakyat Idonesia Unit Desa）等。到 20 世纪 70 年代至 80 年代，减贫战略的侧重点转向对人力资本的重视，扩大基础教育投资成为主流的减贫政策安排。一批发展经济学家的思想贡献是反贫困转变重点的基础，指出贫穷的根本原因不是物质资本的短缺，而是人力资本的匮乏和轻视④。对落后地区基础教育和妇女教育的投资通常能获得更高的投资回报率，对基础教育进行补贴、实行低收费或免学费的

---

① World Bank. （2009）. From poor areas to poor people：China' s evolving poverty reduction agenda——An assessment of poverty and inequality in China.

② Fan, Shenggen, Linxiu Zhang and Xiaobo Zhang. （2004） Reforns, Investment and Poverty in Rural China. *Economic Development and Cultural Change*, pp. 395 ~ 421.

③ Conlin, M. （1999）. "Peer Group Micro-Lending Programs in Canada and the United States", *Journal of Development Economics*, 60：249 – 269.

④ Schutz, T. W. （1965）. *Investing in Poor People：An Economist' s View*, American Economic Review 40, pp. 510 – 520. ——Investment in Human Capital：The Role of Education and of Research. New York：Free Press, 1971.

基础教育成为这一领域的政策重点①。

（2）旨在加强社会要素投入的政策。社会要素的投入包括从社会保障安全网到强调赋权参与的转变。首先，社会安全网是指专门针对那些贫困和弱势群体实施的转移支付计划和政策安排，包括现金转移支付、食品相关计划、价格补贴等，有时还包括旨在保证获得基础公共服务（医疗保健、教育和电力设施）等措施②。同时认为，疾病是贫困的一个重要维度，在发展中国家通过扩大基础医疗保健服务为人们提供健康。其次，赋权参与。发展目标不是经济增长或追求 GDP 这一单一目标，出于主体性需求，贫困人口不仅是发展的被动受益者，还应该最终参与到发展过程中来③，让贫困者有机会共享社会的发展成果。因此，参与式发展是一个贫困人口实现自身创造力和培养独立性的过程，有利于提高减贫项目的有效性和脱贫的可持续性④。世界银行《2000/2001 年世界发展报告》提出，采取超越经济领域治理贫困的新战略思路和总体框架⑤，进一步凸显多维度社会要素投入在减贫方面的重要作用，这给人们在新方向探寻中提供了更加开阔的视野和思考维度。

2. 战略转变启示：从单一向综合

通过国际反贫困政策从经济生产性要素向社会要素投入的转变，在探寻反贫困战略方向中给予我们的启示是：

（1）反贫困战略转变维度：由经济性向社会性转变。针对今后相对贫

---

① World Bank.（2001）. *China*：*Overcoming Rural Poverty*. The World Bank，Washington，D. C；Ravallion，M. and Wodon，Q.（2000）.“Does child labor displace schooling? Evidence on behavioral response to an enrollment subsidy”，*Economic Journal*，110：C158 – 175；Avenstrup，R.；Liang，X.；Nellemann，S.（2004）：“Kenya，Lesotho，Malawi and Uganda：Universal Primary Education and Poverty Reduction” Scaling Up Poverty Reduction：A Global Learning Process and Conference Shanghai，May 25 – 27，2004.

② 中国发展研究基金会：《在发展中消除贫困：中国发展报告 2007》，中国发展出版社，2007 年版，第 24 页。

③ Sen，A.（1999）. *Development as Freedom*. Oxford University Press.

④ Karl，M.（2000）. Monitoring and evaluating stakeholder participation in agriculture and rural development projects：A literature review.（http：www. fao. org/sd/Ppdirect/Ppre0074. htm.）

⑤ 总体框架分为：第一，给贫困人口创造更多的机会，国家需要采取行动逐步增加贫困人口的资本。通过刺激经济增长，以市场和非市场行为相结合的方式强化贫困人口自身的资本积累（诸如土地和受教育程度），提高这些资本的回报，但同时也注意新机制应在创造新机会和补偿转型过程中潜在的受损者方面起作用。第二，促进贫困人口赋权。各国的机构和制度应更为负责、更及时快捷地回应贫困人口的意见和建议，推动贫困人口的政治参与和地方决策，消除由于性别、民族、种族、地区和社会地位的差异而造成的社会障碍。第三，加强社会保障。国家应采取有效行动，建立有效机制减少贫困人口面临疾病、经济打击、歉收、政策性混乱、自然灾害和暴力时的脆弱性，同时在发生上述情况时帮助他们应付所出现的负面影响。

困突出，绝对贫困并存的问题，需要着眼于社会性扶贫为主，消除经济性扶贫带来不平等导致的扶贫效果冲抵效应。这种转变包括需要在扶贫目标、对象、范围、资金四个方面完成转向①。其中：扶贫目标由解决温饱生计的经济性反贫困向解决贫困人口发展的社会性转变；扶贫对象由绝对贫困向相对贫困转变；贫困范围由贫困村直接转变为贫困人口；扶贫资金由外部输血式的基础层次转变为内部造血式的高需求层次。

（2）反贫困战略转变方向：由单一开发式扶贫向综合反贫困转变。新时代反贫困需要从扶持贫困地区向扶持贫困人口转变，由救济式的经济扶贫向体现人文关怀和公共精神转变。即：扶贫不应是“扶县”，而是“扶民”；扶贫不是手段，而是人人拥有共享发展成果的权利。因此，对于整个农村反贫困战略来说，下一步农村扶贫一个重要的方向是反贫困的方式和内容都需要发生转变，即由绝对贫困转向相对贫困，由保障受助群体的生存权转变为自由平等的发展权。将救助式和开发式扶贫相结合，由经济要素为主的单一开发式扶贫向集预防性、救助性和发展性为一体的综合式反贫困转变，这是解决农村当前扶贫面临困境的基本出路。具体来说，我国下一阶段的农村反贫困政策应以“贫困人口”为准则，逐步形成一个预防性社会保障制度、救助性扶贫制度和发展性公共服务均等化保障机制相结合的反贫困综合战略体系。这种反贫困战略转向，将全方位保障贫困人口的基本生活，提高扶贫的效率和效果，对构建经济社会的和谐也具有重要意义。

三、社会保护政策在新阶段扶贫的地位和作用

如前所述，开发式扶贫历经20余年，其减贫的政策效果已经得到了较充分的发挥。随着我国的贫困人口较之开发式扶贫初期基数已经大大减少，减贫工作的难度也大大增加，依靠单纯的经济增长和单一的专项扶贫、区域开发等措施已不足以覆盖生活最困难的贫困群体。经济形势的新变革和社会发展的新特征，都要求我们必须将注意力更多地转移到社会保护政策的减贫功能上来。我们认为，社会保护政策在今后的扶贫开发中，将占据越来越核心的地位，不论是近年来已有的扶贫实践，还是今后我们将面临的扶贫新形势和新挑战，都将印证这一点。

---

① 主要参考资料源于：国家统计局农调总队：《中国农村贫困监测报告2000》，中国统计出版社，2000年版，第62页。

（一）社会保护政策已经扮演了重要角色

在全面建设小康社会背景下的扶贫开发不断推进的过程中，完全依靠扶贫本身来减少贫困人口数量其效果越来越弱。相反，近年来的经验表明，社会保护政策在减贫中的作用逐渐走强。新千年以来我国的低收入以下贫困人口总量从2000年的9 422万人减少到2009年的3 597万人，但这10年间的减贫过程并非波澜不惊，而是充满了曲折。

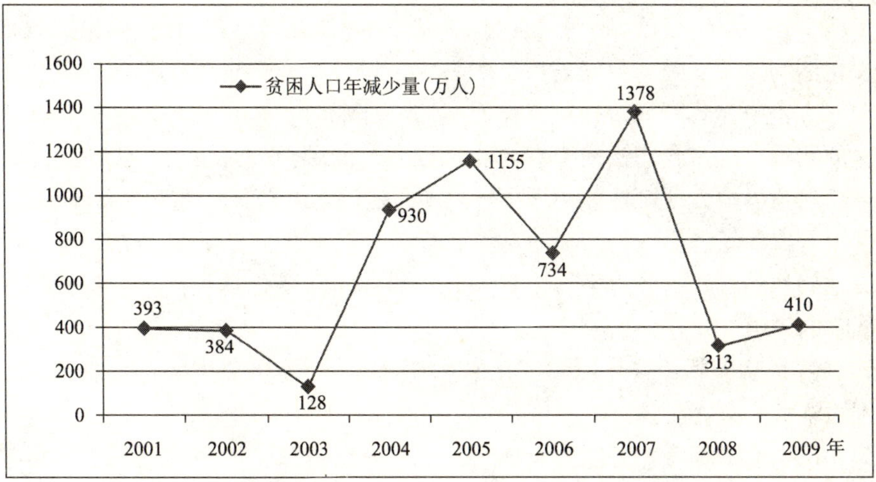

图4－5　2001～2009年低收入以下贫困人口年减少量的变化

数据来源：国务院国家扶贫办相关统计数据计算得出。

从图4－5中我们明显可以看到新千年以来的减贫进度大致经历了“慢－快－慢”的波浪式进程。具体说来，2001～2003年是波谷时期，低收入以下的贫困人口年均仅减少301.7万人，远低于“八七计划”期间的减贫进程。2004～2007年，减贫进程极大提速，其中2005年和2007年都突破千万，4年间年均减少1 049.25万低收入以下贫困人口。其原因，除了我国统筹城乡，实施以工促农战略之外，在农村实施的社会保障政策也起到了至关重要的作用。2008年金融危机席卷全球，在全国经济极为困难的情况下，我国的减贫进程也受到阻碍，2008年和2009年分别实现的减贫数额为313万人和410万人。取得这样的成绩已属不易，其中社会保障的作用功不可没。金融危机下，我国取得这样减贫成绩的背景是，2007年开始，我国政府提出在“有条件的地方要探索建立农村居民最低生活保障制度”。2008年3月，温家宝总理在《政府工作报告》中提出：“要在全国范围建立农村最低生活保障制度。”作为社会发展“稳定器”、经济运行“减震器”和社会公平“调节器”的低保制度在全国全面推行，直接保障了农村低收入贫困人口。正如国务院扶贫办范小建主任所强调的“如果没有社会保障政策的支撑，这两年减贫的形势还要严峻得多”。

（二）扶贫工作的新形势要求社会保护政策发挥更重要的作用

扶贫事业在我国推进数十年的经验告诉我们，减贫从来都不是一项单一的工作。它涉及国际大势变迁，受制于本国经济发展、社会政策和政治文化体制。扶贫是一项涵盖广泛的系统工程。在我们思考今后扶贫开发走向的过程中，分析清楚扶贫工作面临的外部形势，是负责任地做好扶贫工作的题中之意。我们认为，在当今风云变幻的国内外环境下，无论是国际形势还是国内变革都对社会保护政策的减贫提出了迫切要求。总体看来，贫困人口在新形势下处于竞争劣势，而传统的开发式扶贫已经难以充分保障他们的利益。具体说来，以下一些新形势和新变化是我们实施保护扶贫战略的理由。

（1）从国际经济环境的变化看①，我国具有的比较优势正在丧失，贫困人口就业直接受挫。

传统的依靠低廉劳动力、依靠大量贸易出口拉动经济的发展模式将被淘汰。在适应这种变化的过程中，贫困人口几乎无力通过自我调整跟上产业更新的步伐。越南、印度等国家劳动力优势成本的竞争，以及金融危机后贸易保护主义的抬头，使中国廉价劳动力的竞争优势受到严重影响。特别是2007年以来，在国际金融危机影响之下，我国贫困人口所受影响已开始显现。2009年上半年，农村居民人均收入2 733元，较前期大幅回落，增速同比下降11.7个百分点，增速为近六年来之最低②。其原因，首先是金融危机导致工厂开工率降低，依靠较低水平劳动力谋生的农民工失业。据统计，2007年金融危机以来，大概有1 800万到2 000万农民工下岗返乡或者滞留城市。农民工是社会公认的弱势群体，其中有相当部分来自贫困地区。富人在金融危机下受到的影响不过是收入减少，而贫困人口失业

① 参考陆汉文：《统筹性减贫战略提出的背景》，亚行统筹性减贫战略项目评审分报告，2010年5月。

② 数据来源：国家统计局农业司：《关于上半年农村居民现金收入的说明》，国家统计局网站 http：//www. stats. gov. cn/tjfx/fxbg/t20090807_ 402577694. htm

可能意味着自身的生存受到威胁。其次，金融危机影响贫困地区产业发展。贫困地区根据自身的条件建立的支柱产业，大多都是外向型的低技术含量的产业，受国际市场影响大，金融危机下出口锐减，自然贫困地区经济发展也受到沉重打击。

（2）从国内经济环境的变化看，我国经济增长对贫困人口的带动性和包容性在减弱①；经济的增长并不能自然地惠及贫困人口。

20 世纪六七十年代拉美国家经济飞速增长，人均国民生产总值迅速上升，但是直到2000 年，拉美国家的贫困人口比例仍占总人口的40%以上。以其中作为世界第八大经济体的巴西为例，根据巴西国家地理统计局公布的2008 年全国家庭抽样调查显示，尽管经历了连续 10 年的下降，2008 年巴西的基尼系数仍然达到0.515。我国自 1978 年以来，之所以能取得今天的减贫成就，原因之一就是中国的改革开放和经济增长激发了劳动者的主体性和积极性，保障了只拥有劳动力资源的广大低收入阶层和贫困人口有效参与到经济发展中，并从中受益。然而，中国经济的增长，在 20 世纪 90 年代中期以后就逐渐偏离其包容性发展的轨道特征，贫困人口能获得的发展机会越来越少，基尼系数不断扩大。来自国家统计局的数据显示，自 2000 年开始，我国的基尼系数已经超越 0.4 的警戒线，国家统计局最后一次公布基尼系数是在 2004 年，超过 0.465，此后再没有官方的统计结果。尽管如此，国内的学者普遍认为，我国的基尼系数仍在逐年上升。这种收入上的严重不平衡如果得不到关注，贫困群体在经济发展中将被进一步排斥，我们的专项扶贫工作将难以取得大的成就。我国经济面临结构性的调整，各种社会矛盾交杂，低收入贫困人群在社会利益重新分配中处于不利地位。2009 年年底，中国社会科学院发布的《社会蓝皮书》预测，2010 年我国人均 GDP 将达到4 000 美元。这意味着我国已近处于中等收入国家行列。然而，回顾近代世界的发展历史，只有少数国家能够超越中等收入，成为发达国家。大部分的国家达到中等收入水平后，就会出现经济、社会、政治等诸方面的挑战，即所谓的“中等收入陷阱”——中等收入国家此前经济发展原有的那些行之有效的战略，在进一步的经济增长中，可能出现增长机制锁定，经济徘徊停滞。泰国、马来西亚和巴西是典型的例子。我国现阶段经济结构失衡，内外矛盾、供需矛盾、阶层矛盾等多重矛

① 参考陆汉文：《统筹性扶贫的内涵与分析框架》，亚行统筹性减贫项目评审分报告，2010 年5 月。

盾交织，在各种利益群体竞争的过程中，贫困人口作为弱势群体，话语权最弱，可能获得的超越机会最少，利益受损的风险最大。

（3）从我国内部社会发展来看，阶层差距、城乡发展差距越拉越大，贫困人群边缘化程度不断加深。

2008 年我国城乡收入的差距是 3.31:1，2009 年是 3.33:1，达到历史最高值。就目前看来，这一收入差距扩大的趋势短期内不会改变。经济增长的“马太效应”导致富者越富，穷者越穷。如果不采取措施的话，贫困人口只能是被更加边缘化。甚至收入相对较低，还尚未达到贫困标准的低收入群体，也可能在这种效应的波及下陷入贫困。

（三）开发式扶贫的新挑战要求社会保护政策承担更重要的角色

我们认为，中国的扶贫开发虽然取得了巨大成就，但未来的减贫事业依然任重道远。按照联合国的贫困标准，还有 1.5 亿人需要脱贫。除数量上的挑战之外，减贫成就的不稳定性、特殊区域贫困问题、市场和灾害等因素复杂化等，正在加大扶贫减贫的工作难度。

（1）开发式扶贫在社会发展进入城乡统筹新时期，实现“十个结合”，需要社会保护政策保驾护航。

中国经济社会正在经历发展方式转型的历史时刻，扶贫开发方式也将要求实现多方面的转变。国家扶贫办主任范小建提出了“要努力实现十个结合：一是国家扶持与自力更生相结合，努力提高贫困地区贫困人口自我发展的能力。二是专项扶贫与行业扶贫、社会扶贫相结合。三是开发扶贫与社会保障相结合。四是自然资源开发与人力资源开发相结合。五是产业开发与生态环境保护相结合。六是促进民族地区发展与保护民族特色相结合。七是改善基础条件与提高贫困群众生活水平相结合。八是扶贫开发与防灾、避灾、灾后重建相结合。九是脱贫与异地搬迁相结合。十是全面发展与重点突破相结合”①。显然，提高贫困地区自我发展能力和人力资源开发水平，需要教育政策的扶持；改善基础条件、提高贫困人口素质要求完善健康卫生体制；同时，养老保险、社会救助等措施综合起来，才能够保证贫困地区脱贫的道路走得更稳，真正实现“十个结合”。

（2）开发式扶贫面临新的十年扶贫开发纲要的制定，在审慎回顾和总结

① 2010 年 10 月 17 日，国务院扶贫办主任范小建在 2010 年“国际消除贫困日”纪念活动上的讲话。

过去十年扶贫工作困难和问题时，引入社会保护政策是寻找新突破口的途径之一。

在现行《中国农村扶贫开发纲要（2001－2010）》的实施过程中，我们发现了一系列的复杂问题。十年开发扶贫纲要作为指导我们较长时期内开展扶贫的纲领性文件，其重要性不言而喻。准确地总结过去的问题，清醒地把握新的十年扶贫开发可能面临的挑战，提出未来扶贫的基本思路和政策框架，显得非常必要和迫切。社会保护政策引入传统的框架，有利于传统开发式扶贫政策创新和进步。

（3）相对贫困凸显致使已有的扶贫措施跟不上时代的步伐，相对贫困人口需求的满足有赖于养老、医疗等社会保护政策的完善。

相对贫困主要体现在区域之间发展差距、城乡居民收入差距、区域内部收入差距以及收入分配不均。在绝对贫困阶段，贫困人口的需求首先是能不能吃得饱穿得暖，也可以说这一阶段扶贫主要是解决扶贫对象维持基本生存需要的经济收入问题。而在相对贫困阶段，贫困人口的相对弱势表现为个人的尊严是否得到体现，发展机会是否能获取，社会的发展成果能否参与共享。可见，扶贫开发要解决相对贫困的问题比解决绝对贫困问题更加复杂，面对的需求层次多种多样，温饱之外的养老、医疗、教育，也要求得到超越以往的关注，而这些正是社会保护政策的涵盖范围。

（4）特殊类型地区作为未来扶贫工作剩余的“硬骨头”，本身公共基础设施薄弱，包括社会保护政策在内的公共产品的需求极其迫切。

扶贫工作开展几十年来，贫困程度较轻的区域或扶贫开发相对较容易的区域大部分已经脱贫，现有农村贫困人口的贫困大多与恶劣的自然条件相关。这些地区的特点往往是贫困程度深，脱贫成本高，被称为难啃的“硬骨头”。目前的扶贫工作重点县多数分布在西部地区、生态环境脆弱地区和少数民族地区，这类地区贫困的发生率高达30%～40%；同样“难啃”的还有中部的革命老区和山区，恶劣的生态环境和发展极其滞后的公共服务，是这些地区扶贫开发的主要障碍。

在这样的情形下，如果依靠传统的开发式扶贫，通过区域开发的“涓滴”效应难以奏效，原因是这些区域与外界联系并不紧密，很难受到区域经济发展的辐射。经验告诉我们，专项扶贫和对口支援的效果，在全国范围看并不明显。此时，通过养老、医疗和低保为代表的社会救助等措施的实施，直接可以惠及最偏远、自然环境最恶劣的贫困地区，具有普遍的福利意义，能够起到保障这些区域的贫困人口基本生存和发展权利的作用。

（5）自然灾害增多和金融危机引起的市场变化导致致贫因素日益复杂，需要社会保障政策托底，减少系统性风险。

近年来，气候变化导致一些地区自然灾害增多，在特殊类型的贫困地区表现尤为明显。这些地区本身防灾抗灾能力弱，区域内的贫困农户中因灾致贫、因灾返贫的现象普遍存在，加大了扶贫工作的难度。有资料表明，国家扶贫工作重点县遭受自然灾害的比例是全国平均水平的5倍。在市场方面，本次国际金融危机发生后，我国许多贫困家庭的收入水平明显下降，凸显出贫困人口在市场波动面前的脆弱性。国家统计局的数据显示，2008年贫困人口中有66.2%在2009年脱贫，而在2009年3 597万贫困人口中，返贫人口高达63.3%。这种贫困人口大进大出的现象充分反映了贫困人口的脆弱性和致贫因素的复杂性①。

在自然灾害和市场变化因素之外，其他新的致贫因素也不断涌现。比如，已有惠农措施存在诸多问题：包括“农村税费改革”和“粮食直补”等政策的农业生产支持政策；义务教育、“两免一补”和“一费制”的农村教育和人力资源开发政策；农村最低生活保障、新型农村合作医疗的农村社会保障政策等在给农村发展带来正面影响的同时，也由于某些原因，导致一些与政策目标相反的结果出现。比如，农村的“两免一补”实施过程中，有的省份没有按照贫困人口的标准来选择，而是以当地的土地政策作为标准来选择，导致这项针对贫困家庭儿童教育的政策，在实施的过程中出现了与目标的背离②。

一些农村政策的设计不适应农村的实际条件，使得政策不能及时、有效落实。比如，农村最低生活保障、贫困人口医疗救助、新型合作医疗政策等，从政策层面说，都是既符合正确的扶贫理念，也满足贫困人口的实际需求，但是由于财力上依赖于地方政府，结果贫困地区由于财政困难，政策的实施在当地大打折扣。针对这样的普遍性问题，必须寻找新的更加完善的社会保护相关政策，来弥补以往政策实施过程中的不足。非农产业在当前我国农民，包括贫困人口的收入中，都占据相当的比例，非农产业的就业需要相关知识、技能，而贫困人口缺乏相关培训，现有的政策对此总体上回应不够，包括贫困人口在内的多数农民培训流于形式，实用性和

① 2010年10月17日，国务院扶贫办主任范小建在2010年“国际消除贫困日”纪念活动上的讲话。

② 张磊、黄承伟、李小云：《中国扶贫开发政策演变》，中国财政经济出版社，2007年版，第227页。

灵活性不足，具体执行力也不够。因此，对于扶贫开发，可以引入社会保护政策，使其在就业能力培训方面发挥作用。

虽然现有的与扶贫相关的社会保护政策已初具框架，但是制度与制度之间的综合协调性不足。比如，社保，医疗保险制度，儿童、养老保险，就业支持制度等各项制度在扶贫开发中并没有形成完整的体系，没有形成固定的稳定模式，离我们的目标相距还远，需要进一步完善。此外，开发式扶贫资金总量不足。虽然从总量上看，中央财政扶贫资金数字不小，且逐年增加，但离实际需求还有很大缺口。资金问题是限制扶贫措施发挥作用的主要瓶颈之一。开拓多种渠道，创新扶贫开发的资金来源，是新时期扶贫开发工作的内在要求。在诸多资金投入方式中，保险的筹资方式来源较广泛，且本着自愿的原则，具有较好的适应性和推广可能。养老、医疗、失业、灾害救助等方面，我国对贫困人口，都已经有了初步的保险制度。这个趋势应当继续延续下去，并在新的阶段不断健全。

专项扶贫政策是现阶段开发式扶贫的重要途径，尽管它们产生了较大的积极影响，但是我们也看到了不少问题。所谓的专项扶贫，主要是指整村推进、劳动力转移输出和龙头企业带动下的企业扶贫。在我们已经推行的实践经验中，我们看到了几个问题[①]。首先，贫困人口数量监测不准。统计局和扶贫系统监测数据存在较大偏离，这导致无法准确判断贫困群体真实数量。其次，扶贫的目标瞄准存在偏离。这种偏离长久地存在且始终未能彻底解决。其结果导致非贫困农户排挤贫困农户，从而受益于扶贫资源。这种目标偏离反映了扶贫的制度性缺陷。综上所述，单靠现有的开发式扶贫政策，扶贫资源很难真正落到实处，很难给贫困人口带来好处，由于缺乏准确的统计识别机制和纠偏机制，扶贫资源在多方博弈中，失败的总是贫困群体。此时，引入社会保护政策，可以在一定程度上弥补专项扶贫出现的不足。

另外，经济转型中贫困人口的就业适应力极其脆弱。新的形势要求国家给予贫困人口就业的托底保护，提高就业竞争力。城市贫困问题凸显，农民工问题和贫困的代际传递问题，都是我们此前开发式扶贫中不曾遇到，至少是没有当前严重的问题。这些新现象的出现，给我国的扶贫工作带来巨大挑战。

---

① 张磊、黄承伟、李小云：《中国扶贫开发政策演变》，中国财政经济出版社，2007 年版，第 230 - 231 页。

四、社会保护减贫战略的意义

（一）将扶贫战略重心前移

根据方黎明、张秀兰（2007）的研究，开发式扶贫的政策隐含前提是贫困者有机会、有能力从扶贫项目中受益。这就要求：第一，贫困人口规模大且相对集中，这样才能使更多贫困人口有机会从扶贫项目中受益。第二，贫困人口具有基本劳动能力，从而利用这些项目实现脱贫。第三，贫困者有一定的人力资本（教育、健康）积累，能够实现收入的稳步增长。第四，扶贫项目能够有效地瞄准贫困的发生机制。然而，在新阶段，随着贫困的性质和形式的变化，这些前提性假设基本都不复存在。

由于贫困人口获取收入的能力或者机会被剥夺或受损，从而在致贫风险面前异常脆弱。因此应对贫困的有效途径之一是塑造和提升应对致贫风险的能力，这就要求我国农村减贫政策要实现战略重心转移，即把扶贫的关口前移，把更多的资金投入到提升农民教育和健康水平中，提高农民自身获取收入、预防和应付贫困风险的能力。避免将投入放在潜在群体陷入贫困后扶贫减贫，而应将扶贫减贫措施前移，做到早期预防、防止贫困。

（二）将开发式扶贫与救助性扶贫相结合

从我国目前的扶贫战略看，我国已经“进入了开发扶贫与救助扶贫两轮驱动的新阶段”[①]。这一战略思路固然是对此前扶贫战略的提升，但仅仅依靠开发和救助并不足以保证所有贫困人口享受到应有的保障。政策设计的遗漏、执行过程的扭曲很可能导致本身极具脆弱性的群体享受不到开发带来的好处，救助也只是解决一时之需。这时候，对学龄儿童完善教育保障体系，让他们在适龄阶段接受应有的教育；使残疾人员和老年人能够获得合适的生活保障和医疗救助；让灾害和疾病等偶发性因素致贫的人员能够获得完善的保险，才能维持扶贫开发效果的稳定性。中国农村贫困的性质已经发生了根本性的转变，这也要求扶贫战略的调整。目前，贫困分布由区域的、整体的贫困逐渐过渡到个体性贫困，边缘化人口成为贫困人口的主要组成部分（都阳、蔡昉，2005）。

---

① 范小建：《完善国家扶贫战略和政策体系的背景》，《中国老区建设》，2009年第6期。

我国目前已经开始进行农村社会安全网建设，包括农村新型医疗合作制、大病救助制度、农村五保低保制度以及免费义务教育和教育救助制度，在有条件的地区，农业保险制度也开展了试点。实践证明，这些开发式扶贫之外的制度建设对减贫的作用显著，政策性的转移支付收入已经成为贫困人口收入的重要组成部分。我们看到，在实际的制度推行过程中，由于现实情况的多样性和制度本身尚处在起步阶段，还存在各种不尽如人意的地方。比如，资金的供给、制度的实施，以及多项不同制度之间的配合与衔接问题，但是，正如任何新生事物的成长壮大都不可能一帆风顺，社会保护政策在其初始阶段也会困难重重。但我们可以看到，已有试验性措施的效果显著，能够作为一种发展方向，作为战略性的举措，长期稳步推行。

（三）赋予贫困人口公平的发展机会和发展潜力

众所周知，我国的贫困标准设定，虽然考虑了贫困人口的温饱和最低生存问题，但是贫困人口生存以外的基本需求得不到保障。教育在人力资本的培养和积累中发挥了重要作用，实现贫困人口减贫脱贫的一个有效渠道是贫困人口自身素质和能力的提高。然而，由于历史原因，贫困人口及其子女本身受教育的程度相对低于一般群体和富裕群体，况且贫困人口获取优质，乃至最基本教育资源的可能性远低于其他群体。如果我们的扶贫开发不把教育保障作为必要的措施纳入“大扶贫”的统一范畴，扶贫的脚步就难以向前。同样，疾病、年老对于脆弱的贫困群体而言，也是贫困的大敌，简单的应急性的扶贫措施，难以保障这一部分贫困人口基本享受医疗、获取健康的权利。稳定的成体制化的医疗、养老等保险措施，应当纳入综合性扶贫的框架，以保障贫困人口维持基本发展的需求。我国今后的扶贫开发成效标准，不应再把扶贫对象减少作为唯一指标，而应当强化贫困人口收入增加、能力提升等考量。

第五章　社会保护政策减贫效应评估

本章首先梳理了一般意义上公共政策的评估标准，并在此基础上提出了社会保护政策减贫效应的评估标准与框架；然后遵循类似的评估标准与框架，分别评估了社会救助、医疗和健康保障、老年保障，儿童、老年和残疾人福利以及就业保护与促进等社会保护政策的减贫效应。

一、社会保护政策减贫效应评估标准

（一）一般意义上公共政策的评估标准

社会保护政策属于公共政策的范畴，因此，其评估可以借鉴一般意义上公共政策的评估标准。政策评估标准就是政策评估的参照系或基本依据，其实质就是对政策进行评判的价值准则。“政策评估在本质上是寻求、证明和确定政策价值的过程，评估价值标准的选择、排序和组合将直接影响评估的结论及其合理性和可靠性”①。政策评估的价值标准可以区分为基本价值标准和具体价值标准，基本价值标准决定和制约着具体的价值标准。在基本价值标准上的取向不同，也就产生了不同的政策评估理论和相应的评估路线。自公共政策科学产生以来，政策评估理论大体上经历了两个阶段，即实证主义政策评估与后实证主义政策评估。与其理论相应的评估路线是事实评估到事实评估与价值评估的结合，具体价值标准体系上也由坚持价值中立的纯技术标准发展到技术标准与社会政治价值标准的统一。实证主义的评估理论以政策结果的效率、效益、效果和充分性为基本的价值取向，坚持实证与技术的结合，应用了成本—收益、多元回归分析、民意调查研究、运筹学和系统分析等定性评估方法。后实证主义强调把事实与价值结合起来，坚持评估的技术性标准与社会政治价值标准的统一，把实证分析的评估方法与规范分析的评估方法相结合；强调评估标准的多元复合，既要重视经济、技术标准在政策结果评估中的应用，也要重视政治、社会和法律性标准在政策方案和政策执行实践中的应用。

---

① 张国庆：《现代公共政策导论》，北京大学出版社，1997 年版。

实证主义以政策效果实证测量或科学预测作为评估对象，不对主观性的价值和标准进行探讨，所以提出的政策评估标准都是能定性测量的标准，主要有效率标准、效益标准、效能标准（即 3E）和充分性标准（Adequacy）。萨茨曼将政策效果评估标准与政策执行过程评估标准结合起来考察，并概括出政策评估的五项标准：效果、效果的充分性、效率、工作量和执行过程①。这是后实证主义对实证主义评估标准的首次“扬弃”。但无论是评估政策效果、效率与效能，还是评估政策执行过程，最终都无法回避“评估是为谁服务”的问题。在众多学者的推动下，公共政策评估开始突破单一的技术标准，政策相关者的价值观与政策评判标准开始进入评估者的视野，以技术理性为核心的政策评估理念转向了更为广泛的政治、价值的分析与评估。

与这一现实要求相呼应，鲍斯特提出了政策评估的七项标准：效能、效率、充分性、适当性、公平性、反应度和执行能力②；斯图亚特·那格尔从政策过程评估的角度，提出了“3Ps”标准：Participation（公众参与度）、Predictive（可预见性）和 Procedural Fairness（程序公正性）③；威廉·邓恩将政策评估标准分为六个方面：效果、效率、充足性、公平性、回应性和适宜性④；卡尔·帕顿、大卫·萨维奇将政策评估标准分为四个方面：技术可行性、政治可行性、经济和财政的可能性以及行政可操作性⑤。国内学者对政策评估也都提出了自己的标准，张金马提出的标准包括：有效性、效率、公平性和可行性（政治可接受性、经济可承受性、社会可接受性、管理可行性）⑥；陈振明提出五项标准：生产力标准、效益标准、效率标准、公平标准和政策回应度⑦；宁骚提出七项标准：政策效率、政策效益、政策影响、回应性、社会生产力的发展和社会公正和社会可持续发展⑧。

从公共政策运行的实践来看，在操作过程中，目前人们比较认同的政策评估标准主要有效果标准、效率标准和效应标准。

（1）政策评估的效果标准主要衡量政策实施后产生的各种结果与影

---

① 贠杰、杨诚虎：《公共政策评估：理论与方法》，中国社会科学出版社，2006 年版。
② T. H. Polster. Public Program Analysis：Applied M ethods1Baltlmore，University Park Press. 1978.
③ 斯图亚特·S. 那格尔：《政策研究：整合与评估》，吉林人民出版社，1994 年版。
④ 威廉·邓恩：《公共政策分析导论》，中国人民大学出版社，2002 年版。
⑤ 卡尔·帕顿，大卫·萨维奇：《政策分析和规划的初步方法》，华夏出版社，2002 年版。
⑥ 张金马：《公共政策分析：概念·过程·方法》，人民出版社，2004 年版。
⑦ 陈振明：《政策科学——公共政策分析导论》，中国人民大学出版社，2003 年版。
⑧ 宁骚：《公共政策学》，高等教育出版社，2003 年版。

响。在使用效果标准时，政策评估者需要了解下列方面的信息：第一是政策目标的实现状况，即预定的目标实现了没有，是完全实现了，还是只实现了其中的部分？原来的政策问题是否得到解决，是部分解决，还是完全解决？第二是政策的总体效果状况，即政策实施后对整个社会产生何种影响，已造成和正在造成什么后果？第三是政策的全部效果状况，即政策实施后有哪些正、负面的效果？有哪些经济、非经济效果？

（2）政策的效率标准是衡量政策取得的效果所耗费的政策资源的数量，它通常表现为政策投入与产出之间的比例。政策投入包括政策活动过程所投入的人力、物力、财力、信息和时间等；政策的产出是政策执行过程中产生的结果。其中效率标准与效果标准既有区别，又有联系。效果标准关心的是有效执行政策，达到政策预定目标；效率标准关心的是如何以最小的政策投入得到最大的政策产出。因此，效率与效果之间有时并不统一。一次政策执行的高效率，未必能实现预定的政策效果；一次达到预定目标的政策执行，未必是高效率的。因此，政策的效率必须首先建立在政策的效果上，没有效果的效率是无用的。

（3）效应标准是以政策实施后对社会发展、社会公正、社会回应影响的大小来评估政策的标准。这是最高层次的评估标准。这一标准又可分为生产力标准、社会公正标准、公众回应标准三个层次。首先是生产力标准。任何公共政策，其最终结果的衡量标准是看它是否有利于生产力的解放与发展。离开这一根本标准，政策评估就会偏离社会的基本发展方向。其次是社会公正标准。政策公正标准反映出政策成本及收益在不同群体或阶层中间分配的公平程度。公正是衡量政策的一个重要标准，公共政策实际是一种利益的分配过程，一项好的政策应该是努力实现公平、合理分配的政策。最后是公众的回应标准。公共政策是对公众利益的协调，公共政策实施的效应如何，只有以公众的满意程度来衡量，它包括有多少人表示满意，获得满足的程度如何？政策实施后，公众对政策是积极回应，还是消极回应，或者是不作回应等。

（二）社会保护政策减贫效应的评估标准

社会保护政策的目标是多维的，其中减贫是其重要目标，对于有些社会保护政策（比如，社会救助项目），减贫是其首要目标。结合上述一般意义上的公共政策评估标准，本书对社会保护政策的减贫效应提出如下评估标准或维度：

1. 社会保护政策对贫困人口的包容能力

一项社会保护政策要想发挥减贫效应，首先应该实现对贫困人口的有效覆盖。本书主要通过社会保护政策的覆盖范围来评估其对贫困人口的包容能力。

2. 社会保护政策的保障水平

社会保护政策的重要功能性目标是保障和改善受益对象的生活。因此，其减贫的效果很大程度上取决于保障水平。

3. 社会保护政策的公平性

维护社会公平是社会保护政策的天然使命。要有效发挥社会保护政策的减贫效应，就要确保制度的公平性，必须让不同地区处境相同的贫困人群拥有大体相同的收益。这在中国当前农村地区经济发展水平差异比较大的情况下尤为重要。

以下对社会保护政策的减贫效应进行评估时基本上遵循了上述评估标准与框架。当然，由于每一项社会保护政策具有自己的特点，具体的评估对各项标准有不同的侧重点。

二、社会救助的减贫效应

（一）社会救助制度发展综述

在中国农村，目前正在执行的有 4 种主要的社会救助项目，包括：五保户供养、最低生活保障、自然灾害救济和医疗救助。农村社会救助项目还包括特困户救助，但该项目已经逐渐被合并到农村低保项目中。2003 年民政部发布《关于进一步做好农村特困户救济工作的通知》，提出在不具备建立农村低保条件的地区，要按照国务院的精神建立农村特困户生活救助制度。随后，大多数尚未建立农村低保的地区基本上都实施了农村特困户生活救助制度。特困户救助针对的是极端贫困家庭，即由于重大疾病、灾害、意外事件和残疾等导致丧失劳动能力，收入低于官方贫困线的特困户。其与五保户不同之处在于，特困户救助在性质上具有标准低、阶段性的特点，获益形式既有现金支付也有实物提供。决定是否符合受益条件的收入和资产门槛，通常由当地政府确定；由家庭提出申请，经村和乡镇两级批准，才能成为特困救济的对象。随着全国范围的农村低保项目的推广，农村的特困户救助已经纳入低保制度中。同时，农村社会救助还包括传统救济，2009 年全年有 62.2 万农村人口享受了农村传统救济[①]。另外，农村社会救助还包括临时救助制度，即指对日常生活中由于各种特殊原因造成基本生活出现暂时困难的家庭，给予非定期、非定量生活救助的制度。2009 年，546.4 万人次得到了农村临时救济[②]。本书对特困救助、传统救济与临时救助制度不作专门的阐述。

在本节的其他部分，我们将简要讨论上述项目的特点，并对其在多大程度上对农村人口，特别是农村贫困人口提供的保障进行评估。

1. 五保户供养制度

五保户救济有很长的历史，可以追溯到 20 世纪 50 年代。它所瞄准的对象主要是“三无人员”，即无劳动能力、无生活来源又无法定赡养、抚养、扶养义务人，或者其法定赡养、抚养、扶养义务人为无赡养、抚养、扶养能力的老年、残疾或者未满 16 周岁的村民。五保户救济主要着眼于为五保对象提供吃、穿、住、医、葬方面的生活照顾和物质帮助。供养内容具体包括：供给粮油、副食品和生活用燃料；供给服装、被褥等生活用品和零用钱；提供符合基本居住条件的住房；提供疾病治疗，对生活不能自理的给予照料；办理丧葬事宜。农村五保供养对象未满 16 周岁或者已满 16 周岁仍在接受义务教育的，应当保障他们依法接受义务教育所需费用。

农村五保供养对象可以在当地的农村五保供养服务机构集中供养，也可以在家分散供养。农村五保供养对象可以自行选择供养形式。集中供养的农村五保供养对象，由农村五保供养服务机构提供供养服务；分散供养的农村五保供养对象，可以由村民委员会提供照料，也可以由农村五保供养服务机构提供有关供养服务。分散的救助以往是依赖于乡村提留形成的基金，但 2002 年的农村税费改革导致这种提留终止。2006 年 1 月，国务院发布的《农村五保供养工作条例》规定，把五保户救济的责任从村级积累转移到地方财政预算（中央财政对财政困难地区的农村五保供养，在资金上给予适当补助）。这项规定还强调，农村五保供养标准，可以由省、自治区、直辖市人民政府制定，在本行政区域内公布执行，也可以由设区的市级或者县级人民政府制定，报所在的省、自治区、直辖市人民政府备案后公布执行，而不是交给村委会或乡政府。

① 民政部：《2009 年民政事业发展统计报告》，http：//cws. mca. gov. cn/article/tjbg/201006/20100600081422. shtml，访问时间：2010 年 6 月 20 日。

② 民政部：《2009 年民政事业发展统计报告》，http：//cws. mca. gov. cn/article/tjbg/201006/20100600081422. shtml，访问时间：2010 年 6 月 20 日。

截至2009年年底，全国农村得到五保供养的人数为529.4万户，553.4万人，分别比2008年同期增长1.4%和0.9%。全年各级财政共发放农村五保供养资金88.0亿元，比2008年增长19.4%，其中中央财政安排春节一次性生活补贴补助资金5.4亿元。农村五保集中供养171.8万人，集中供养年平均标准为2 587.49元/人；农村五保分散供养381.6万人，分散供养年平均标准为1 842.71元/人（参见表5－1、表5－2）[①]。

表5－1　农村五保供养的人数　　单位：万人

指标	2004年	2005年	2006年	2007年	2008年	2009年
合计	228.7	300	503.3	531.3	548.6	553.4
分散供养				393.3	393.0	381.6
集中供养				138.0	155.6	171.8

资料来源：民政部：《2009年民政事业发展统计报告》，http：//cws. mca. gov. cn/article/tjbg/201006/20100600081422. shtml，访问时间：2010年6月20日。

表5－2　农村五保救济的发展状况（2008年）

农村集中供养五保户救济人数	万人	155.6
农村集中供养五保救济家庭数	万户	150
农村集中供养五保救济平均标准	（元/人/年）	2 176.1
农村集中供养五保救济平均支出水平	（元/人/年）	2 055.7
农村分散供养五保救济人数	万人	393
农村分散供养五保救济家庭数	万户	371.9
农村分散供养五保救济平均标准	（元/人/年）	1 624.4
农村分散供养五保救济平均支出水平	（元/人/年）	1 121

资料来源：民政部：《2009年民政事业发展统计报告》，http：//cws. mca. gov. cn/article/tjbg/201006/20100600081422. shtml，访问时间：2010年6月20日。

2. 农村最低生活保障制度

农村社会救助领域最显著的进步是国务院于2007年7月发布的《国务院关于在全国建立农村最低生活保障制度的通知》，决定在全国范围内推动建立农村低保制度。根据这个决定，该制度已经得以快速扩大。截至2009年年底，全国已有2 291.7万户、4 760.0万人得到了农村低保[②]。在

① 民政部：《2009年民政事业发展统计报告》，http：//cws. mca. gov. cn/article/tjbg/201006/20100600081422. shtml，访问时间：2010年6月20日。

② 民政部：《2009年民政事业发展统计报告》，http：//cws. mca. gov. cn/article/tjbg/201006/20100600081422. shtml，访问时间：2010年6月20日。

规模快速扩大之后，低保已经成为农村地区最重要的一项社会救助制度，它主要由地方各级政府提供资金，由中央财政对各地给予适当补助。

农村低保制度是以城市低保制度为参照系构建的，在设计上有诸多相似点。农村最低生活保障对象是家庭年人均纯收入低于当地最低生活保障标准的农村居民，主要是因病残、年老体弱、丧失劳动能力以及生存条件恶劣等原因造成生活常年困难的农村居民①。国务院的决定确立了享受标准的基本政策和审核机制。由于可靠地衡量家庭收入的难度很大，所以农村低保像城市低保一样，收入调查常常辅之以其他非收入标准。救助资格往往只维持一年，必须逐年更新。最低生活保障金原则上按照申请人家庭年人均纯收入与保障标准的差额发放，也可以在核查申请人家庭收入的基础上，按照其家庭的困难程度和类别，分档发放。2009 年全国农村低保平均标准 100.84 元/人/月，全国农村低保月人均保障水平 68 元（参见图5－1）②。

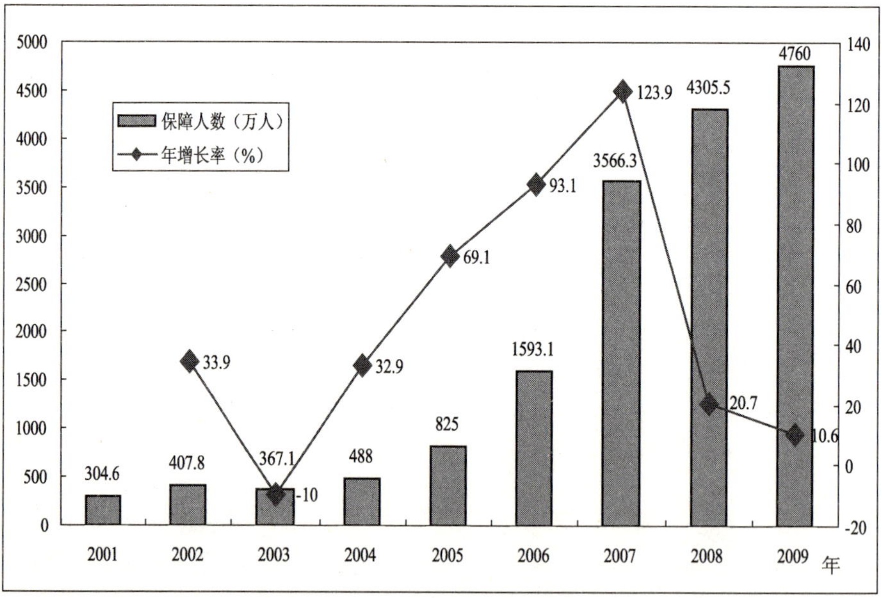

图 5－1　农村低保的发展情况

资料来源：民政部：《2009 年民政事业发展统计报告》，http：//cws. mca. gov. cn/article/tjbg/201006/20100600081422. shtml，访问时间：2010 年 6 月 20 日。

① 《国务院关于在全国建立农村最低生活保障制度的通知》（国发〔2007〕19 号）。

② 民政部：《2009 年民政事业发展统计报告》，http：//cws. mca. gov. cn/article/tjbg/201006/20100600081422. shtml，访问时间：2010 年 6 月 20 日。

3. 农村医疗救助制度

与卫生部全面铺开农村新型合作医疗相并行，民政部在2003年实施了医疗救助项目，在其他转移项目之外，旨在为那些需要额外帮助的农村贫困家庭减少医疗费用负担。在实行合作医疗的县，医疗救助采取的形式是帮助农户负担合作医疗缴费，或者共同支付发生的医疗费用，或者两个办法同时采用。在没有实行合作医疗的县，医疗救助采用直接支付医疗费用的方式给予救助。医疗救助主要瞄准如下三组人群：有大额和潜在致贫医疗开支的家庭、贫困家庭（如五保户、特困户和低保户）和其他应予救助的家庭（最常见的类型是重点优抚对象和低保边缘户）。医疗救助资金大部分来自中央、省和县级财政，也有部分来自乡（镇）财政、福利彩票收入、社会捐助和援助资金。这些补充来源的比重，在比较富裕的县通常较高。

医疗救助项目的覆盖面迅速扩大，医疗救助人次和支出都在不断增加（参见表5－3、图5－2）。2009年用于农村医疗救助的各级财政性资金支出64.6亿元，其中：资助参加新型农村合作医疗资金10.5亿元，大病救助资金49.4亿元。累计救助贫困农民4 789.1万人次，其中：民政部门资助参加合作医疗的4 059.1万人次，人均资助参合水平25.9元；民政部门资助大病医疗救助730.0万人次，人均救助水平676.6元[①]。

表5－3　农村医疗救助的发展情况（2008～2009年）

指标	2008年	2009年
民政部门资助参加合作医疗人次数（万人次）	3432.4	4059.1
合作医疗平均支出水平（元/人/次）	20.7	25.9
民政部门医疗救助人次数（万人）	759.5	730.0
医疗救助平均支出水平（元/人）	360.3	676.6

4. 自然灾害救济

众所周知，中国是一个自然灾害频发的国家，地震、洪水、干旱、山体滑坡、台风、海难和山火等自然灾害造成的重大的人员和财产损失都是重要的关注点，政府在减灾和救济方面必须作出巨大而长期的努力。2009年全国各类自然灾害共造成约47 933.5万人（次）不同程度受灾，因灾死

① 民政部：《2009年民政事业发展统计报告》，http：//cws. mca. gov. cn/article/tjbg/201006/20100600081422. shtml，访问时间：2010年6月20日。

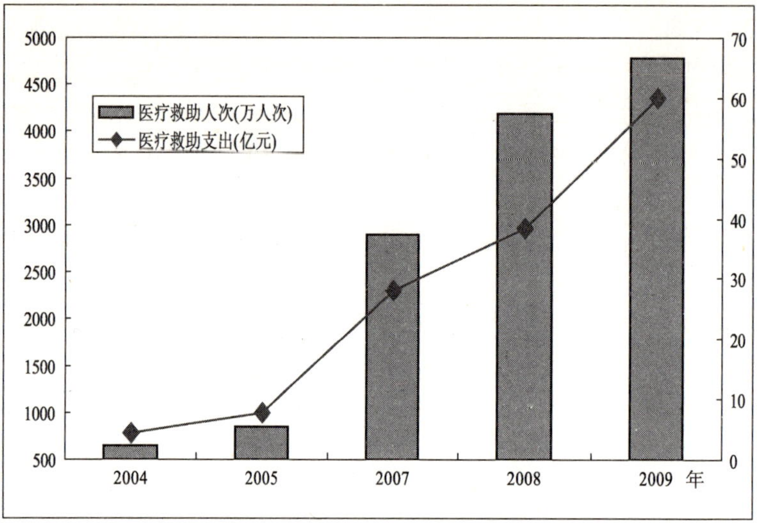

图 5－2 农村医疗救助的规模

注：本图系政府医疗救助数（不含社会医疗救助）。

资料来源：卫生部：《2010 中国卫生统计提要》。

亡和失踪 1 528 人；农作物受灾面积 47 213. 7 千公顷，绝收面积 4 917. 5 千公顷；倒塌房屋 83. 8 万间；直接经济损失 2 523. 7 亿元①。全年因洪涝灾害造成直接经济损失 655 亿元，增加 0. 5%；死亡 902 人，减少 10. 8%。全年因旱灾造成直接经济损失 1 099 亿元，增加 2. 58 倍。全年低温冷冻和雪灾造成直接经济损失 172 亿元，死亡 40 人。全年因海洋灾害造成直接经济损失 100 亿元，减少 51. 3%。全年累计发生赤潮面积 14 102 平方公里，增加 2. 7%。全年实际发生各类地质灾害 1. 0 万起，直接经济损失 18. 3 亿元，死亡 331 人。全年大陆地区共发生 5 级以上地震 24 次，成灾 8 次，造成直接经济损失 27. 4 亿元，死亡 3 人。全年共发生森林火灾 8 808 起，下降 37. 7%（参见表 5－4）②。

① 民政部：《2009 年民政事业发展统计报告》，http：//cws. mca. gov. cn/article/tjbg/201006/20100600081422. shtml，访问时间：2010 年 6 月 20 日。

② 中华人民共和国国家统计局：《中华人民共和国 2009 年国民经济和社会发展统计公报》，http：//www. stats. gov. cn/tjgb/ndtjgb/qgndtjgb/t20100225_ 402622945. htm，访问时间：2010 年 7 月 21 日。

表 5－4　全国受灾面积与成灾面积　　单位：千公顷

年份	受灾面积	成灾面积	成灾面积占受灾面积比重（%）	水灾		旱灾	
				受灾面积	成灾面积	受灾面积	成灾面积
1978	50 807	24 457	48.1	3 109	2 012	32 641	16 564
1980	50 025	29 777	59.5	9 687	6 070	21 901	14 174
1985	44 365	22 705	51.2	14 197	8 949	22 989	10 063
1990	38 474	17 819	46.3	11 804	5 605	18 175	7 805
1991	55 472	27 814	50.1	24 596	14 614	24 914	10 559
1992	51 332	25 893	50.4	9 422	4 463	32 981	17 047
1993	48 827	23 134	47.4	16 390	8 608	21 097	8 656
1994	55 046	31 382	57.0	17 328	10 744	30 423	17 050
1995	45 824	22 268	48.6	12 734	7 604	23 455	10 402
1996	46 991	21 234	45.2	18 147	10 855	20 152	6 247
1997	53 427	30 307	56.7	11 415	5 839	33 516	20 012
1998	50 145	25 181	50.2	22 292	13 785	14 236	5 060
1999	49 980	26 734	53.5	9 020	5 071	30 156	16 614
2000	54 688	34 374	62.9	7 323	4 321	40 541	26 784
2001	52 215	31 793	60.9	6 042	3 614	38 472	23 698
2002	46 946	27 160	57.9	12 288	7 388	22 124	13 174
2003	54 506	32 516	59.7	19 208	12 289	24 852	14 470
2004	37 106	16 297	43.9	7 314	3 747	17 253	8 482
2005	38 818	19 966	51.4	10 932	6 047	16 028	8 479
2006	41 091	24 632	59.9	8 003	4 569	20 738	13 411
2007	48 992	25 064	51.2	10 463	5 105	29 386	16 170
2008	39 990	22 283	55.7	6 477	3 656	12 137	6 798

资料来源：《中国统计年鉴（2009）》，中国统计出版社，2009 年版。

灾害救济采取向受灾地区群众提供现金和实物两种形式。救灾款物的分配，由县或县以上政府依据该地区灾情和灾后所制订的救灾计划决定。救灾计划一经批准，资源便分配到乡村两级。政府救济的规模与灾情的强度相关。资金的大部分（近年来大约 85%）用于生活救济，包括食物、衣物、家园重建和医疗，相对小的部分用于重灾区居民的安置。

2010 年 7 月，国务院总理温家宝签署第 577 号国务院令，公布《自然灾害救助条例》，自 2010 年 9 月 1 日起施行。条例共七章三十五条，制定的目的是为了规范自然灾害救助工作，保障受灾人员基本生活。条例规定，自然灾害救助款物应当用于受灾人员的紧急转移安置，基本生活救助，医疗救助，教育、医疗等公共服务设施和住房的恢复重建，自然灾害救助物资的采购、储存和运输，以及因灾遇难人员亲属的抚慰等项支出。

目前，政府给予的总体救助虽然绝对数额巨大，但大多数年份不及直接经济损失的3%（参见表5－5）。因此，为了增加灾害救济的覆盖面，提高相对于损失来说还非常有限的灾害救助水平，需要更多的政府投入。还有，政府的反应相对滞后，明显缺乏自然灾害保险。

表5－5 灾害救助的水平

年份	2005	2006	2007	2008	2009
各级政府的灾害救助（亿元）	52.9	59.3	65.6	609.8	–
直接经济损失（亿元）	2 042	2 528	2 363	11 752.4	2 523.7
占比（%）	2.6	2.3	2.8	5.2	–

资料来源：《中国统计年鉴（2009）》、《民政事业发展统计报告（2005～2009）》。

（二）社会救助对减贫的效应

1. 社会救助计划对贫困人口的覆盖不充分，不利于减贫

社会救助有效发挥其减贫作用的前提条件是，贫困人口能够充分地被社会救助计划所覆盖。但由于我国贫困线偏低，贫困人口数量被低估，以及社会救助资金来源的局限，社会救助计划对贫困人口的覆盖很不充分，影响了其对于减贫的效应。

农村社会救助项目，特别是农村低保和医疗救助项目，自2005年以来快速扩大。2005～2009年，低保的受益人数由825.0万人增长到4 760.0万人，而医疗救助计划的覆盖人数也从854.5万人次增长到累计救助贫困农民4 789.1万人次。按2009年农村贫困标准1 196元测算，年末农村贫困人口为3 597万人①。这样，与农村整体贫困率相比，似乎以上社会救助项目的总覆盖率已提高到较好的水平。

但实际上由于中国官方的贫困标准偏低，远远低估了贫困人口的数量。世界银行的研究表明，无论是与其他国家的贫困标准、与中国日益提高的生

① 中华人民共和国国家统计局：《2009年国民经济和社会发展统计公报》，http://www.stats.gov.cn/tjgb/ndtjgb/qgndtjgb/t20100225_402622945.htm，访问时间：2010年6月20日。

活水平，还是与最近对满足基本需要的生活成本的评估结果相比较，中国当前的贫困线标准都相对较低①。这就意味着，中国贫困人口数量存在着明显低估的现象。比如，根据由政府使用收入和消费混合标准设定出的官方贫困线，我国农村贫困人口2004年为2 610万人。而按照国际标准，每天消费少于1.08美元（1993年PPP美元）的人口的绝对数量2004年则为1.34亿人，为官方统计口径的5.17倍；每天消费少于1.25美元（2005年PPP美元）的人口的绝对数量2004年则为3.51亿人，为官方统计口径的13.5倍。中国国际减贫中心课题组的研究也表明，从人均GDP、基尼系数和官方贫困发生率的内在关系看，中国的贫困标准也可能偏低②。

研究表明，我国贫困线无论从绝对角度还是相对角度评价实际上都呈现偏低情况③。显然，相对于实际贫困人口数量而言，社会救助的覆盖率明显偏低（参见表5-6）。

表5-6　近年来的官方农村贫困标准及贫困人口数量

年份	2004	2005	2006	2007	2008	2009
农村贫困标准（元）	668	683	693	785	1 067	1 196
贫困人口（万人）	2 610	2 365	2 148	1 479	4 007	3 597

资料来源：中华人民共和国国家统计局：《国民经济和社会发展统计公报（2004-2009）》。

另外，除了贫困人口，还有更多的人处在容易致贫的边缘。研究表明，容易致贫的人数大约是目前贫困人口的2倍。因此，有必要扩大保障范围，既包括贫困者，也包括致贫风险较高的人。这样，即便按照官方的贫困线标准，农村低保制度的目标人数可能会在7 194万人左右，约为现有覆盖人数的1.51倍。

灾害救济也是如此。尽管中央政府对灾害救济的投入非常大，但相对于问题的严重程度而言，救济努力仍然是有限的，灾害救济所覆盖的范围仍然非常有限。在受灾的村庄里，获得某种灾害救助的人口比重大大低于受灾土地面积的比重，前者为14%而后者为33%。甚至在那些所有土地都

① 世界银行：《从贫困地区到贫困人群：中国扶贫议程的演进》，2009年第2期，http://www.worldbank.org.cn/china，访问时间：2010年7月21日。

② 中国国际扶贫中心课题组：《世界各国贫困标准研究》，中国国际扶贫中心研究报告，2010年第1期。

③ 董晓波：《农村反贫困战略转向研究——从单一开发式扶贫向综合反贫困转变》，《社会保障研究》，2010年第1期。

遭受灾害的村庄，也只有37%的人口得到某种救济①。

另外，世界银行的研究还表明②，农村社会救助项目的覆盖率似乎和贫困程度没有任何系统联系③。同时，救助项目覆盖率的地区差异也表现出与地区的贫困分布无关，甚至呈现出负的相关关系④，即社会救助项目的覆盖率在地区间不同，与需求无关，很大程度上取决于地方的财政能力。

因此，要发挥社会救助计划的减贫效应，首先应该扩大其对于贫困人口的覆盖面。

另外，从政策的延续性角度出发，可以将农村最低生活保障制度等社会救助制度视为专项扶贫计划的延伸和完善，是将农村社会救助制度化的过程。由于改变以往扶贫资金的使用方式会提高社会救助公共资源的使用效率，因此，将以前的扶贫资金，尤其是扶贫资金中财政投入的部分，转作农村最低生活保障基金，不仅会提高资金的使用效率，也有利于建立农村社会救助的长效机制。

2. 社会救助计划的保障水平相对有限，弱化了减贫效果

要发挥社会救助计划的减贫作用，只有将其给付水平提高到一定的标准，才能有效地缓解和降低贫困。

如表5－7所示，无论是相对于人均收入水平而言，还是相对于贫困线而言，由最低生活保障、五保供养以及医疗救助等社会救助项目提供的平均给付水平都很低。同样，灾害救济的总体受益水平也很低。对很多家庭来说，灾害救济款常常不足以使他们解脱灾害。

表5－7　中国农村社会救助项目的给付水平

		2004年	2005年	2006年	2007年	2008年	2009年
低保	平均标准（元/人/月）	—	—	—	70	82.3	100.84
	月人均保障水平（元）	—	—	34.5	38.8	50.4	68

① 世界银行，2009：《从贫困地区到贫困人群：中国扶贫议程的演进》，http：//www.worldbank.org.cn/china，访问时间：2010年6月1日。

② 世界银行，2009：《从贫困地区到贫困人群：中国扶贫议程的演进》，http：//www.worldbank.org.cn/china，访问时间：2010年6月1日。

③ 例如，虽然贫困村的贫困发生率比非贫困村高出将近3倍，但五保和低保的覆盖率却只分别高16%和29%。在贫困村，特困户的覆盖率高达68%，但是医疗救助的覆盖率却只相当于非贫困村的41%。

④ 例如，在最贫困的西北地区，五保户的覆盖率却最低。西南地区的低保覆盖率只相当于沿海地区的一半，东北地区的1/3，而这个地区的收入贫困率却分别是另外两个地区的5倍和2倍。

续表

		2004 年	2005 年	2006 年	2007 年	2008 年	2009 年
五保	集中供养年平均标准（元/人）				1953	2176. 1	2587. 49
	分散供养年人均保障水平（元/人）				1432	1624. 4	1842. 71
医疗救助	人均资助参合水平（元/人）	10. 1	14. 5	19. 7	19. 1	20. 7	25. 9
	人均救助水平（元/人）	162. 4	240. 5	366	543	360. 3	676. 6

资料来源：民政部：《民政事业发展统计报告》（2004 ~ 2009）。

由于农村最低生活保障制度已经成为农村社会救助的主体，以下我们将着重分析低保的保障水平，以评估其减贫效应。

由于低保标准以及人均补助水平与各地区的经济发展水平、人均收入以及生活成本等因素相关，简单地比较名义低保标准意义不大。

如图 5 －3 ~ 图 5 －6 所示，2009 年、2008 年的省级低保标准、人均补差金额都与农村人均纯收入呈现明显的线性相关关系。

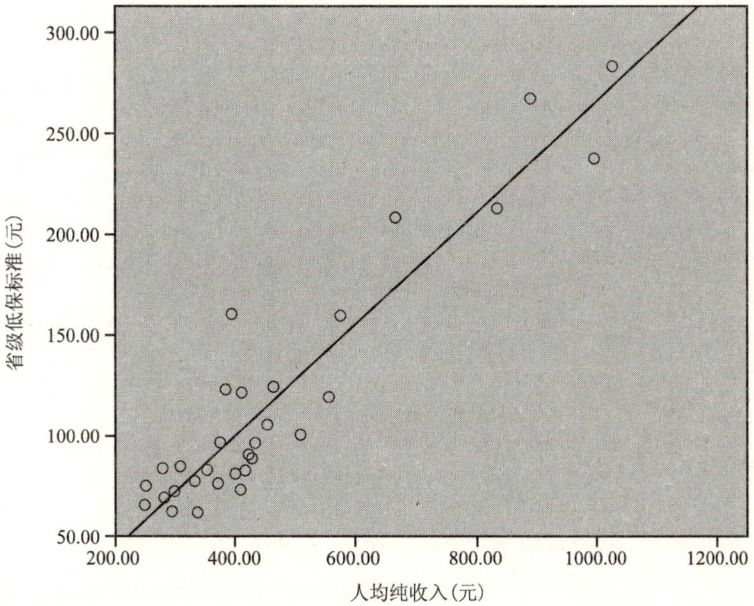

图 5 －3　2009 年农村低保省级标准与农村人均纯收入的散点图

$$省级低保标准 = -11.805 + 0.278 \times 人均纯收入$$

$$R^2 = 0.880 \quad (-1.221) \quad (14.598)$$

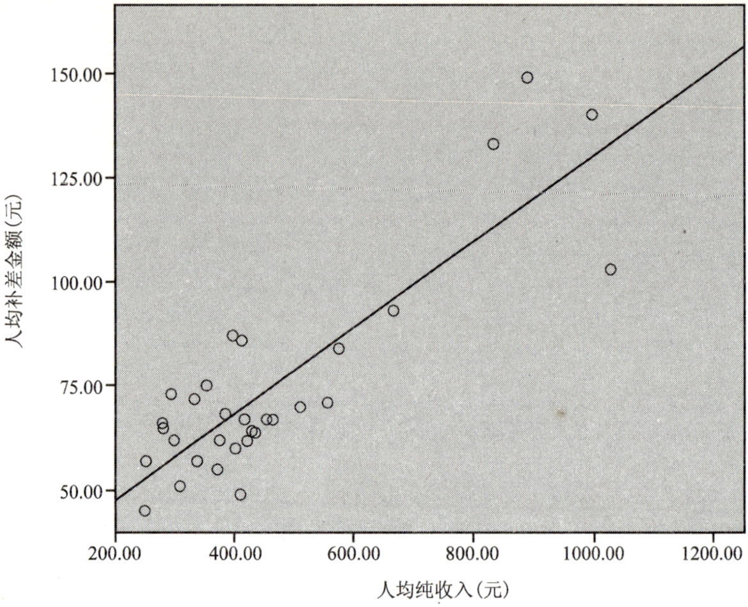

图 5-4　2009 年农村低保人均补差金额与农村人均纯收入的散点图

$$人均补差金额 = 26.653 + 0.104 \times 人均纯收入$$

$$R^2 = 0.739 \quad (4.571) \quad (9.061)$$

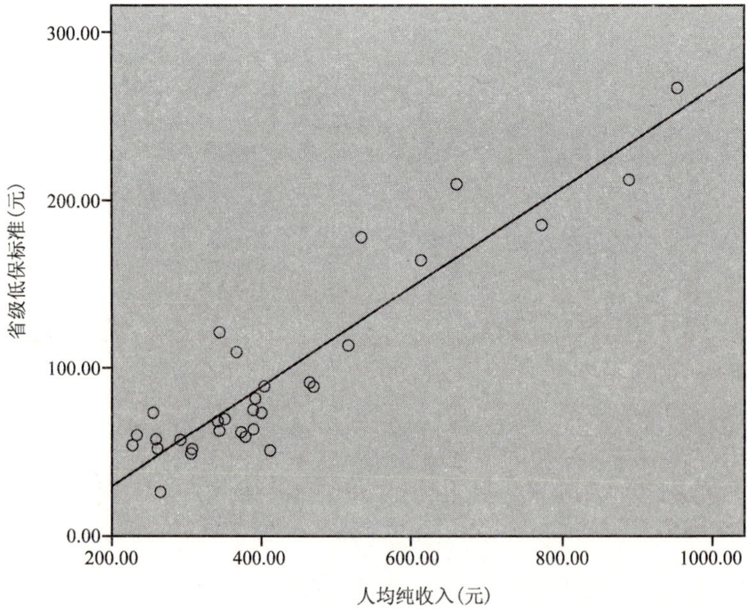

图 5-5　2008 年农村低保省级标准与农村人均纯收入的散点图

$$省级低保标准 = -30.368 + 0.297 \times 人均纯收入$$
$$R^2 = 0.851\ (-2.850)\ (12.845)$$

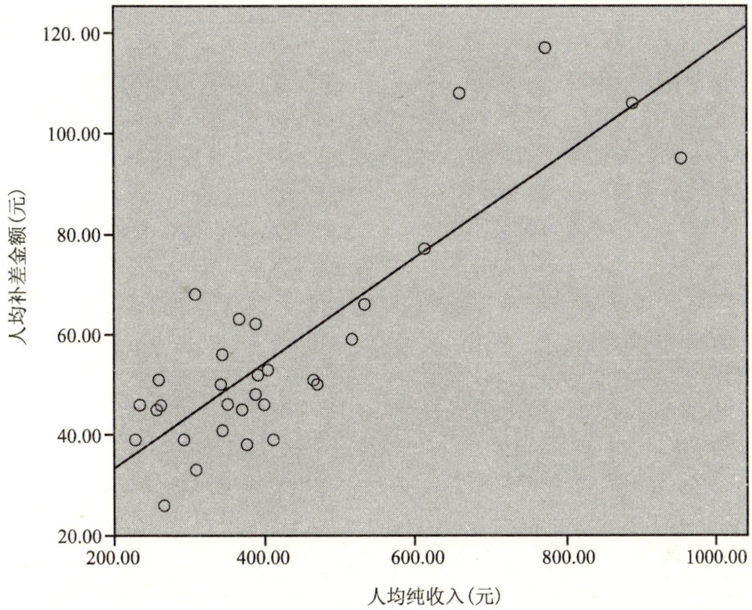

图5-6　2008年农村低保人均补差金额与农村人均纯收入的散点图

$$人均补差金额 = 12.515 + 0.104 \times 人均纯收入$$
$$R^2 = 0.730\ (2.305)\ (8.859)$$

以下将分别引入农村低保救助力度系数①、农村低保生活消费救助系数以及农村低保食品消费救助系数，以剔除各地经济水平的差异性，考察低保的保障水平及其减贫效果。

（1）基于农村低保救助力度系数的分析。

农村低保救助力度系数Ⅰ——（δ_t）：$\delta_t = \dfrac{A_t}{I_t}$　（1）

其中，δ_t 是第 t 期救助力度系数 I；A_t 是第 t 期农村名义低保标准；I_t 是该省份第 t 年农村人均纯收入。

① 这里参考了王增文的分析。但本书对农村低保救助力度系数的界定以及细分与王的分析不尽一致。参见王增文：《农村最低生活保障制度的济贫效果实证分析》，《贵州社会科学》，2009年第12期。

农村低保救助力度系数 II（δ°_{t}）：$\delta^{\circ}_{t}=\frac{A^{\circ}_{t}}{I^{\circ}_{t}}$ （2）

其中，δ°_{t} 是第 t 期救助力度系数；A°_{t} 是第 t 期农村低保人均补助水平，即农村低保人口实际平均领取的金额；I_t 是该省份第 t 年农村人均纯收入。

农村低保救助力度系数 I 和 II 分别反映了各省级政府对农村低保人口的名义和实际救助力度。

测算的结果如图 5－7 所示。

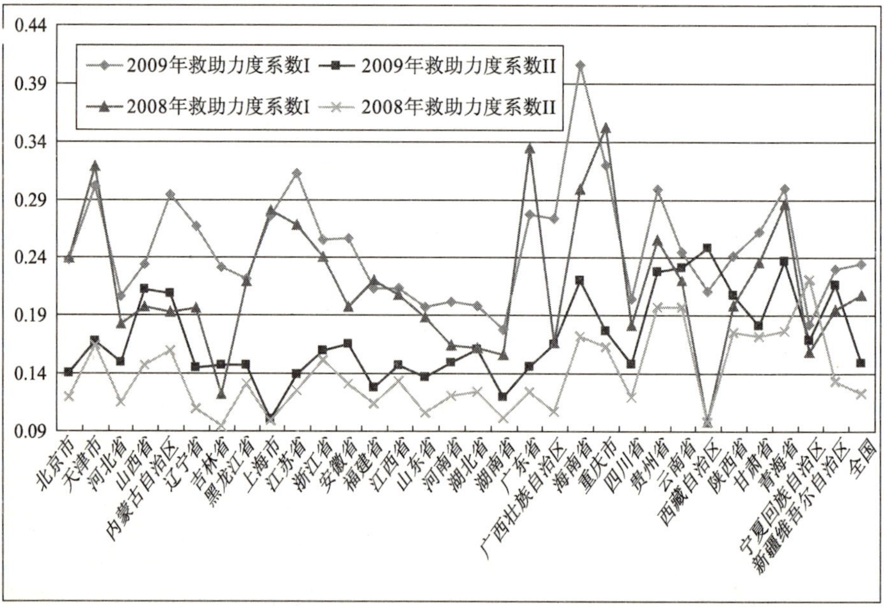

图 5－7 省级救助力度系数（2008、2009 年）

以下先分别分析 2008 年与 2009 年农村低保救助力度系数，然后进行对比分析。

第一，2008 年的低保救助力度（参见图 5－8）。如表 5－8 所示，农村低保救助力度系数 I（δ_t）最低为 0.098 242 3（西藏），最高为0.351 722 3（重庆），平均为 0.207 452。这表明，各地的低保线约等于当地农村人均纯收入的 9.8%～35.2%，平均为 20.7%。

其中，15 个省、市、自治区（北京市、天津市、黑龙江省、上海市、江苏省、浙江省、福建省、江西省、广东省、海南省、重庆市、贵州省、

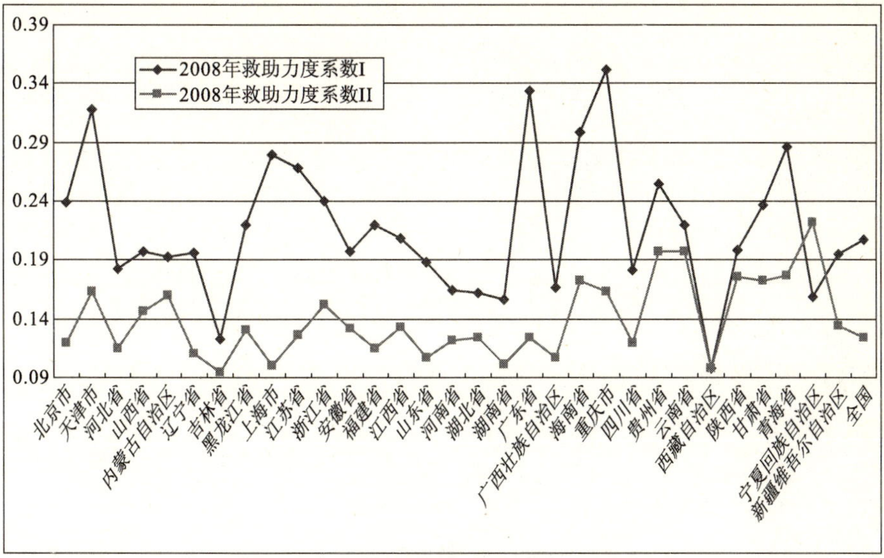

图 5－8　省级救助力度系数（2008 年）

云南省、甘肃省、青海省）的救助力度系数 I 高于平均水平，16 个省、市、自治区（河北省、山西省、内蒙古自治区、辽宁省、吉林省、安徽省、山东省、河南省、湖北省、湖南省、广西壮族自治区、四川省、西藏自治区、陕西省、宁夏回族自治区、新疆维吾尔自治区）的救助力度系数 I 低于平均水平。

农村低保救助力度系数 II（δ°_{t}）最低为 0. 094 88（吉林），最高为 0. 22 165[①]（宁夏），平均为 0. 123 51。这表明，各地的低保人均补差金额约等于当地农村人均纯收入的 9. 49% ～22. 2%，平均为 12. 4%。

其中，19 个省、市、自治区（天津市、山西省、内蒙古自治区、黑龙江省、江苏省、浙江省、安徽省、江西省、湖北省、广东省、海南省、重庆市、贵州省、云南省、陕西省、甘肃省、青海省、宁夏回族自治区、新疆维吾尔自治区）的救助力度系数 II 高于平均水平，12 个省、市、自治区（北京市、河北省、辽宁省、吉林省、上海市、福建省、山东省、河南省、湖南省、广西壮族自治区、四川省、西藏自治区）的救助力度系数 II 低于

① 民政部的数据显示，2008 年宁夏的省级低保标准为 48. 64 元，但月人均补差补助水平却为 68 元，显然不合理，原因不明。

平均水平。

表5－8 2008年全国农村低保救助力度

2008年	低保省级标准（元）	月人均补差补助（元）	年人均纯收入（元）	月人均纯收入（元）	救助力度系数Ⅰ（δ_t）	救助力度系数Ⅱ（δ°_t）
北京市	212.18	106	10 661.92	888.49	0.238 808 8	0.119 3
天津市	209.67	108	7 910.78	659.23	0.318 052 1	0.163 83
河北省	72.99	46	4 795.46	399.62	0.182 647 8	0.115 11
山西省	67.50	50	4 097.24	341.44	0.197 694 1	0.146 44
内蒙古自治区	74.65	62	4 656.18	388.02	0.192 389 5	0.159 79
辽宁省	90.91	51	5 576.48	464.71	0.195 628 8	0.109 75
吉林省	50.26	39	4 932.74	411.06	0.122 268 8	0.094 88
黑龙江省	88.70	53	4 855.59	404.63	0.219 211 3	0.130 98
上海市	266.84	95	11 440.26	953.36	0.279 895 7	0.099 65
江苏省	164.18	77	7 356.47	613.04	0.267 813 2	0.125 6
浙江省	185.26	117	9 257.93	771.49	0.240 131 4	0.151 65
安徽省	69.11	46	4 202.49	350.21	0.197 340 1	0.131 35
福建省	113.36	59	6 196.07	516.34	0.219 545 6	0.114 27
江西省	81.38	52	4 697.19	391.43	0.207 903	0.132 85
山东省	88.65	50	5 641.43	470.12	0.188 569 2	0.106 36
河南省	61.12	45	4 454.24	371.19	0.164 661 1	0.121 23
湖北省	62.85	48	4 656.38	388.03	0.161 971 3	0.1 237
湖南省	58.84	38	4 512.46	376.04	0.156 473 4	0.101 05
广东省	178.02	66	6 399.79	533.32	0.333 798 5	0.123 75
广西壮族自治区	51.22	33	3 690.34	307.53	0.166 553 8	0.107 31
海南省	109.29	63	4 389.97	365.83	0.298 744 6	0.172 21
重庆市	120.94	56	4 126.21	343.85	0.351 722 3	0.162 86
四川省	62.40	41	4 121.21	343.43	0.181 694 2	0.119 38
贵州省	59.45	46	2 796.93	233.08	0.255 065 4	0.197 36
云南省	56.75	51	3 102.60	258.55	0.219 493 3	0.197 25
西藏自治区	26.00	26	3 175.82	264.65	0.098 242 3	0.098 24

续表

2008 年	低保省级标准（元）	月人均补差补助（元）	年人均纯收入（元）	月人均纯收入（元）	救助力度系数Ⅰ（δ_t）	救助力度系数Ⅱ（δ°_t）
陕西省	51.85	46	3 136.46	261.37	0.198 376 5	0.175 99
甘肃省	53.59	39	2 723.79	226.98	0.236 097 5	0.171 82
青海省	73.08	45	3 061.24	255.1	0.286 472 1	0.176 4
宁夏回族自治区	48.64	68	3 681.42	306.79	0.158 547 5	0.221 65
新疆维吾尔自治区	56.98	39	3 502.90	291.91	0.195 198 3	0.133 6
全国	82.30	49	4 760.62	396.72	0.207 452	0.123 51

资料来源：各省、市、自治区低保标准来自于民政部：《农村低保 2008 年 12 月份省级标准》，http：//cws. mca. gov. cn/accessory/200902/1233706086760. htm，访问时间：2010 年 6 月 22 日；低保人均补差金额数据来自于民政部：《2008 年 12 月份全国县以上农村低保情况》，http：//cws. mca. gov. cn/accessory/200905/1243323064255. htm，访问时间：2010 年 6 月 22 日。人均纯收入数据来自于《中国统计年鉴（2009）》。

第二，2009 年的低保救助力度（参见图 5－9）。

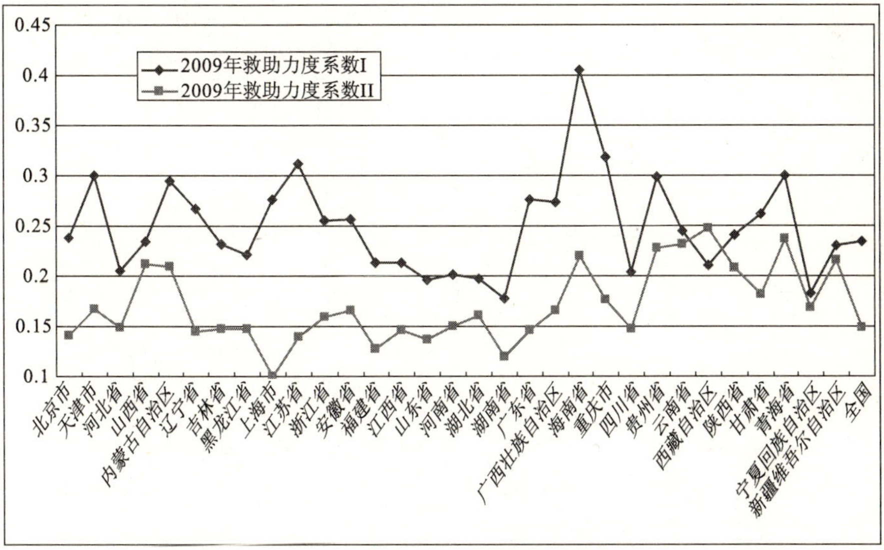

图 5－9　省级救助力度系数（2009 年）

如表 5－9 所示，农村低保救助力度系数Ⅰ（δ_t）最低为 0.178 264 8（湖南省），最高为 0.405 328 8（海南省），平均为 0.234 737。这表明，各地的低保线约等于当地农村人均纯收入的 17.8% ~ 40.5%，平均为23.3%。

其中，24 个省、市、自治区（北京市、天津市、山西省、内蒙古自治区、辽宁省、吉林省、黑龙江省、上海市、江苏省、浙江省、安徽省、福建省、江西省、广东省、广西壮族自治区、海南省、重庆市、贵州省、云南省、西藏自治区、陕西省、甘肃省、青海省、新疆维吾尔自治区）的救助力度系数 I 高于平均水平，7 个省、市、自治区（河北省、山东省、河南省、湖北省、湖南省、四川省、宁夏回族自治区）的救助力度系数 I 低于平均水平。

农村低保救助力度系数 II（δ°_{t}）最低为 0. 100 29（上海），最高为 0. 248 02[①]（西藏），平均为 0. 149 04。这表明，各地的低保人均补差金额约等于当地农村人均纯收入的 10. 0% ~24. 8%，平均为 14. 9%。

其中，19 个省、市、自治区（天津市、河北省、山西省、内蒙古自治区、浙江省、安徽省、河南省、湖北省、广西壮族自治区、海南省、重庆市、贵州省、云南省、西藏自治区、陕西省、甘肃省、青海省、宁夏回族自治区、新疆维吾尔自治区）的救助力度系数 II 高于平均水平，12 个省、市、自治区（北京市、辽宁省、吉林省、黑龙江省、上海市、江苏省、福建省、江西省、山东省、湖南省、广东省、四川省）的救助力度系数 II 低于平均水平。

表 5 - 9　2009 年全国农村低保救助力度

2009 年	低保省级标准（元）	月人均补差补助（元）	年人均纯收入（元）	月人均纯收入（元）	救助力度系数 I（δ_t）	救助力度系数 II（δ°_{t}）
北京市	237. 52	140. 00	11 950	995. 83	0. 238 513 8	0. 140 59
天津市	267. 33	149. 00	10 675	889. 58	0. 300 511 5	0. 16 749
河北省	88. 36	64. 00	5 150	429. 17	0. 205 887 4	0. 149 13
山西省	82. 65	75. 00	4 244. 1	353. 68	0. 233 689 1	0. 212 06
内蒙古自治区	121. 13	86. 00	4 938	411. 5	0. 294 362 1	0. 208 99
辽宁省	124. 16	67. 00	5 576	464. 67	0. 267 202 3	0. 14 419
吉林省	105. 01	67. 00	5 450	454. 17	0. 231 214 7	0. 14 752

① 民政部的数据显示，2009 年西藏的省级低保标准为 62. 15 元，但月人均补差补助水平却为 73 元，显然不合理，此数据可能有问题。

续表

2009 年	低保省级标准（元）	月人均补差补助（元）	年人均纯收入（元）	月人均纯收入（元）	救助力度系数 I（δ_t）	救助力度系数 II（$\delta°_t$）
黑龙江省	95.75	64.00	5 206.8	433.9	0.220 673	0.147 5
上海市	283.29	103.00	12 324	1 027	0.275 842 3	0.100 29
江苏省	207.99	93.00	8 004	667	0.311 829 1	0.139 43
浙江省	212.76	133.00	100 07.3	833.94	0.255 125 8	0.159 48
安徽省	96.23	62.00	4 504	375.33	0.256 385 4	0.165 19
福建省	118.91	71.00	6 680.1	556.68	0.213 607 6	0.127 54
江西省	90.30	62.00	5 075.01	422.92	0.213 516 8	0.146 6
山东省	100.29	70.00	6 119	509.92	0.196 679 2	0.137 28
河南省	80.84	60.00	4 806.95	400.58	0.201 807 8	0.14 978
湖北省	82.47	67.00	4 997.6	416.47	0.198 023 1	0.160 88
湖南省	72.94	49.00	4 910	409.17	0.178 264 8	0.119 76
广东省	159.38	84.00	6 906.9	575.58	0.276 905 7	0.145 94
广西壮族自治区	84.44	51.00	3 700	308.33	0.273 859 5	0.165 41
海南省	160.24	87.00	4 744	395.33	0.405 328 8	0.220 07
重庆市	122.67	68.00	4 620	385	0.318 623 4	0.176 62
四川省	75.86	55.00	4 462.1	371.84	0.204 011 6	0.147 91
贵州省	74.69	57.00	3 005.41	250.45	0.298 222 2	0.227 59
云南省	68.80	65.00	3 369	280.75	0.245 057 9	0.231 52
西藏自治区	62.15	73.00	3 532	294.33	0.211 155 2	0.248 02
陕西省	71.97	62.00	3 580	298.33	0.241 240 2	0.207 82
甘肃省	65.15	45	2 980.1	248.34	0.262 340 2	0.181 2
青海省	83.58	66	3 346	278.83	0.299 749	0.236 7
宁夏回族自治区	61.59	57	4 048.3	337.36	0.182 565 5	0.168 96
新疆维吾尔自治区	76.76	72	4 000	333.33	0.230 28	0.216
全国	100.80	64	5 153	429.42	0.234 737	0.149 04

资料来源：各省、市、自治区低保标准来自于民政部：《农村低保 2009 年 12 月份省级标准》，http：//files. mca. gov. cn/cws/201001/20100128095612438. htm，访问时间：2010 年 6 月 22 日；低保人均补差金额数据来自于民政部：《2009 年 12 月份全国县以上农村低保情况》，http：//files. mca. gov. cn/cws/201001/20100128094132409. htm，访问时间：2010 年 6 月 22 日。人均纯收入数据来自于各省、市、自治区《2009 年国民经济和社会发展统计公报》。

第三，2008 年与 2009 年低保救助系数的比较（参见图 5－10、图 5－11）。除了个别省份，2009 年农村低保救助力度系数 I（δ_t）和系数 II（$\delta°_t$）都有所提高，这表明低保的保障水平都在提高。

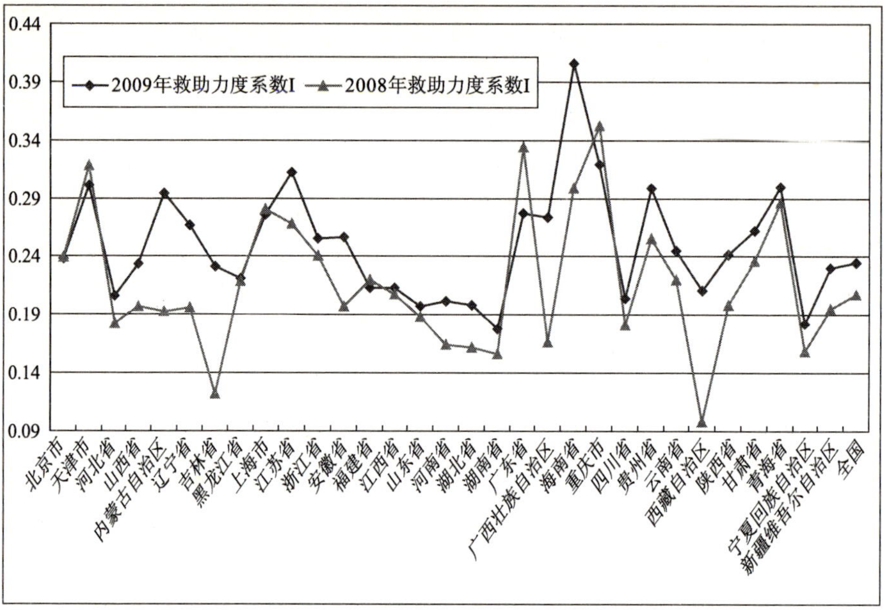

图5-10　2008年与2009年省级救助力度系数I比较

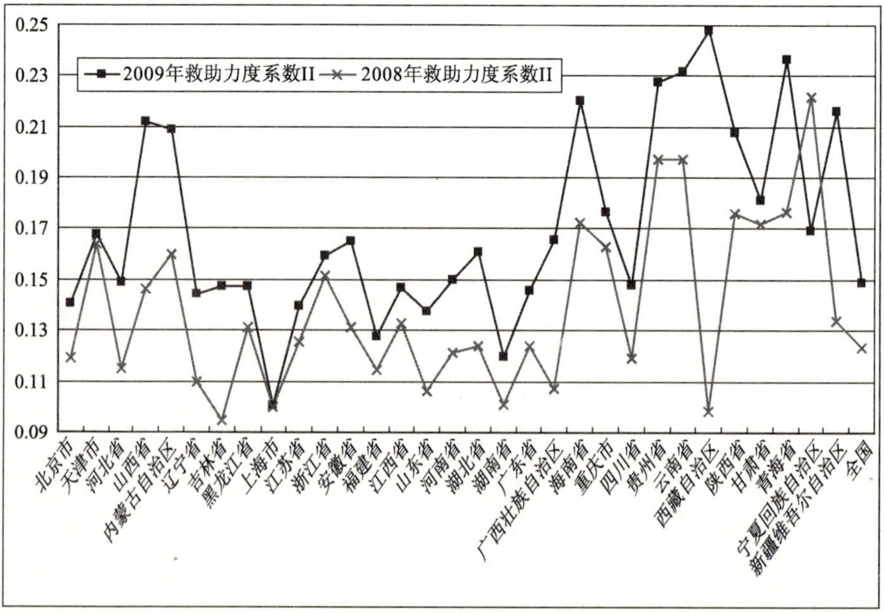

图5-11　2008年与2009年省级救助力度系数II比较

（2）基于农村低保生活消费救助系数的分析。这里引入农村低保生活消费救助系数，以考察低保对于生活消费的保障水平及其减贫效果。

农村低保生活消费救助系数Ⅰ——（γ_t）：$\gamma_t = \frac{A_t}{C_t}$　（3）

其中，γ_t 是第 t 期生活消费救助系数Ⅰ；A_t 是第 t 期农村名义低保标准；C_t 是该省份第 t 年农村人均生活消费支出。

农村低保生活消费救助系数Ⅱ——（$\gamma°_t$）：$\gamma°_t = \frac{A°_t}{C_t}$　（4）

其中，$\gamma°_t$ 是第 t 期生活消费救助系数Ⅱ；$A°_t$ 是第 t 期农村低保人均补助水平，即农村低保人口实际平均领取的金额；C_t 是该省份第 t 年农村人均生活消费支出。

农村低保生活消费救助系数Ⅰ和Ⅱ分别反映了各省级政府对农村低保人口生活消费的名义和实际救助力度。

测算的结果如图 5－12 所示。

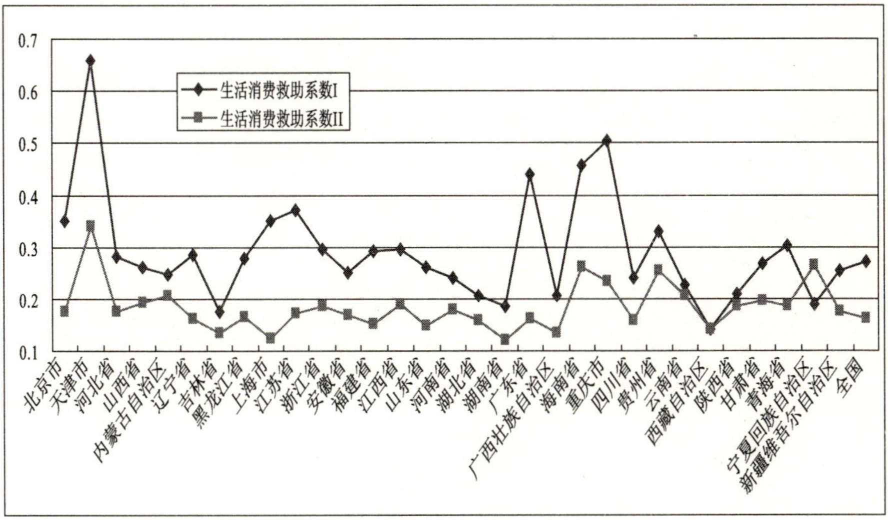

图 5－12　农村低保生活消费救助系数

如表 5－10 所示，农村低保生活消费救助系数Ⅰ（γ_t）最低为0.141 844 616（西藏），最高为 0.657 714 296（天津），平均为 0.269 785 941。这表明，各地的低保线约等于当地农村人均生活消费支出的 14.2%～65.8%，平均为 27%。

农村低保生活消费救助系数Ⅱ（γ°_{t}）最低为0.119 843（湖南），最高为0.338 785（天津），平均为0.160 626。这表明，各地的低保人均补差数额约等于当地农村人均生活消费支出的12%～34%，平均为16.1%。

表5-10 农村低保生活消费救助系数

2008年	低保省级标准（元）	月人均补差补助（元）	人均生活消费支出（元）	月人均生活消费支出（元）	生活消费救助系数Ⅰ（γ_t）	生活消费救助系数Ⅱ（γ°_{t}）
北京市	212.18	106	7 284.65	607.05	0.349 523 999	0.174 614
天津市	209.67	108	3 825.43	318.79	0.657 714 296	0.338 785
河北省	72.99	46	3 125.55	260.46	0.280 232 279	0.176 609
山西省	67.50	50	3 097.54	258.13	0.261 497 834	0.193 702
内蒙古自治区	74.65	62	3 618.11	301.51	0.247 587 829	0.205 632
辽宁省	90.91	51	3 814.03	317.84	0.286 028 164	0.160 46
吉林省	50.26	39	3 443.24	286.94	0.175 160 605	0.135 918
黑龙江省	88.70	53	3 844.73	320.39	0.276 846 489	0.165 421
上海市	266.84	95	9 119.67	759.97	0.351 117 968	0.125 005
江苏省	164.18	77	5 328.37	444.03	0.369 749 098	0.173 411
浙江省	185.26	117	7 534.09	627.84	0.295 074 787	0.186 353
安徽省	69.11	46	3 284.11	273.68	0.252 525 037	0.168 082
福建省	113.36	59	4 661.94	388.5	0.291 792 687	0.151 868
江西省	81.38	52	3 309.21	275.77	0.295 103 665	0.188 565
山东省	88.65	50	4 077.05	339.75	0.260 923 952	0.147 165
河南省	61.12	45	3 044.21	253.68	0.240 929 502	0.177 386
湖北省	62.85	48	3 652.57	304.38	0.206 484 749	0.157 697
湖南省	58.84	38	3 804.97	317.08	0.185 567 823	0.119 843
广东省	178.02	66	4 872.46	406.04	0.438 431 511	0.162 546
广西壮族自治区	51.22	33	2 985.03	248.75	0.205 907 478	0.132 662
海南省	109.29	63	2 883.1	240.26	0.454 885 366	0.262 218

续表

2008 年	低保省级标准（元）	月人均补差补助（元）	人均生活消费支出（元）	月人均生活消费支出（元）	生活消费救助系数 I（γ_t）	生活消费救助系数 II（γ°_t）
重庆市	120.94	56	2 884.92	240.41	0.503 057 277	0.232 935
四川省	62.40	41	3 127.94	260.66	0.239 390 781	0.157 292
贵州省	59.45	46	2 165.7	180.48	0.329 408 505	0.254 883
云南省	56.75	51	2 990.61	249.22	0.227 712 741	0.204 641
西藏自治区	26.00	26	2 199.59	183.3	0.141 844 616	0.141 845
陕西省	51.85	46	2 979.37	248.28	0.208 836 096	0.185 274
甘肃省	53.59	39	2 400.95	200.08	0.267 843 978	0.194 923
青海省	73.08	45	2 896.62	241.39	0.302 752 864	0.186 424
宁夏回族自治区	48.64	68	3 094.86	257.91	0.188 596 576	0.263 663
新疆维吾尔自治区	56.98	39	2 691.79	224.32	0.254 016 844	0.173 862
全国	82.30	49	3 660.68	305.06	0.269 785 941	0.160 626

（3）基于农村低保食品消费救助系数的分析。这里引入农村低保食品消费救助系数，以考察低保对于食品消费的保障水平及其减贫效果。

农村低保食品消费救助系数 I——（η_t）：$\eta_t = \dfrac{A_t}{F_t}$　　(5)

其中，η_t 是第 t 期食品消费救助系数 I；A_t 是第 t 期农村名义低保标准；F_t 是该省份第 t 年农村人均食品消费支出。

农村低保食品消费救助系数 II——（η°_t）：$\eta^\circ_t = \dfrac{A^\circ_t}{F_t}$　　(6)

其中，η°_t 是第 t 期食品消费救助系数 II；A°_t 是第 t 期农村低保人均补助水平，即农村低保人口实际平均领取的金额；F_t 是该省份第 t 年农村人均食品消费支出。

农村低保食品消费救助系数 I 和 II 分别反映了各省级政府对农村低保人口食品消费的名义和实际救助力度。

测算的结果如图 5－13 所示。

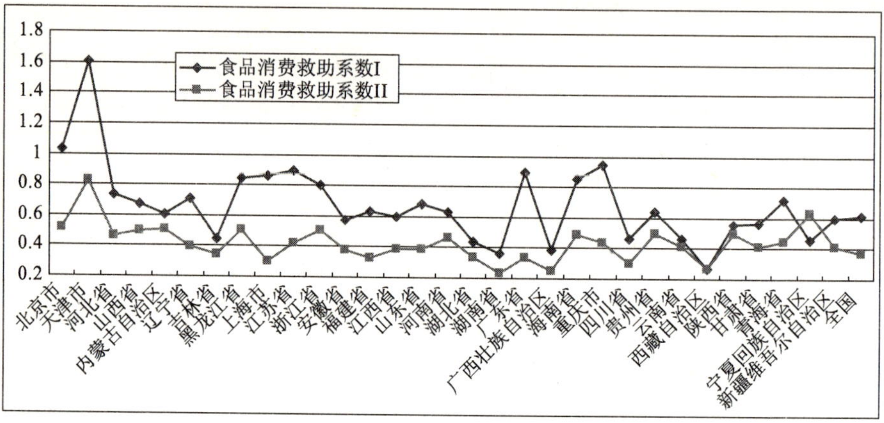

图 5-13　农村低保食品消费救助系数

如表 5-11 所示，农村低保食品消费救助系数 I（η_t）最低为 0. 270 51（西藏），最高为 1. 603 65（天津），平均为 0. 617 73。这表明，各地的低保线约等于当地农村人均食品消费支出的 27%～160%，平均为 61. 8%。

农村低保食品消费救助系数 II（η°_t）最低为 0. 234 14（湖南），最高为 0. 826 03（天津），平均为 0. 367 79。这表明，各地的低保人均补差数额约等于当地农村人均食品消费支出的 23. 4%～82. 6%，平均为 36. 8%。

表 5-11　农村低保食品消费救助系数

2008 年	低保省级标准（元）	月人均补差补助（元）	人均食品支出（元）	月人均食品支出（元）	食品消费救助系数 I（η_t）	食品消费救助系数 II（η°_t）
北京市	212. 18	106	2 470. 72	205. 89	1. 030 53	0. 514 83
天津市	209. 67	108	1 568. 95	130. 75	1. 603 65	0. 826 03
河北省	72. 99	46	1 192. 93	99. 41	0. 734 23	0. 462 73
山西省	67. 50	50	1 206. 69	100. 56	0. 671 26	0. 497 23
内蒙古自治区	74. 65	62	1 483. 61	123. 63	0. 603 8	0. 501 48
辽宁省	90. 91	51	1 549	129. 08	0. 704 27	0. 395 09
吉林省	50. 26	39	1 362. 44	113. 54	0. 442 68	0. 343 5
黑龙江省	88. 70	53	1 267. 68	105. 64	0. 839 64	0. 501 7
上海市	266. 84	95	3 731. 27	310. 94	0. 858 17	0. 305 53
江苏省	164. 18	77	2 202. 58	183. 55	0. 894 48	0. 419 51
浙江省	185. 26	117	2 779. 1	231. 59	0. 799 94	0. 505 2

续表

2008 年	低保省级标准（元）	月人均补差补助（元）	人均食品支出（元）	月人均食品支出（元）	食品消费救助系数Ⅰ（η_t）	食品消费救助系数Ⅱ（η°_t）
安徽省	69.11	46	1 454.18	121.18	0.570 3	0.379 6
福建省	113.36	59	2 162.3	180.19	0.629 11	0.327 43
江西省	81.38	52	1 633.12	136.09	0.597 97	0.382 09
山东省	88.65	50	1 551.77	129.31	0.685 54	0.386 66
河南省	61.12	45	1 165.81	97.15	0.629 12	0.463 2
湖北省	62.85	48	1 711.34	142.61	0.440 71	0.336 58
湖南省	58.84	38	1 947.52	162.29	0.362 55	0.234 14
广东省	178.02	66	2 388.91	199.08	0.894 23	0.331 53
广西壮族自治区	51.22	33	1 594.67	132.89	0.385 43	0.248 33
海南省	109.29	63	1 537.55	128.13	0.852 97	0.491 69
重庆市	120.94	56	1 537.59	128.13	0.943 87	0.437 05
四川省	62.40	41	1 627.58	135.63	0.460 07	0.302 29
贵州省	59.45	46	1 119.64	93.3	0.637 17	0.493 02
云南省	56.75	51	1 483.16	123.6	0.459 15	0.412 63
西藏自治区	26.00	26	1 153.37	96.11	0.270 51	0.270 51
陕西省	51.85	46	1 115.66	92.97	0.557 7	0.494 77
甘肃省	53.59	39	1 132.53	94.38	0.567 83	0.413 23
青海省	73.08	45	1 220.02	101.67	0.718 81	0.442 62
宁夏回族自治区	48.64	68	1 288.47	107.37	0.453	0.633 31
新疆维吾尔自治区	56.98	39	1 146.69	95.56	0.596 29	0.408 13
全国	82.30	49	1 598.75	133.23	0.617 73	0.367 79

综上所述，通过引入农村低保救助力度系数、农村低保生活消费救助系数以及农村低保食品消费救助系数，剔除各地经济水平的差异性，研究发现低保标准及其人均补助水平相对于农村居民的人均纯收入、生活消费支出以及食品消费支出等普遍较低。这表明，低保的保障水平相对有限，这也弱化了其减贫的效果。

3. 社会救助计划的横向公平性较差，不利于经济不发达地区的减贫

作为社会政策的一部分，社会救助政策的核心价值观是公平，因此，

对社会救助政策减贫绩效进行评估，一个重要的方面就是看其是否达到了公平。公共服务公平性的衡量办法可有若干种，其中之一便是“横向公平性”。根据尼古拉斯·巴尔（Nicholas Barr）在其经典著作《The Economics of the Welfare State》中的阐述，所谓“横向公平”包含两层含义：一是指一个社会对于人民生活与发展所必需的某些物品和服务，例如，食品、卫生、医疗、住房和教育等，设立最低提供标准；二是指民众至少可在最低标准下平等地获取这些物品和服务（Barr，1998）。将这一标准应用于社会救助领域，其含义是让不同地区处境相同的贫困人群拥有大体相同的生活救助，尤其是最低生活保障。

研究发现，农村社会救助的受益水平不仅普遍较低，而且在地区之间很不平衡，其保障水平某种程度上与需求的关联度很小，却与地方财政能力密切相关。

以农村最低生活保障为例，省级低保标准及其人均补差水平与当地的人均财政收入呈现高度线性相关关系（参见图 5－14、图 5－15）。

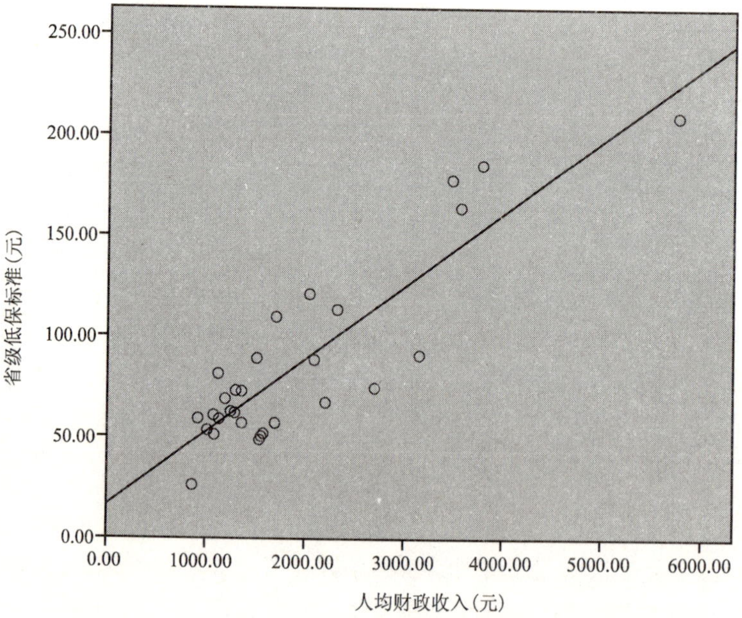

图 5－14 省级低保标准与人均财政收入的散点图（2008 年）

注：这里剔除了两个异常值，即北京和上海。

$$\text{省级低保标准} = 16.366 + 0.036 \times \text{人均财政收入}$$

$$R^2 = 0.780 \ (2.006) \ (9.787)$$

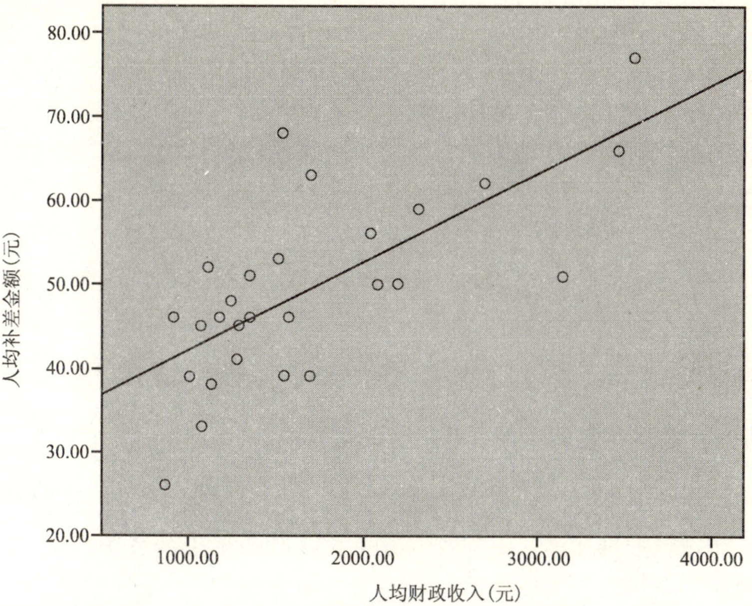

图 5－15　人均补差金额与人均财政收入的散点图（2008 年）

注：这里剔除了四个异常值，分别是北京、天津、上海和浙江。

$$人均补差金额 = 31.432 + 0.011 \times 人均财政收入$$

$$R^2 = 0.505\ (8.069)\ (5.047)$$

显然，上述情况违背了公共服务的“横向公平”原则。其原因在于，除灾害救济外，中央财政对于农村社会救助项目的投入微乎其微，这些项目高度依赖地方筹资，从而导致了两个结果：第一个结果是，随着近年来地方财税体制的改革，特别是随着地方性收费和农业税的减少以至最终被废除，地方政府收入以及与此相连的地方政府对社会救助项目的投入能力大幅度下降。从原则上讲，这种投入上的缺口应该由更高一级的政府通过更大力度的资金转移支付给予填补。但是，迄今为止的情形并非如此，特别是这个资金缺口没有足够且均等地给予填补。由此也导致了第二个相关结果，即人均社会救助支出与地方财政水平高度相关，财政水平的区域不平等导致社会救助的支出出现了巨大差异。

因此，农村社会救助制度的筹资横向公平性亟待加强，让各地贫困人群能大体平等地享受到社会安全网的保护。中央政府要在农村社会安全网的构建中扮演一定程度的筹资人角色，这有助于拉平各地的筹资差异，从而更有效地推进筹资横向公平的实现。

因此，建议改革我国的公共财政体系，建立中央调剂金制度，以确保在推行农村低保制度时能够给予需要低保的地区以适当的中央财政补助，使这些地方有能力推行该制度，让低保真正普惠于农村民众。唯有如此，才能最大限度地提高制度的筹资横向公平性，真正让广大农村的贫困民众获得相对公平的社会保障水平。这样，各地低保标准及其人均补助水平就能根据需要合理确定，使其更少受当地财政能力的影响，更多反映不同地区社会救助的需要。

三、医疗和健康保障制度的减贫效应

（一）医疗和健康保障制度发展综述

20世纪90年代以来，我国农村居民的医疗保健支出迅速增长。医疗服务费用增长速度超过了人均收入的增长，医药卫生消费支出已经成为仅次于家庭食物、教育支出的第三大消费。医疗费用的上涨已对农民的医疗需求构成严重的障碍，许多地区的乡镇和村医疗机构普遍存在着利用率不高的状况，农民应就诊未就诊、应住院未住院的现象相当普遍。第三次全国卫生服务调查结果显示：调查地区农村两周就诊率（调查居民中两周内就诊人次数与调查总人数之比）为139.2‰，与1998年调查结果相比下降了15.4%。农村患者未就诊比例为45.8%，医生诊断应该住院治疗的患者而没有住院的比例为30.3%。未采取任何治疗措施的门诊患者中，38.2%是由于经济困难；应该住院而未住院患者中，70.0%是由于经济困难[①]。更为严重的是，由于危重病往往会造成高额的医疗费用支出，以至于超出家庭自身的承受能力，因此农民不得不通过其他途径如借债、变卖家庭财产等方式支付医疗费用，使家庭陷入贫困或贫困的程度进一步加重。

事实上，疾病和贫困是一对孪生兄弟。从理论上说，疾病主要从收入和消费这两方面影响一个家庭的经济状况。首先在收入方面，一个家庭中患病的成员多了会减少有劳动能力人口的数量，使实际就业的成员减少，失业的成员增多，从而降低家庭人均收入水平。其次在消费方面，患病的家庭成员会增加整个家庭的医药费支出，尤其是家有患重大疾病以及长期慢性病成员的贫困家庭不得不压缩某些非必要性支出，甚至减少食物等必

---

① 卫生部：《中国卫生统计年鉴（2005）》，中国协和医科大学出版社，2005年版。

要性支出，以应对高额的医药费用，这必然会降低整个家庭的生活质量。有些贫困家庭即使这样做，医药费也会超出其支付能力，这时患病成员多会选择置疾病于不顾，不到医院就诊或住院。对于仍处于劳动年龄的患病成员来说，有病不治将长期影响他们的就业，使整个家庭持续陷于贫困。对于超过劳动年龄的患病成员来说，不采取治疗则必须忍受疾病带来的痛苦。实证研究也表明，患病因素对贫困家庭的就业和消费都有负面影响，即疾病既会造成收入性贫困，同时也会造成支出性贫困，两者的综合效应就是我们通常所强调的“因病致贫”①。

在2003年国家卫生服务调查中，30%的贫困家庭说医疗费用是造成他们贫困的原因。在贫困人群中，医疗支出是家庭各项支出中最大的一项。一些省份的调查也同样证明了这一点。如1998年河南省8个县的调查结果显示，因疾病致贫的比例是31.2%②。到2003年，河南省新型农村合作医疗试点县基线调查表明，因病致贫占全部贫困家庭的比例提高到39.25%③。山西省因病致贫的比例则高达53.20%④。这些都说明疾病对农村家庭贫困的影响在逐年加重。

图5－16反映了个人支付医疗费用对两个贫困指标的影响⑤。这两个指标分别是“贫困人口比例”和“贫困缺口”，它们都是反映贫困程度的基本指标。“贫困人口比例”指生活在贫困线以下的家庭数（或人口数）占总家庭数（总人口数）的百分比。“贫困缺口”指要把贫困线以下的家庭移到贫困线以上所需要增加的收入的总量。如图所示，纵轴的数值表示各类家庭在医疗费用支付前和支付后的收入，我们按照医疗费用支付前的家庭收入从低到高的顺序把各家庭排列在横轴上（单位:%）。“队列线”（曲线）和“贫困线”（直线）的交点代表的数值为生活在贫困线以下的家庭的百分比，也即“贫困人口比例”。“贫困线”以下而“队列线”以上的区域（即贫困线到曲线的封闭区域）代表“贫困缺口”。可以看出，

① 褚亮：《贫困人口医疗救助的经济学分析》，复旦大学2009年博士学位论文。

② 史元峰、朱洪彪、朱伟等：《河南省农村家庭卫生服务研究报告》，《中国农村卫生事业管理》，1999年第19期，第8页。

③ 田庆丰、张智民、王耀平、时松和、戴能光、武红：《河南省新型农村合作医疗试点县基线调查研究》，《中国卫生经济》，2005年第24期，第4页。

④ 韩颖、郑建中、覃凯：《山西省卫IV项目地区农民因病致贫研究》，《山西医科大学学报》，2003年第3期，第3页。

⑤ 刘远立、饶克勤、胡善联：《论建立中国农村健康保障制度之必要性和相关的政策问题》，中国农村基本保障问题国际研讨会，2001年7月9～10日。

在医疗费用支付前的“贫困人口比例”是 H_0，“贫困缺口”对应的是区域 A。假定贫困线是不变的，那么，支付医疗费用后，“贫困人口比例”是 H_1，“贫困缺口”则相当于$A+B+C$的区域。面积 B 表示原来就处于贫困线以下的家庭在支付医疗费用后导致其贫困程度进一步加深的程度。面积 C 表示支付医疗费用以前生活在贫困线以上，而支付了医疗费用以后处在贫困线以下的那部分家庭所带来的新的“贫困缺口”。

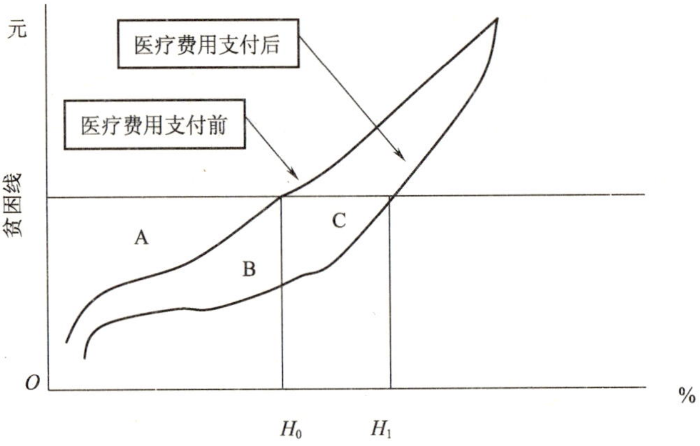

图 5－16　Pen 队列显示个人支付医疗费用对“贫困人口比例”和“贫困缺口”的影响

资料来源：刘远立，饶克勤，胡善联：《论建立中国农村健康保障制度之必要性及相关的政策问题》，研究报告，2001 年。

图 5－17 反映了医疗费用的支付对不同农村地区的贫困家庭比例的影响。医疗费用支付以前，全国农村“贫困人口比例”的平均水平是 7.22%，支付医疗费用后使贫困人口比例提高了 3.26 个百分点。换句话说，支付医疗费用以后使生活在贫困线以下的家庭数增加了 45.15%。其中，对于第四类农村，支付医疗费用后所增加的百分比是最多的，增幅达到了 4.4%，使总的贫困人口比例增加到了 29.4%。同样，医疗费用的支付对贫困缺口的影响也是很大的。从全国平均水平来看，疾病所导致的贫困使得贫困缺口增长了大约 146.6%。如表 5－12 所示，一、二、三类地区医疗费用导致贫困缺口在 1998 年增长了 200% 以上。1993～1998 年，由于家庭的收入增长使得家庭的贫困率和贫困人口比例下降，但是，医疗费用对贫困的相对影响度却增加了。比如，因支付医疗费用而生活在贫困线以下的家庭数占生活在贫困线以下的家庭总数的 26.4%。但是，到 1998

年，这个数字已经增加到了43.1%。

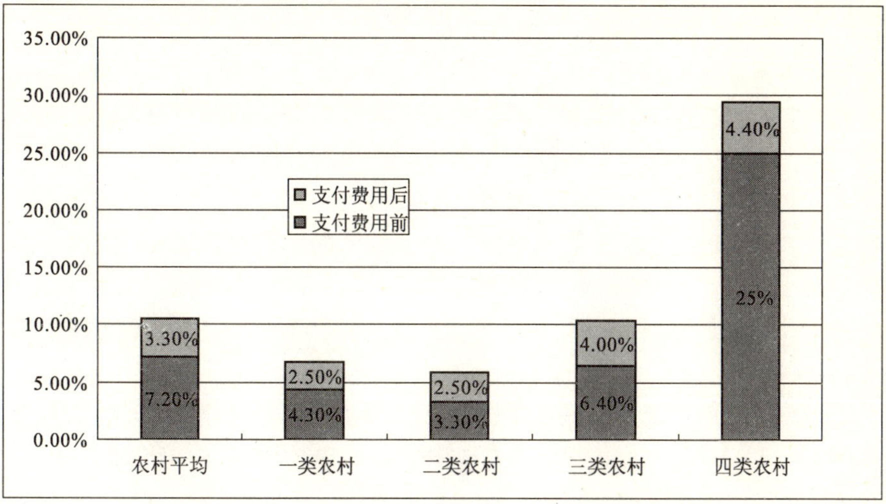

图5-17　支付医疗费用前后的"贫困人口比例"

资料来源：刘远立、饶克勤、胡善联：《论建立中国农村健康保障制度之必要性及相关的政策问题》，研究报告，2001年。

表5-12　支付医疗费用前后"贫困人口比例"（1998年）

项目	农村平均		一类农村		二类农村		三类农村		四类农村	
	1993年	1998年	1993年	1998年	1993年	1998年	1993年	1998年	1993年	1998年
A（%）	23.26	7.22	14.01	4.28	17.59	3.26	26.26	6.4	49.01	24.99
B（%）	6.14	3.26	4.92	2.53	6.14	2.45	7.66	4.04	4.53	4.42
C（%）	26.4	43.15	33.12	59.11	34.91	73.15	29.17	63.13	9.24	17.69
D（元）	3 260 487	3 381 577	729 871	670 245	1 162 863	745 181	120 916	1 238 654	427 392	460 176
E（%）	83.83	146.6	117.2	244.3	118.4	237.0	87.83	224.7	30.86	36.94

A：贫困率；B：由于支付医疗费用导致的"贫困人口比例"增加；C：因病致贫家庭占全部贫困家庭的百分比；D：支付医疗费用导致的"贫困缺口"增加；E：支付医疗费用导致的"贫困缺口"增长率。

资料来源：卫生部．国家卫生服务调查，1993年、1998年；刘远立、饶克勤、胡善联：《论建立中国农村健康保障制度之必要性及相关的政策问题》，研究报告，2001年。

世界银行（2005）的研究指出，中国遭受大病医疗支出（定义为总额占非食品消费支出25%或40%以上的支出）的人口比例比亚洲地区其他任何一个国家（地区）都高。而且，与其他国家（地区）相比，中国遭遇大病医疗支出的家庭一般都是贫困家庭①。

因此，从贫困定义的消费角度看，“因病致贫”的罪魁祸首是大病风险，贫困农户在大病冲击以后，要花将近8年的时间才能恢复到大病前的消费水平；从贫困定义的收入角度看，贫困农户要花将近10年的时间才能恢复到大病前的生产经营投入水平，对于收入的影响也将会是长远的。这样的提法尚未对人力资本的损失加以估算，可见减轻大病风险是关乎我国实现“中国战胜农村贫困”长远规划的关键之所在②。中国农村健康保障体系在财务（风险）保障方面还面临很大的挑战。

与医疗费用的快速上涨形成鲜明对比的是，曾经有效减轻了农民疾病经济负担的医疗保障制度——合作医疗——却随着农村经济体制改革迅速瓦解，覆盖率不断下降。这样，在大多数地区，农民几乎要完全承担疾病带来的一切损失，家庭和人际关系网络则成为抵御疾病风险的最重要屏障。在农民收入水平增长趋缓而医疗费用迅速上涨的情况下，价格已经对农民的医疗需求构成了严重的障碍，农村健康保障制度的空白则进一步降低了医疗保健服务的可得性③。这是造成农村医疗卫生供给不断增加，而医疗服务利用率却难以同步提高的重要原因。

随着农村健康贫困问题的凸显，决策部门已经认识到建立农村健康保障制度、改善医疗服务可得性的必要性和紧迫性。近年来决策部门的主要政策方向是寄希望于发展合作医疗制度，提高合作医疗覆盖率。2002年，中共中央、国务院在《关于进一步加强农村卫生工作的决定》中提出，要逐步建立新型农村合作医疗制度，政府对农村合作医疗给予支持。2003年，国务院转发了卫生部、财政部、农业部《关于建立新型农村合作医疗制度的意见》，开始新型农村合作医疗制度试点。2006年，卫生部等7部委《关于加快推进新型农村合作医疗试点工作的通知》要求扩大新型农村

---

① 世界银行：《中国卫生系统——为什么改革势在必行》，《中国农村医疗简报系列》，2005年第4期。

② 姚洋、高梦滔、海闻：《“大病”风险对于农户的影响分析——“健康风险对中国农村地区家庭收入与消费的影响研究》，课题报告之三，2003年。

③ 可得性是指消费者尤其是低收入者有能力购买这些服务。与之相联系的概念是可及性，指消费者能够方便地获得质量可靠的服务。

合作医疗试点面——2006 年，使全国试点县（市、区）数量达到全国县（市、区）总数的 40% 左右；2007 年扩大到 60% 左右；2008 年在全国基本推行；2010 年实现新型农村合作医疗制度基本覆盖农村居民的目标。同时，加大中央和地方财政的支持力度。

截至 2009 年年底，全国有 2 716 个县（区、市）开展了新型农村合作医疗，参合人口数达 8.33 亿人，比上年增加 1 800 万人；参合率为 94.0%，比上年增加 2.5 个百分点。

2009 年度筹资总额达 944.4 亿元，人均筹资 113.4 元。全国新农合基金支出 922.9 亿元；补偿支出受益 7.6 亿人次，其中：住院补偿 0.6 亿人次，门诊补偿 6.7 亿人次（参见表 5－13）。

表 5－13　新型农村合作医疗情况

指标	2004 年	2005 年	2006 年	2007 年	2008 年	2009 年
开展新农合县（区、市）数	333	678	1 451	2 451	2 729	2 716
参合人口数（亿人）	0.80	1.79	4.10	7.26	8.15	8.33
参合率（%）	75.2	75.7	80.7	86.2	91.5	94.0
当年筹资总额（亿元）	40.3	75.4	213.6	428.0	785.0	944.4
人均筹资（元）	50.4	42.1	52.1	58.9	96.3	113.4
当年基金支出（亿元）	26.4	61.8	155.8	346.6	662.0	922.9
补偿受益人次（亿人次）	0.76	1.22	2.72	4.53	5.85	7.59

注：2009 年全国开展新农合县（区、市）数减少 13 个，原因为这 13 个县（区、市）城乡居民已统一实行居民基本医疗保险。

资料来源：卫生部：《2010 中国卫生统计提要》。

（二）医疗和健康保障制度对减贫的效应

1. 风险分担、财务保障和卫生服务利用的增加有利于降低贫困

很多研究都表明，合作医疗在分担疾病风险，提供财务保障方面发挥了一定的作用，参合农民抵御大病经济风险的能力得到增强，风险分担和财务保障使得农民对卫生服务利用提高了。第四次国家卫生服务调查数据显示，农村居民医疗服务的需求及利用量增加。调查地区农村居民两周就诊率为 15.2%，比 2003 年略有增加（参见表 5－14）。调查地区农村居民年住院率为 6.8%，比 2003 年增加了近一倍

（参见表5－15）。

表5－14　农村居民两周就诊情况

指标	2008年	2003年
两周就诊率（‰）	151.9	139.2
男性	137.6	127.8
女性	166.6	151.0
两周新发未就诊比例（%）	35.6	41.9
男性	35.7	41.2
女性	35.4	42.7

资料来源：卫生部：2003年、2008年《国家卫生服务调查》。

表5－15　农村居民住院情况

指标	2008年	2003年
住院率（‰）	67.5	33.8
男性	58.5	28.6
女性	76.7	39.3
平均住院天数（天）	10.1	10.2

资料来源：卫生部：2003年、2008年《国家卫生服务调查》。

同时，农村居民未利用医疗服务的比例下降。调查地区农村两周新发病例未就诊比例为35.6%，比2003年下降了6个多百分点。农村居民经医生诊断需住院而未住院的比例20%，与2003年调查相比，出现下降趋势。住院病人中，36.8%的病人是自己要求出院的，比2003年下降了6.5个百分点。在自己要求出院的病人中，因经济困难或花费太多而要求出院的病人占54.5%，比2003年减少了9.4个百分点，该情况的改善主要发生在农村地区。

农村居民对卫生服务利用的增加还表现为乡镇卫生院的诊疗人次、入院人数、病床周转次数以及病床使用率等指标都有较大幅度的提高（参见表5－16）。

表 5-16　乡镇卫生院医疗服务及病床使用情况

年份	诊疗人次（亿次）	入院人数（万人）	病床周转次数（次）	病床使用率（%）	平均住院日（日）
2002	7.10	1 625	28.0	34.7	4.0
2003	6.91	1 608	28.1	36.2	4.2
2004	6.81	1 599	27.0	37.1	4.4
2005	6.79	1 622	25.8	37.7	4.6
2006	7.01	1 836	28.8	39.4	4.6
2007	7.59	2 662	36.7	48.4	4.8
2008	8.27	3 313	42.0	55.8	4.4
2009	8.77	3 808	42.9	60.7	4.8

资料来源：卫生部：《2010 中国卫生统计提要》。

医疗服务利用的增加表明“有病不医”状况正在改善。究其原因，主要是农村医疗保障制度覆盖面增加、住院补偿比例提高和门诊统筹试点等医保制度的不断完善，加上不断提高的居民收入水平等原因，原来受到压抑的医疗需求得到了部分释放，医疗服务利用相应增加。

调查显示，农村居民医疗保险覆盖面增加。农村地区，拥有各种社会医疗保险人口的比例达到92.5%，89.7%的调查居民参加了新型农村合作医疗、2.9%拥有其他社会医疗保险。

随着新型农村合作医疗投入的增加，农村居民医疗费用补偿水平得到提高。新型农村合作医疗制度覆盖的居民中，有33.5%的门诊患者得到报销或从家庭账户中支付，65.6%的门诊患者需完全自付医药费用；有85.3%的住院患者的医疗费用得到报销，获报销费用占其住院总费用的34.6%。

同时，医疗费用过快增长趋势得到初步控制。调查发现，农村居民医疗费用的增长速度明显减缓，其增长幅度远低于同期GDP和城乡居民收入的增长。2008年，农村次均就诊费用为128元，次均住院费用为3 685元。按可比价计算，2003~2008年年均就诊平均费用增长3.9%、住院平均费用增长3.6%，明显低于1998~2003年的14.8%和12.2%的增长速度（参见表5-17）①。

① 卫生部统计信息中心：《2009年我国卫生事业发展统计公报》，http://www.moh.gov.cn/publicfiles/business/htmlfiles/zwgkzt/pgb/201006/47783.htm，访问时间：2010年7月22日。

表5－17　居民门诊、住院次均费用及变化情况

	次均就诊费用	次均住院费用
1998 年实际费用（元）	46	1 526
2003 年可比价（元）	93	2 708
2008 年可比价（元）	112	3 238
1998～2003 年年均增长（%）	14.8	12.2
2003～2008 年年均增长（%）	3.9	3.6

资料来源：卫生部：2003 年、2008 年《国家卫生服务调查》。

但医疗费用增长控制的基础仍然非常薄弱。2009 年，乡镇卫生院住院病人人均医药费用 897.2 元，比上年增加 106.4 元，增长 13.5%。

新农合提高了农民对于卫生服务的利用率①，这显然有利于减少由于疾病造成的贫困。事实上，由于医疗救助项目致力于为贫困家庭负担缴费②，贫困家庭对于合作医疗的参与率一直较高。这也使得很多贫困家庭的医疗费用得到部分补偿，从而在一定程度上实现了疾病风险的分担，降低了疾病风险造成贫困的概率。

综上所述，新农合制度实施地区与非新农合地区相比，卫生服务利用和费用的公平性有所改善，这表明新农合制度在一定程度上已经发挥了利贫作用③。但由于新农合的整体筹资水平较低，费用补偿水平较低，实际提供的保障程度相对有限，这也使得新型合作医疗制度在提高医疗服务的使用方面只能算是相对成功的，在通过降低直接支付的医疗开支来扶贫这方面却不尽成功。世界银行的研究表明，在很多情况下，部分是由于更多地使用了医疗服务，直接医疗开支还有所上升④。

① 需要注意的是，上述有些评价合作医疗绩效的方法存在缺陷，特别是参与计划的成员并不是随机的。由于存在逆选择，患病风险高和卫生服务利用率高的人更可能倾向于参加合作医疗。因此，参加合作医疗对卫生服务利用率和自行支付的影响就不能简单地通过抽样的参加人员和非参加人员的平均数来确定。这种衡量方法的结果是偏倚的，可能会夸大合作医疗对利用率的影响。这些人即便不参加合作医疗，其对卫生服务的利用率也会更高。

② 2009 年，民政部门的医疗救助制度资助参加合作医疗 4 059.1 万人次，人均资助参合水平 25.9 元。

③ 车刚、赵涛：《新型农村合作医疗对农村居民卫生服务利用公平性的影响研究》，《卫生软科学》，2007 年第 21（1）期，第 1～4 页。

④ World Bank（2006）. Health Reform in Rural China：Where Next? World Bank，Washington DC.

因此，要发挥农村医疗和健康保障制度对于减贫的效应，还有赖于保障水平的提高以及医疗费用的有效控制。

2. 社会包容与受益的公平性存在的问题制约了减贫的效应

新农合要有效发挥减贫效应，必须使贫困农民都进入新农合制度中，从而享受新农合可能带来的保障效益，并从制度中相对受益更多。但实际情况却并非如此。

一是新农合存在社会包容问题，即贫困人口并不能必然被纳入新农合制度中。孟庆跃等人的研究表明①，最低收入组居民参与率相对较低，这可能有多种因素，比如，缴费、新农合福利包设计和农村医疗救助资金使用等。虽然农村居民内部收入差距不像城乡差距那么大，但是，农村最低收入人群的支付能力非常有限，对资金支出更加谨慎，如果其他措施，如医疗救助资金不能帮助他们入保，可能影响其入保的积极性。此外，最低收入组人群可能对新农合带来的回报更加敏感，在新农合筹资水平和保障程度较低的情况下，也会影响其参合的可能性。

二是贫困人口在新农合制度中的受益存在不公平。合作医疗呈现“低缴费高共付率”的特征。低缴费能够提高农民参加的期望净收益，从而提高参加率，但与高收入者相比，低收入者对卫生服务价格的弹性更大。因此，高共付率更不利于低收入农民利用卫生服务。除了收入因素外，健康状况同样是决定农民是否参加的重要因素。健康状况较差意味着将来利用卫生服务的可能性大，因此，这类人群更愿意参加；而贫困农民的健康状况比相对富裕的农民的健康状况更差，因此，收入和健康的共同作用，使得这种“低缴费高共付率”形式的合作医疗对公平性的影响从理论上尚未确定。

汪宏等（2005）的研究表明，在“低缴费、高共付率”模式下，合作医疗受益存在着不公平性。富裕、健康状况好的农民比贫穷、健康状况差的农民从合作医疗中获得的净收益更大一些②。任苒等（2004）的研究表明，由于不同收入组的分布不均衡，卫生服务可及性和利用方面的公平性并没有得到真正的改善。低收入组农村居民的两周患病率、慢性病患病率等医疗需要指标在各个收入组人群中是最高的，低收入组人群的两周患病

① 孟庆跃、焦岩、于保荣、严非、汤胜蓝：《山东、宁夏新型农村合作医疗不同收入人群受益分布研究》，《中国卫生经济》，2008 年第 11 期。

② 汪宏、Winnie Yip、张里程、王禄生、萧庆伦：《中国农村合作医疗的受益公平性》，《中国卫生经济》，2005 年第 24（2）期。

未就诊率、应住院而未住院率指标在各个收入组人群中仍是最高的，这些在合作医疗干预后并没有得到改观[①]。

孟庆跃等人的研究表明[②]，进入到新农合制度的人群中，在卫生服务利用和费用等方面，各收入组居民出现了差异。总体上讲，高收入组参保居民利用了较为优质的卫生资源，并得到了较多的新农合资金补偿。这可能有两个方面的原因，即新农合保障程度较低和其他利贫政策的配套问题。由于筹资水平有限，新农合制度设置了较高的起付线、较高的共付比例和较低的封顶线，参保居民就诊仍然需要较大的自费支出。相对较高收入的居民，低收入群体即使入保，也面临着较高的疾病经济风险，也必然寻求更为低廉的服务。这将促使低收入居民更多地到基层卫生机构就诊，并且补偿比在一定费用段固定的情况下，他们将得到较少的新农合资金补偿。同时，由于其他利贫政策，特别是医疗救助资金有限以及与新农合制度衔接存在问题，入保的低收入人群难以得到新农合制度外的支持，也将影响新农合低收入组参保居民卫生服务利用和费用。

由于制度设计没有充分考虑到当前农民之间收入分层问题十分严重，与收入正相关的补偿机制引致了“穷人”补偿“富人”的逆向转移支付现象。代志明的研究也发现[③]，新型农村合作医疗虽然在促进农民对医疗服务的有效需求与利用方面起到一定的作用，但是，这种积极作用在不同收入农民群体之间的分布是极度不均衡的，也即不同收入组农民的受益程度是不平均的。具体表现为低收入农民的两周患病率及其对医疗服务需求最高，但其门诊就诊率及住院率却是最低的。与此相反，高收入农民群体在新型农村合作医疗实施后的就诊率尤其是住院率却大幅上升，这表明由于新型农村合作医疗补偿机制存在社会性歧视及自我歧视等问题，最终导致中低收入农民群体在新型农村合作医疗中处于实质性的不利地位。

可见，中国的合作医疗在风险分担与财务保障方面发挥了一定的作用，但在社会包容和受益的公平性方面存在很大的不足。这正是目前许多研究者和决策者关心和担忧的卫生政策问题，即究竟谁在合作医疗中受益

---

① 任苒、张琳：《中国农村地区合作医疗干预后不同收入组人群的医疗服务需要与利用》，《中国卫生经济》，2004 年第 23（2）期。

② 孟庆跃、焦岩、于保荣、严非、汤胜蓝：《山东、宁夏新型农村合作医疗不同收入人群受益分布研究》《中国卫生经济》，2008 年第 11 期。

③ 代志明：《新型农村合作医疗补偿机制歧视问题研究——以收入差异为视角》，《中国软科学》，2007 年第 2 期。

最大。无论是医疗需要的垂直公平，还是卫生筹资的垂直公平，都应该使低收入组受益最大。因为，他们是健康需要最高的人群，也是筹资能力最弱的人群。如果新型合作医疗体系不能保证最需要的人群从中更多获益，并且难以达成公平目标，这种状况又不能尽快改善的话，将会影响相当一部分农村居民（最具有因病致贫后顾之忧的那部分）参加合作医疗的积极性，最终影响合作医疗的可持续性和公平性。这也影响了其对于减贫效应的发挥。

因此，要发挥新农合的减贫效应，要有目标地支持农村贫困居民，建立更为完善的农村医疗保障体系，这是解决农村弱势人群疾病经济负担和卫生服务可及性的更为根本性的措施。

具体的政策包括：一是改进新农合的制度设计。要建立合理的“新农合”补偿模式，降低住院补偿共付率，减少家庭自付比率。从服务利用的公平性来看，参合的贫困人群对于基层服务的利用往往最多，向基层的报销倾斜，有利于减少卫生服务利用中的“穷人”补贴“富人”的现象。二是在发展和建设健康保障制度的同时，同步完善医疗救助制度；加快新型农村合作医疗与医疗救助制度的衔接进度，加大对低收入人群医疗救助的力度和救助范围，改善受益公平性。三是增加政府对低收入农户的补贴，将政府补贴更多投向低收入农民。政府不仅应该将补贴投向贫困地区，而且更应该直接补贴给贫困地区的贫困农民。一方面以保费的形式补贴他们参加合作医疗；另一方面，应降低他们利用卫生服务的共付率。

四、老年保障制度的减贫效应

（一）老年保障制度发展综述

由于农村向城市流动的人口年龄较轻，大规模劳动力流动的结果导致农村的老龄化问题比城市更加严重。数据显示，2000 年按照常住人口普查，乡村年龄在 65 岁及以上人口的比例达到 8.1%，已经高于镇（6.0%）和城市（6.7%）的老龄化比率，农村比城市存在更严重的老龄化问题。

同时，由于农村人口基数大，老年人口的数量更是远远高于城市。随着城市化进程的加快，大量年轻的农村劳动力将继续流入城镇，未来这一趋势还将继续。根据曾毅（2001）的研究，2020 年中国农村、城镇 65 岁及以上老年人口比例将分别为 14.6% 和 10.4%，2050 年将分别为 26.4%

和22.2%①。同时，农村老年人口的贫困发生率和贫困老年人口的数量也远远高于城市（参见表5－18）②。

表5－18 老年贫困相关研究

		王德文、张恺悌（2005年）	全国城乡贫困老年人状况调查研究课题组（2003年）	于学军（2003年）	乔晓春等（2005年）
老年贫困人口数量（万人）	城市	185～246	150	932～1 264	
	农村	736～922	860	3 222～3 354	
	全国	921～1 168	1 010	3 853（恩格尔系数法）；4 487（国际贫困线标准法）4 285（主观感觉法）	2 274.8
贫困发生率（%）	城市	4.2～5.5		21～30	15
	农村	8.6～10.8		27～39	18.8
	全国平均	7.1～9.0		28～35	17.5

资料来源：于学军：《老年人口贫困问题研究》，载中国老龄科学研究中心编著《中国城乡老年人口状况一次性抽样调查数据分析》，中国标准出版社，2003年版；王德文、张恺悌：《中国老年人口的生活状况与贫困发生率估计》，《中国人口科学》2005年第1期；全国城乡贫困老年人状况调查研究课题组：《全国城乡贫困老年人状况调查研究项目总报告》（未公开发表），2003年1月；乔晓春、张恺悌、孙陆军、张玲：《对中国老年贫困人口的估计》，《人口研究》，2005年第2期。

另外，中国典型的城乡二元经济结构导致城乡居民收入差距很大，这也是导致农村人口“未富先老”问题更加严重的重要因素之一。因此，农村人口应对老年化挑战的基础更加薄弱。

因此，从政策角度看，防治老年贫困的政策应该对目前已陷入贫困或处于贫困边缘的老年人口提供收入扶持，同时防止未来产生新的老年贫困人口。其中重要的政策选择就是建立农村养老保险。

1986年，“全国农村基层社会保障工作座谈会”召开后，一些经济较发达的地区开始了农村社会养老保险制度的试点。1991年6月，民政部农

① 曾毅：《中国人口老龄化的“二高三大”特征及对策探讨》，《人口与经济》，2001年第1期。

② 于学军：《老年人口贫困问题研究》，载中国老龄科学研究中心编著《中国城乡老年人口状况一次性抽样调查数据分析》，中国标准出版社，2003年版。全国城乡贫困老年人状况调查研究课题组：《全国城乡贫困老年人状况调查研究项目总报告》（未公开发表），2003年第1期。王德文、张恺悌：《中国老年人口的生活状况与贫困发生率估计》，《中国人口科学》2005年第1期。乔晓春、张恺悌、孙陆军、张玲：《对中国老年贫困人口的估计》，《人口研究》，2005年第2期。

村养老办公室制定了《县级农村社会养老保险基本方案（试行）》，并从1992年1月3日起在全国公布实施。在经历了一个增长的起步期，并且参与人数上升至7 500万（占农村劳动力的16%）之后，由于缺乏财政补贴与投入、农村缴费能力有限、基金运营困难等原因，老农保渐失吸引力。1999年对这一制度进行了调整和紧缩，近年来其参与人数一直处于徘徊状态，大约为5 400万人，约占农村劳动力总数的10%~11%。农村养老体系的覆盖率很低，分布上集中在东部地区，覆盖对象主要是乡镇企业职工和农村的城镇人口。地区之间存在不平衡，在已开展养老保险工作的行政村中，东部地区占一半以上。如果用乡镇企业数比较，东部地区占2/3以上；用养老人数比较，东部地区占55.9%。因为缺少广东、天津的数据，否则，上述东部地区的比重会更大[①]。

领取农村养老金的人数仍十分有限，在2007年只有390万人，约为农村60岁及以上人口的4%（参见表5-19）。务农的老年人口的覆盖率尤其低。据2000年中国城乡老年人调查，在农村领取养老金的人口当中，超过60%具有非农业户口（中国老龄研究中心，2002）。受益人口的分布也高度集中于少数最富裕的省份。例如，在2002年，上海、江苏、浙江、山东和四川五个省市囊括了76%的受益人和接近90%的受益额。

表5-19　1997~2007年农村养老保险制度

	1997年	2002年	2003年	2004年	2005年	2006年	2007年
贡献者							
农村劳动力贡献人数（百万）	75.42	54.62	54.28	53.78	54.42	53.74	51.71
农村劳动力人数（百万）	462.34	485.27	489.71	496.95	503.87	510.89	518.00
农村劳动力贡献比例（%）	16.3	11.3	11.1	10.8	10.8	10.5	10.0
受益者							
受益者人数（百万）		1.23	1.98	2.05	3.02	3.551	3.92
农村60岁及以上老年人口数（百万）		86.07	87.61	89.34	92.37	92.98	93.60
得到养老金的农村老年人比例（%）		1.4	2.3	2.3	3.3	3.8	4.2

资料来源：国家统计局：《中国统计年鉴》和《中国人口统计年鉴》（历年）。

此外，保障水平低。在山东省平阴县调查时发现，农民多数都选择了

① 《中国老年贫困问题研究》课题组：《中国老年贫困人口：数量、成因与政策》，2005年。

保费最低的2元/月的投保档次，按民政部《农村社会养老保险交费领取计算表》计算，按此标准，农民缴费10年后，每月可以领取养老金4.7元，15年后每月可以领取9.9元，若再考虑管理费增加和银行利率下调或通货膨胀等因素，农民领到的钱可能会更少。平阴的情况在全国开展农村社会养老保险的地方具有普遍性，按1997年全国历年累计的8 200万农民投保的120亿元养老金计算，人均是146元，而这却是十年的累计结果。

2003年以后，各地开始了新型农村养老保险试点。2006年1月，劳动和社会保障部开始进行为期三年的试点，在八个县区创建新型的农村养老保险制度，到2007年年底有5 000多万农民参保。党的十七届三中全会通过的《关于推进农村改革发展若干重大问题的决定》对如何建立新型农村社会养老保险制度问题进行了部署，并提出了明确的要求和推进的措施。2009年8月18日，全国新型农村社会养老保险试点工作会议召开。

新农保制度强调了国家对农民老有所养承担的重要责任，明确了政府资金投入的原则要求，这是与老农保仅靠农民自我储蓄积累的最大区别。该制度模式中确立了基础养老金制度，并由中央财政全额支付最低标准基础养老金。这既保证了全体老年农民都能拥有最低水平的养老金，免于老年贫困，也有助于实现基本公共服务均等化。此外，新农保明确了地方政府对于农民养老保险缴费的补贴制度。由于农民自身整体收入不高，缴费能力有限，同时在很多地方集体经济组织缺乏实质性的财力，因此必须通过政府的保费补贴，才能建立利益诱导机制，提高农民对于养老保险的支付意愿与支付能力，从而有助于扩大养老保险的覆盖面。新农保工作经费纳入同级财政预算，不得从新农保基金中开支。

截至2010年5月初，我国新型农村养老保险参加试点的27个省区320个县和4个直辖市的部分地区已有5 199万人参保，占试点地区16周岁以上农村人口总数的78%，1 633万名经确认符合条件的农村老年居民已按月领取养老金①。

（二）老年保障制度对减贫的效应

1. 老年保障制度对于减贫的机制性作用

在朗特里（Rowntree，1901）早期开创性的研究中，他从个人需要与

① 资料来源：http：//www. chinafarm. com. cn/ShowArticles. php？ id = 335294，访问日期：2010年7月23日。

相对富裕状况的角度，把个人一生划分为五个阶段：儿童期（childhood）、成年工作早期（early working adulthood）、父母期（parenthood）、子女长大后工作期（working life after children had grown up）和老年期（old age），并指出在个人生命周期中有三个阶段即儿童期、父母期和老年期遭遇到贫困的风险最高（转引自王德文等，2005）①。

个人收入创造能力是决定是否贫困的关键因素，个人贫困风险变化与收入创造变化呈现出反向相关关系。当个人进入老年并退出了劳动力市场，他（她）们在就业期间的储蓄和养老金交纳状况将直接影响着老年时期的生活水平和生存状况。如果个人、家庭和社会对养老做好了必要的准备，那么，老年人口陷入贫困的风险的概率将大大降低。相反，老年人口陷入贫困的风险就会较高。

如果个人、家庭和社会对养老准备不足，老年贫困的动态演变会呈现以下特征②：第一，老年贫困易于演变为长期贫困。老年人一旦退出了劳动力市场之后，就立即失去了就业收入来源和保障，当个人积蓄耗尽之后，由于没有新的收入来源，老年贫困就转化为长期贫困，给贫困治理带来非常大的困难。对于贫困的农民家庭，农村老年人继续从事农业生产劳动，确实有增加家庭人均收入的作用，但是由于人均收入水平很低，即使他们仍在劳动，依然会处于贫困状态。第二，高龄老年人的贫困发生率会大大增加。随着高龄老年人数量增加，高龄老年人的发病率较高带来了医疗费用支出需求和社会看护需求大幅度上升，疾病和收入保障不足等因素导致高龄老年人贫困发生率不断上升。第三，老年人对贫困生活的主观感受往往会超过对物质消费的主观感受。老年人退出了就业和收入创造活动之后，往往得不到社会应有的重视、关爱，社会给予老年人参与的空间和机会也较少。由于缺少社会关爱和社会参与，老年人感到孤独或者被社会抛弃。

老年贫困的上述动态特征使得治理老年贫困存在非常大的艰巨性。老年人一旦陷入贫困之后，通常只能依靠收入转移手段来缓解贫困，在这点

---

① 布思（Booth，1892，1894）对19世纪末英国伦敦城市贫困研究发现，老年人口比其他人口有更高的贫困发生率。汤森（Townsend，1979）对英国20世纪60年代贫困研究、沃克（Walker，1980，1986）对英国20世纪70年代和80年代的贫困研究同样支持上述结论。Hedstrom and Ringen（1987）对1980年7个发达国家贫困问题比较研究也得出了类似结论。参见王德文、张恺悌：《中国老年人口的生活状况与贫困发生率估计》，《中国人口科学》，2005年第1期。

② 《中国老年贫困问题研究》课题组：《中国老年贫困人口：数量、成因与政策》，2005年。

上与其他贫困人群有着显著区别。其他人群可以通过教育、就业等手段为缓解贫困创造条件，而教育和就业手段对缓解业已形成的老年贫困基本都派不上用场。从治理老年贫困角度看，当老年人陷入贫困之后再去治理是治标之策，“防患未然”，防止就业人口进入老年时陷入贫困才是治本之道。

因此，防范和治理老年贫困的政策思路应该标本兼治：一是对目前已陷入贫困或处于贫困边缘的老年人口进行收入扶持和社会救助；二是防止未来老年人口新贫困的发生。

从这个意义上说，建立农村养老保险制度，积极实现养老方式的转变，由传统的家庭养老转变为家庭养老与社会养老并举，完善老年保障制度，对减贫具有积极的机制性作用。事实上，发达国家的老年贫困发生率下降与这些国家重视和完善社会保障体制高度相关①。

2. 老年保障制度减贫的制约性因素

由于我国农村社会养老保险制度刚刚起步，还存在很多问题，因此制约了其减贫效应的发挥。

（1）覆盖面小制约了减贫的效果。《国务院关于开展新型农村社会养老保险试点的指导意见》提出：“2009 年试点覆盖面为全国 10% 的县（市、区、旗），以后逐步扩大试点，在全国普遍实施，2020 年之前基本实现对农村适龄居民的全覆盖。”我们认为，新农保 11 年实现全覆盖的时间可能过于漫长，可以加快扩大新农保的覆盖面，争取在 3 ~ 5 年内实现全覆盖。这对于中央财政的压力并不大。中央确定的基础养老金标准为每人每月 55 元。按此标准推算，每位领取养老金的老人全年领取 660 元，全国农村 1. 25 亿农村老年人共领取约 825 亿元，仅相当于 2009 年 65 720 亿元全国财政收入的 1. 25% 。可见，财政对新农保制度的负担不大，可以加大财政投入，尽快实现新农保的全面覆盖。

在扩大新农保的覆盖面过程中，要特别关注对中西部地区的支持。由于存在地区经济发展不平衡，财政能力问题不是体现在总量水平上，而是体现在地区结构差异上。中西部地区财政能力有限，是新农保制度建立的难点。中西部地区是农村贫困人口集中的地区，但恰恰是中西部的经济状况可能带来筹资的难度，必须通过中央财政的支持以保证贫困地区的农保

---

① 王德文、张恺悌：《中国老年人口的生活状况与贫困发生率估计》，《中国人口科学》，2005 年第 1 期。

政策正常的启动，发挥其减贫效应。农业人口占比高的省份，往往是经济发展总量与财政收入的小省。因此，中西部地区地方政府常难以支付必要的保费配套补贴，从而影响新农保制度的扩展与推进。

从各级一般预算收入与支出来看，中央财政在总预算收入中占比高达52%，但支出仅占比27%。相应地，省及以下层级政府都存在着收支缺口，地方政府都严重依赖转移支付。2008年，地方政府财政支出中，转移支付的比例高达45%（参见图5-18），在中西部地区尤其如此。这样，在新农保制度的构建中，中西部地区地方政府就难以支付必要的保费配套补贴，从而影响新农保制度的扩展与推进。

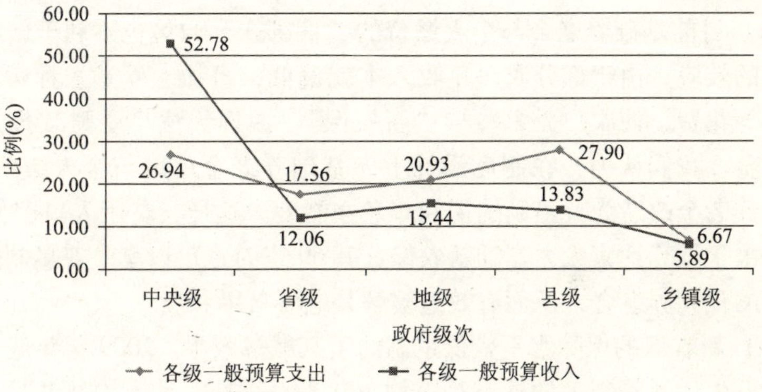

图5-18 2008年中国各级地方政府的收支缺口

为了缓解这种矛盾，保证贫困地区新农保制度的建立，需要重构中央政府与地方政府之间的财政关系，中央财政按照各地经济和社会发展水平的不同对养老保险的保费补贴予以分担，以加大对中西部地区的财政支持。要加强中央财政的转移支付力度，解决中西部地区的经济状况可能带来筹资的难度，保证贫困地区新农保制度的发展，以更有效地发挥其减贫效应。

（2）目前基础养老金与其子女参保的“捆绑式”政策不利于最大限度地发挥新农保的减贫效应。在对一些试点地区进行调查时发现，基础养老金具体发放时存在制度性缺陷，主要表现为不遵循参保自愿的原则，而实施捆绑方式发放基础养老金。中央确定的基础养老金标准为每人每月55元，年满60周岁、符合相关条件的参保农民可领取基本养老金。而实际操作中，所谓的相关条件则是在满足年满60周岁、有农村户籍、未享受城镇职工基本养老保险待遇等基本条件的同时，还须其子女也参加“新农保”，才可领取基础养老金，即年满60周岁的老人基础养老金的发放是与其子女个人参保缴费捆绑进行的。显然，这种制度设计并不符合“新农保”的自愿原则，更与中央的政策相悖。给年满60周岁的老人发放基础养老金其本意是为老年农民及无力参保的农民提供一个基本的生活保障，而捆绑的实质却是对农民自愿参保权利的一种间接剥夺。在一些试点地区，不愿意参保的多是一些年轻人，他们认为自己年轻，还没到考虑养老的时候，因此对参保持消极态度。但如果他们不参保，自己年满60周岁的父母将无法享受基本养老金。这显然不利于已经年届60岁的农村老人享受基础养老金，缓解老年贫困的状况。

（3）目前基础养老金与个人缴费的“捆绑式”政策也不利于新农保发挥减贫的效应。由于部分农户年收入本就偏低，再加上养老、看病、供子女读书等花费，使农户无力参与“新农保”，因而无法享受财政投入的基础养老金。我们认为，在制度设计上，基础养老金可以与个人缴费分离，将基础养老金改造为普惠制的福利养老金制度。这样，贫困人口即便在60岁之前由于预算约束无力参加新农保，其60岁时也可以享受普惠制的、非缴费型的福利养老金，从而有效地缓解其老年贫困状况。

（4）新农保的保障水平较低也制约了其减贫效果。2009年年底，全国农村最低生活保障制度的标准是人均100.84元/月，月人均补差是68元。可见，目前新农保制度中每人每月55元的基础养老金还不到最低生活保障人均补差的标准。这虽然有利于减轻农民的缴费压力，减轻政府财政负担，但却不利于保障老年农民的生活水平。我们认为，为了提高新农保减贫的效应，其保障水平有必要进一步提高，这也需要财政进一步加大投入。

我们认为，养老金给付水平应该根据农村居民家庭人均纯收入水平的一定比率来决定。通过将不同养老替代水平的测算结果与维持一个农村老年人现在生活所需费用水平进行比较，我们认为替代率为50%是比较合适的。我们此前的研究（庹国柱、王国军、朱俊生等，2009）发现，对于基金积累制，财政补贴负担会随着农村劳动力减少、老年人口比重增加在慢慢地削减（参见表5－20）。对于现收现付制，则随着农村人口老龄化问题加深，财政负担的水平越来越高（参见表5－21）。

表 5－20　基金积累制下农村社会养老金缴费规模测算（2007～2024 年）　单位：亿元

年份	精算预定利率为 5% 时		精算预定利率为 3% 时	
	纯保费总规模	财政贴补保费规模	纯保费总规模	财政贴补保费规模
2007	10 806	5 403	15 018	7 509
2008	9 154	4 577	12 966	6 483
2009	8 197	4 098	12 137	6 068
2010	7 590	3 795	11 571	5 786
2011	7 134	3 567	11 180	5 590
2012	6 729	3 365	10 827	5 414
2013	6 377	3 188	10 531	5 265
2014	6 066	3 033	10 277	5 138
2015	5 787	2 893	10 058	5 029
2016	5 554	2 777	9 895	4 948
2017	5 347	2 674	9 758	4 879
2018	5 172	2 586	9 659	4 830
2019	5 052	2 526	9 632	4 816
2020	4 963	2 482	9 642	4 821
2021	4 892	2 446	9 678	4 839
2022	4 916	2 458	9 741	4 870
2023	4 628	2 314	9 559	4 780
2024	4 465	2 233	9 463	4 732

表 5－21　现收现付制下全国农村社会养老支出规模测算（2005～2024 年）

年份	农村老年抚养率（%）	农村老人每年养老金给予水平（元）	年人均缴费标准（元）	20～59 岁农村劳动力总人数（千人）	20～59 岁农村劳动力缴费总额（亿元）	政府财政对等补贴（亿元）	两项合计（亿元）
2005	21.87	1 628	356	421 274	750	750	1 500
2006	22.56	1 806	407	425 424	867	867	1 733
2007	23.31	2 003	467	431 618	1 008	1 008	2 016
2008	24.04	2 222	534	438 724	1 172	1 172	2 344

续表

年份	农村老年抚养率（%）	农村老人每年养老金给予水平（元）	年人均缴费标准（元）	20~59岁农村劳动力总人数（千人）	20~59岁农村劳动力缴费总额（亿元）	政府财政对等补贴（亿元）	两项合计（亿元）
2009	24.82	2 465	612	446 229	1 365	1 365	2 730
2010	25.6	2 735	700	454 760	1 592	1 592	3 184
2011	26.45	3 034	802	461 713	1 852	1 852	3 705
2012	27.61	3 365	929	465 416	2 162	2 162	4 324
2013	28.89	3 733	1 078	467 644	2 522	2 522	5 043
2014	30.29	4 141	1 254	468 537	2 938	2 938	5 877
2015	31.77	4 594	1 459	468 424	3 418	3 418	6 836
2016	33.13	5 096	1 688	468 135	3 951	3 951	7 903
2017	34.49	5 653	1 950	467 121	4 553	4 553	9 107
2018	35.74	6 270	2 241	466 080	5 222	5 222	10 445
2019	36.48	6 956	2 537	466 231	5 915	5 915	11 830
2020	36.94	7 716	2 850	466 805	6 653	6 653	13 305
2021	37.25	8 559	3 188	467 543	7 453	7 453	14 907
2022	38.09	9 495	3 617	465 990	8 426	8 426	16 853
2023	40.17	10 533	4 231	459 780	9 727	9 727	19 453
2024	42.5	11 684	4 966	453 109	11 250	11 250	22 500

注：养老替代率设定为农村家庭年人均纯收入的50%。

另外，新农保制度保障水平的提高，还有赖于如何管理农村保险基金，实现农保基金的保值与增值。个人账户将会积累起大量的养老保险基金，保值增值将成为各级政府部门必须面对的重大挑战。城镇职工保险个人账户在这方面有深刻的教训，个人账户养老金投资收益率远远低于平均工资增长率的收益率，不但完全失去了做实账户的本来意义，而且不能应对未来的“长寿风险”，不能达到个人账户的目标替代率，严重影响了退休后的生活水平。

五、儿童、老年人和残疾人福利制度的减贫效应

（一）儿童、老年人和残疾人福利制度发展综述

1. 儿童福利

世界银行的研究表明，儿童，尤其是女孩，更可能成为贫困人口。相对于成年人与老人群体，16 岁以下的儿童群体的贫困率则要高一点：男孩的贫困率约为 16%，女孩的贫困率约为 17%（参见表 5－22）。

表 5－22　中国分年龄与性别的消费贫困率（2003）

	占人口比例（%）	人数（百万）	贫困者所占百分比（%）	贫困者人数（百万）	占所有贫困者的百分比（%）
儿童（小于 16 岁）					
男孩	10.6	136.4	16.3	22.3	13.2
女孩	9.2	119.1	17.3	20.6	12.2
处于工作年龄的成年人（16～60 岁）					
男人	36.0	465.7	12.2	56.9	33.6
女人	35.7	460.8	12.0	55.3	32.7
老人（60 岁以上）					
男人	4.2	54.3	12.8	6.9	4.1
女人	4.3	55.9	13.0	7.2	4.3
合计	100	1292.3	13.1	169.2	100

数据来源与注释：世界银行依据国家统计局在 2003 年以全国为样本的城乡人口调查统计得出的数据进行的估计。贫困率是用世界银行的贫困线来计算的。参见世界银行：《中国贫困和不平等问题评估》，2009 年。

研究还表明，相对于其他群体来说，儿童群体更容易发生贫困，或者严格地说，他们生活在贫困家庭中。其中，女孩的相对贫困发生率（1.32）明显高于男孩（1.25）。因此，虽然相对于所占人口比例来说，所有儿童的相对贫困指数都较大，但女孩的贫困比例更是大于男孩的比例，即贫困人口中女孩对男孩的比率要大于非贫困人口中女孩对男孩的比率（参见图 5－19）。

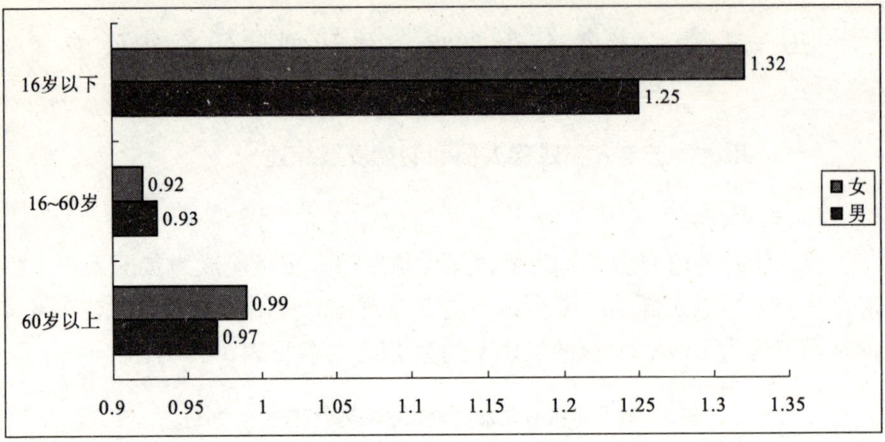

图 5－19 各年龄段分性别的相对贫困发生率（2003）

数据来源与注释：世界银行依据国家统计局 2003 年全国城乡人口抽样调查数据进行的估计。贫困率是用世界银行的贫困线标准与人均消费水平来计算的。参见世界银行：《中国贫困和不平等问题评估》，2009 年。

儿童贫困问题之所以严重，不仅仅在于其家庭收入低下，难以满足基本的生存需求，更大的问题是贫困对儿童的教育、健康、住房、市场机会等产生连锁性影响，限制了儿童发展的能力，使贫困产生代际转移，造成贫困的恶性循环，进而使暂时性贫困转化为长期性贫困与代际贫困，构成“贫困的陷阱”和“贫困的循环”，破坏了社会公平和持续发展的基础。

因此，儿童贫困是解决贫困需要特别关注的问题。为此，我们需要完善当前的儿童福利等社会保护政策，为贫困儿童提供必要的社会救助，满足贫困儿童的教育、医疗和发展需求。同时，更要重视贫困儿童的能力建设和未来发展。帮助贫困儿童得到更好的发展，是破解代际贫困的关键，是使贫困家庭摆脱贫困陷阱的能动力量。从这个意义上看，儿童福利政策是一种重要的社会投资，是为儿童争取平等发展机遇的投资，是对社会公平的投资，也是为了健康社会和可持续发展社会的投资。

新中国成立 60 余年来，我国社会福利事业经历了曲折而又复杂的发展历程。其中，我国的儿童福利事业有了质的飞跃，但在新的社会形势下，我国的儿童福利事业又面临着众多新的挑战。《中国儿童福利政策报告》①

---

① 北京师范大学社会发展与公共政策学院中国社会政策研究所：《中国儿童福利政策报告》，2010 年 6 月。

分别从儿童医疗与卫生保障、儿童生存与基本生活保障、儿童教育保障、儿童保护以及儿童发展性支持等五个基本维度，对我国儿童福利政策的发展历程与现状进行了细致的梳理。研究发现，当前，我国儿童福利服务事业面临着儿童福利服务理念转变、质量提升、范围扩大、周期延伸等多方面的挑战。面对儿童福利工作的重大转型，我国儿童福利组织功能必须重新定位，儿童福利工作体制必须转变。

就儿童福利的理念而言，从条块分割到系统的、综合的儿童福利概念是比较明显的转变趋势。

就服务对象的范围而言，以我国狭义的儿童福利服务为例，正经历着从福利院内扩大到福利院外的重大转型。不仅覆盖的人数增加了，而且覆盖的人群也发生了变化，过去只覆盖福利机构内养育的孤儿，现在开始拓展到所有孤儿，包括散居在亲友家的孤儿。同时，服刑人员家中无人照料的未成年子女、受艾滋病影响的儿童、流浪未成年人以及贫困家庭的残疾儿童、大病儿童等，也都纳入了社会福利服务关注的范围。

就服务的质量而言，当前儿童福利服务正经历着从一般的照料、养育到全面系统的照料、养育的重大转型。养、育、教、康统筹兼顾，全面发展，照顾的质量不断提高。

就照料的周期而言，当前儿童福利服务正经历着从养育延长到就业的重大转型，就业安置已经成为儿童福利系统服务中的重要一环。

通过对我国儿童福利政策的梳理和总结可以看出，当前儿童福利政策虽然项目、规范较多，涵盖范围也十分广泛，但是相对分散和混乱，未能形成全国统一、独立、专门的国家儿童福利系统。独立的国家儿童福利系统应该包括独立的儿童福利行政机构、完善统一的立法以及财政的专项统筹等。在目前社会政策领域倡导政府主导责任回归的大背景下，应鼓励儿童福利事业在政府主导下，由政府与社会组织展开合作，实现儿童福利事业的多元化发展，形成独立的国家儿童福利系统。

2. 老年福利

改革开放以来，尤其是新世纪以来，随着我国人口老龄化进程的加速，为适应经济转轨和社会转型的新形势，我国老年福利政策有了许多新的发展，针对困难老年人的救助政策不断完善，面向全体老年人口的福利政策陆续出台，老年福利政策正在从社会救济型向适度普惠型发展，提升老年人口生活水平和质量的福利政策框架初步建立。老年人生活津贴政策、老年福利设施建设资助政策和养老服务业发展鼓励政策等陆续出台，在提升老年人生活质量中发挥了积极的作用。

首先，老年人生活补贴政策覆盖范围不断扩大。如全国各地普遍建立了标准不一的高龄老人津贴制度，有条件的地区建立了多种形式的保障老年人福利养老金制度以及老年人社会优待政策逐渐推广。

其次，老年福利设施建设的引导政策不断出台，如财政补贴政策、税收优惠政策、管理和服务标准以及投资引导措施等。

最后，养老服务业发展的鼓励措施逐渐健全。为了加快建立以居家养老为基础、社区服务为依托、机构养老为补充的服务体系，各地出台了相应的引导和鼓励政策，如机构养老服务优惠政策、机构养老服务管理规范和服务标准、居家养老服务激励措施、老年医疗服务优待政策、老年护理和临终关怀服务支持措施等。

3. 残疾人福利

根据2006年第二次全国残疾人抽样调查的结果推算，我国共有8 296万残疾人，占总人口的6.34%。全国有残疾人的家庭户共7 050万户，占全国家庭总户数的17.80%；其中有2个以上残疾人的家庭户876万户，占残疾人家庭户的12.43%。有残疾人的家庭户的总人口占全国总人口的19.98%；有残疾人的家庭户户规模为3.51人①。

残疾人福利主要包括残疾人的就业保障、生活保障、教育保障、医疗康复保障、环境及服务保障等诸多方面。

在残疾人就业保障方面，国家实行集中与分散相结合的方针，采取优惠政策和扶持保护措施，多层次、多渠道、多种形式地安排残疾人就业。

在残疾人生活保障方面，我国对生活困难的残疾人通过临时救济、定期补助、五保供养、扶贫开发等途径给予基本生活保障，尤其是对重度残疾、一户多残等特困残疾人给予了特别扶助，提高他们的保障标准和水平。

在残疾人康复保障方面，国家每年拨专款有组织地开展大规模的抢救性康复工作。主要康复项目有白内障复明手术、聋哑儿童语言听力训练、肢残矫治手术、“低视力康复”、“精神病防治康复”、“智力残疾康复”以及社区康复工作、残疾人用品用具供应服务等。

在残疾人教育保障方面，《中华人民共和国残疾人保障法》中对残疾

① 国家统计局、第二次全国残疾人抽样调查领导小组：《第二次全国残疾人抽样调查主要数据公报（第二号）》，2007年5月28日。

人教育问题做出了明确规定，其核心内容是：国家保障残疾人受教育的权利，对残疾人教育给予特别扶助；各级政府要将残疾人教育作为国家教育事业的组成部分，统一规划、部署和领导；要遵循依特性施教的原则，分别通过普通教育方式和特殊教育方式实施。目前，我国的特殊教育是指对视力、听力、言语、智力有残疾的人和有多重残疾的人实施的教育。残疾人教育的重点是发展义务教育和职业技术教育。

在残疾人环境及服务保障方面，《中华人民共和国残疾人保障法》规定："国家和社会逐步创造良好的环境，改善残疾人参与社会生活的条件。"我国的残疾人无障碍环境建设取得了一定的进展。

（二）儿童、老年和残疾人福利制度对减贫的效应

1. 儿童福利的减贫效应

1990年至今，我国的儿童福利事业进入了快速发展与制度化建设时期，中国与国际儿童福利事业接轨，制度化建设显著；儿童福利服务范围显著扩大，对儿童的关注程度明显提高。这对于降低儿童的贫困发挥了积极的作用。

总体来看，我国的儿童福利事业目前仍处于由补缺型福利向制度型、普惠型福利转变的阶段，相关部门儿童福利政策目标和福利服务具体对象主要集中于孤残儿童和部分困境儿童，绝大多数儿童暂未享受到全面完善的扩展性福利服务；儿童福利服务的选择性特征明显，普惠型、制度型的儿童福利服务亟待发展。我国儿童福利发展存在的问题制约了其减贫效应的有效发挥。具体体现在如下几个方面：

第一，在儿童医疗卫生政策发展发面，尽管儿童死亡率显著下降，但不同地区之间存在很大差异。2005年城市地区5岁以下儿童死亡率为每千活产11例，而农村地区为26例，虽然这一差距在缩小，但是缩小的进展趋缓。儿童营养状况的普遍改善难掩儿童发育的地区差别，农村儿童生长迟缓和低体重的发生率都为城市的3倍以上，而且在经济状况不同的城市和农村之间，小城市明显高于大城市，偏远的经济落后的农村地区明显高于其他农村地区。另外，我国儿童大病问题的形势依然严峻。据民政部门估算，全国0~14岁儿童恶性肿瘤患者约22万人；全国0~14岁白血病患病儿童约6万人。据卫生部相关统计，我国新生儿先天性心脏病的发病率约为7‰，是新生儿疾病中发病率最高的一种。但高昂的医疗费用使得许多贫困家庭往往只能选择放弃治疗，即使是中高收入家庭也常常因病致

贫，难以给患儿提供持续治疗。例如，河北省红十字会专门筹集了2 000万元为农村大病患儿提供救助，但是仅够救助50名患儿。全国15万先天性心脏病患儿中只有不到5万人能够得到治疗。

第二，在儿童生存救助与基本生活保障方面，据民政部统计，2008年全国仍有10.18万社会散居孤儿（占散居孤儿的17.8%）未得到任何救助。很多地方救助金额偏低，仅有象征性补助，甚至不到当地正常儿童生活费用的1/10，若将此类仅得到象征性救助的孤儿计算在内，则全国需要救助的孤儿占孤儿总数的55%。

第三，在儿童教育保障方面，由于家庭贫困、身体残疾、缺乏父母照料等原因，导致许多学龄儿童仍然未能享受正常的教育，或因缺乏上学的设施、条件、动力而辍学。另外，我国早期教育、特殊教育等领域还存在很大的福利政策空白。据教育部统计，2009年幼儿园学前三年毛入园率仅为50.9%，学前一年毛入园率为74%。托幼服务是儿童福利的基础部分，对儿童身心健康发展和入学准备与儿童社会化有至关重要的影响，而我国目前主要以市场化托幼服务为主，政府在投资和监管、扶植等方面尚未发挥应有作用。

第四，在儿童保护方面，当前我国的弃婴救助政策还停留在被动地由儿童福利机构收治与供养阶段，未能出台以预防为主的有效政策。

2. 老年福利的减贫效应

如上所述，我国的老年福利政策不断改革和完善，老年人享受的社会福利总量不断增加，福利补贴的数量和福利项目的种类不断增加，福利设施的布局日趋合理。这些对于降低老年贫困，提高老年人的生活质量都发挥了积极的作用。但随着我国人口老龄化的迅速发展和人民群众生活水平的普遍提高，老年人福利服务需求不断增长且日益多样化，老年福利事业还不能完全适应社会需求，其减贫效应有待进一步提高。以下以老年福利津贴制度为例，探讨这一问题。

第一，宏观上，无国家层面的法律、政策等规定，基本处于各地探索阶段。目前，老年福利津贴制度基本上还处于探索阶段，有条件的地方根据自己的实际情况进行实践，在中央层面上没有形成统一法律、政策等规定，这就使老年福利津贴制度的发放带有较大的随意性。没有国家的法律、规章制度等一定的强制规定，老年津贴的发放很大一部分靠地方政府的自觉性来进行，并且从整体来看，各地做法各异，形成了“碎片化”的局面，国家缺乏宏观性的指导。

第二，中央及地方财政投入不足，老年福利津贴数额缺口大。老年福利津贴的发放深受中央和地方财政的限制。

第三，待遇水平偏低，覆盖范围有限。现行的老年福利津贴只有很少的一部分老年人受益，且受益程度较低。从各地的实践来看，老年福利津贴的数额较低，对贫困的老年人来说，基本维持在救助状态。

第四，部分地区津贴对象年龄偏高，这就使得老年津贴的对象偏少，部分津贴制度流于形式。

第五，发达地区的老龄津贴额度普遍高于落后地区，造成了新的社会不公。各地根据自身实际情况发放老年津贴，往往是经济发达地区的老年津贴普遍高于不发达地区；在同一地方实施的老年津贴，城市老年人的金额高于农村老年人，形成了分类分档、城乡有别的局面，进一步拉大了城乡差距，造成了新的不公平局面。

第六，资金来源单一，主要以地方财政支出为主。由于资金来源渠道单一，仅靠政府微薄的财政补助，老年津贴的额度及补贴对象的数量只能维持在较低的水平上。

以上问题的存在制约了老年福利制度的减贫效果。

3. 残疾人福利的减贫效应

我国残疾人福利虽然有所发展，但目前尚未形成独立完整的体系且保障的供需矛盾突出，残疾人对福利与服务的需要和实际的供给之间还存在很大差距。在残疾人需求服务的四大内容中，排第一位的是医疗服务的需求，高达72.78%，但是实际满足的只占到35.61%；排第二位的是救助和扶持需求，占67.68%，但实际满足的只占12.53%；排第三位的是康复训练的需求，占27.69%，但实际满足的只占8.45%；排第四位的是辅助器具需求，占38.56%，但实际满足的只有7.31%①。因此，残疾人服务的需要还远远没有达到有效供给性满足。

上述问题很大程度上制约了残疾人福利制度的减贫效应。第二次全国残疾人抽样调查数据显示，2005年，年收入在683元以下的绝对贫困人口全国有2 365万人，其中残疾人达994万人；12.95%的农村残疾人家庭户年人均全部收入低于683元的绝对贫困线，占全国绝对贫困人口的42%；7.96%的农村残疾人家庭户年人均全部收入在684元至944元之间，即在

---

① 国家统计局、第二次全国残疾人抽样调查领导小组：《第二次全国残疾人抽样调查主要数据公报（第二号）》，2007年5月28日。

当年的相对贫困人口中，残疾人大约占1/3。由于残疾人脱贫难，脱贫后又容易返贫，所以，在我国，残疾人占全国贫困人口的比例不仅没有下降，反而有所上升。

六、就业保护与促进的减贫效应

（一）就业保护与促进发展综述

农村劳动力因为身份、收入水平、知识技能等各种原因，一定程度上属于就业困难人员，除了自身努力以外，这部分人群还需要更多的促进和保护措施。从经济学原理来看，促进和保护困难人员就业需要从四个方面入手：一是扩大就业岗位总量；二是不断提高就业人员的知识技能水平，提高就业竞争力；三是降低就业的成本和吸纳就业的成本；四是改变社会对部分群体就业的观念，对积极吸纳困难人员就业的企业或单位给予激励，对于歧视和侵害困难群体就业的行为给予惩戒。

从就业保护具体的运行思路来看，最重要的内容是提供就业培训，提高农民的职业技能，提供就业信息，在保障农民各项权利的基础上，在促进农业生产技能的前提下，强调通过促进劳动力流动，通过增加工资性收入的比重实现扶贫减贫的目的。实际上，人们也越来越多地认识到，城乡人口转移是减贫的核心途径，新的减贫措施的目标应集中在让农村居民更容易获得城镇中增加的工作机会方面。

新世纪初，“在农村劳动力中，受过专业技能培训的仅占9.1%。在2001年新转移的农村劳动力中，受过专业技能培训的只占18.6%”。为了改变这种局面，2003年，国务院办公厅转发了农业部、财政部等六部门联合制定的《2003－2010年全国农民工培训规划》，提出要“政府扶持，齐抓共管”、“统筹规划，分步实施”、“整合资源，创新机制”、“按需施教，注重实效”，逐步扩大培训规模，“2003～2005年，对拟向非农产业和城镇转移的1 000万农村劳动力开展转移就业前的引导性培训，对其中的500万人开展职业技能培训；对已进入非农产业就业的5 000万农民工进行岗位培训。2006～2010年，对拟向非农产业和城镇转移的5 000万农村劳动力开展引导性培训，并对其中的3 000万人开展职业技能培训。同时，对已进入非农产业就业的2亿多农民工开展岗位培训”。自此，对农民的培训工作大面积展开。

2003 年之后，农村劳动力的转移培训工作受到了各界的广泛关注。国务院扶贫办以及各地的扶贫办先后出台了一系列推动当地贫困地区劳动力转移的政策。2006 年，国务院又出台了《国务院关于解决农民工问题的若干意见》（国发〔2006〕5 号），对农村流动人口的社会保障权利、工资水平等都做了相应的规定。2009 年，农业部、财政部、人力资源和社会保障部等六部委办公厅《关于做好 2009 年农村劳动力转移培训阳光工程实施工作的通知》（农办科〔2009〕50 号）等文件的出台，进一步推动了农村劳动力市场的培训工作。而 2010 年《国务院办公厅关于进一步做好农民工培训工作的指导意见》（国办发〔2010〕11 号）进一步提出，要将“制定新一轮全国农民工培训规划，纳入国民经济和社会发展中长期规划”，并对培训的质量、培训的方式、培训的目标等做了新的规定。

当前，由国务院扶贫办发起的“雨露计划”、农业部等部委发起的“阳光工程”等项目，都主要针对农村劳动力转移培训，目前已经取得很大成绩。以阳光工程为例，从 2004 年起，农业部、财政部、劳动和社会保障部、教育部、科技部、建设部共同组织实施了农村劳动力转移培训阳光工程（简称为“阳光工程”）。工程的目标和任务是：2004 ~ 2005 年，重点支持粮食主产区、劳动力主要输出地区、贫困地区和革命老区开展短期职业技能培训，探索培训工作机制，为大规模开展培训奠定基础。培训农村劳动力 500 万人，年培训 250 万人；2006 ~ 2010 年，在全国大规模开展职业技能培训，建立健全农村劳动力转移培训机制，加大农村人力资源开发力度。培训农村劳动力 3 000 万人，年培训 600 万人；2010 年以后，按照城乡经济社会协调发展的要求，把农村劳动力培训纳入国民教育体系，扩大培训规模，提高培训层次，使农村劳动力的科技文化素质总体上与我国现代化发展水平相适应。截至 2007 年年底，阳光工程中央财政累计安排专项补助资金 21.5 亿元，培训农村劳动力 1 230 万人，转移就业率达到 86% 以上；新型农民科技培训工程中央财政累计安排补助资金 3 亿元，已在全国 600 个县、3.3 万个村开展培训，共培训专业农民 153 万人，带动地方培训 500 万人。2008 年，农村实用人才创业培训试点在 10 个省 257 个县开展，共计培训创业农民 1 万名，培训绿色证书学员 3 200 万人。

另外，农业部、教育部等各系统也广泛开展了劳动力转移培训工作。以教育部为例，2005 年印发《教育部关于实施农村实用技术培训计划的意见》（职成〔2005〕2 号），2006 年又出台了《教育部关于教育系统贯彻落实〈国务院关于解决农民工问题的若干意见〉的实施意见》（教职成

〔2006〕6号），并且每年对系统内农村劳动力培训工作进行总结，对培训工作高度重视，大量的农村劳动力从中受益。2009年当年，教育系统共开展农村劳动力转移培训4 249.31万人次，其中引导性培训1 885.61万人次，占培训总人数的44.37%；技能性培训1 564.46万人次，占培训总人数的36.82%，转移后（进城农民工）培训791.62万人次，占培训总人数的18.81%。

（二）就业保护与促进对减贫的效应

1. 就业保护与农民收入

（1）农民外出务工成为农民增收的重要动力。在国家和各地区就业保护政策的推动下，农村剩余劳动力向城市转移，成为当前经济转型中的一个特质。而农民外出务工产生的经济效益即财富增长是加快农村劳动力转移的根本动力，工资性收入的高低与农民收入水平有着较高的相关性。

据国家统计局调查，从收入结构看，我国农民的纯收入主要来源于三个方面：第一类收入为工资性纯收入，指农村住户成员受雇于单位或个人，靠出卖劳动而获得的收入。这部分也就是通常所说的广义上的外出务工收入。第二类收入为家庭经营性纯收入，指农村住户以家庭为生产经营单位进行生产筹划和管理而获得的收入。农村住户家庭经营活动按行业划分为农业、林业、牧业、渔业、工业、建筑业、交通运输业、邮电业、批发和零售贸易、餐饮业、社会服务业、文教卫生业和其他家庭经营业。第三类收入为财产性收入，指金融资产或有形非生产性资产的所有者向其他机构单位提供资金或将有形非生产性资产供其支配，作为回报而从中获得的收入。第四类为转移性收入，指农村住户和住户成员无须付出任何对应物而获得的货物、服务、资金或资产所有权等，不包括无偿提供的用于固定资本形成的资金。一般情况下，是指农村住户在二次分配中的所有收入。我们也可以把第三部分和第四部分的收入统一称之为非生产性收入。

对照1990~2009年农村居民家庭平均每人纯收入数据，我们可以看出，20年间，农村居民的人均纯收入有了很大的提高，同时农民的收入结构也有了一个显著的变化。从各项收入年增长率变化来看，工资性收入增长率在1995年以前波动较大，1995年以后增长比较稳定，基本保持在年10%左右，1990~2009年间平均增速为15.26%。而家庭经营性收入增长率2000年以前总体变化呈下降趋势，甚至出现了负增长。2000年后，随着国家各项政策的推动，家庭经营性收入增长率才有所回升。1990~2009年间，家庭经营性收入平均增速为8.69%。从各项收入占农民人均纯收入的比例变化来看，工资性收入占总纯收入的比例是逐渐上升的，从1990年的20.22%增加到2009年的40.00%，增加了近20个百分点；而家庭经营性收入占总纯收入的比例则从1990年的75.56%下降到49.04%，下降了近27个百分点；非生产性收入占总纯收入的比例则基本保持不变。参见表5－23。

表5－23 1990～2009年农村居民家庭平均每人纯收入变化情况

年份	纯收入（元）	工资性收入（元）	工资性收入占比（%）	经营性收入（元）	经营性收入占比（%）	其他收入（元）	其他收入占比（%）
1990	686.31	138.80	20.22	518.55	75.56	28.96	4.22
1991	708.60	151.92	21.44	523.59	73.89	33.09	4.67
1992	784.00	184.38	23.52	561.57	71.63	38.05	4.85
1993	921.60	194.51	21.11	678.48	73.62	48.61	5.27
1994	1 221.00	262.98	21.54	881.85	72.22	76.17	6.24
1995	1 577.74	353.70	22.42	1 125.79	71.35	98.25	6.23
1996	1 926.10	450.84	23.41	1 362.45	70.74	112.81	5.86
1997	2 090.10	514.55	24.62	1 472.72	70.46	102.83	4.92
1998	2 162.00	573.58	26.53	1466.00	67.81	122.42	5.66
1999	2 210.30	630.26	28.51	1 448.36	65.53	131.68	5.96
2000	2 253.42	702.30	31.17	1 427.27	63.34	123.85	5.50
2001	2 366.40	771.90	32.62	1 459.63	61.68	134.87	5.70
2002	2 475.60	840.22	33.94	1 486.54	60.05	148.84	6.01
2003	2 622.20	918.38	35.02	1 541.28	58.78	162.54	6.20
2004	2 936.40	998.46	34.00	1 745.79	59.45	192.15	6.54
2005	3 254.93	1 174.53	36.08	1 844.53	56.67	235.87	7.25
2006	3 587.04	1 374.80	38.33	1 930.96	53.83	281.28	7.84
2007	4 140.36	1 596.22	38.55	2 193.67	52.98	350.47	8.46
2008	4 760.62	1 853.73	38.94	2 435.56	51.16	471.33	9.90
2009	5 153.00	2 061.30	40.00	2 526.80	49.04	564.9	10.96

资料来源：根据历年《中国统计年鉴》整理。

从收入结构的地域变化来看，人均纯收入高的地区，其工资性收入所占的比重也高。以2008年的数据为例，对全国31个省、自治区、直辖市2008年的农村居民纯收入及其收入来源进行分析，纯收入超过6 000元/人的7个省、直辖市划为第一组；分别为上海市、北京市、浙江省、天津市、江苏省、广东省和福建省。纯收入在4 000～6 000元/人的15个省、自治区、直辖市划为第二组，分别为山东省、辽宁省、吉林省、黑龙江省、河北省、江西省、湖北省、内蒙古自治区、湖南省、河南省、海南省、安徽省、重庆市、四川省和山西省；其余的在4 000元以下的8个省、自治区、直辖市划为第三组，为广西壮族自治区、宁夏回族自治区、新疆维吾尔自治区、西藏自治区、陕西省、云南省、青海省、贵州省和甘肃省。从表5－22可以看出，在农村居民收入比较高的省、自治区、直辖市，工资性收入占居民纯收入的绝对值平均数和比重最大，而家庭经营性收入所占的比重和增长率都较小，但绝对值仍然较高。低收入地区的工资性收入比重最小，但增长率较高，家庭经营性收入所占比最大，增长率也较高。相对富裕的农村居民的收入来源主要是工资性收入，而相对贫困地区的农村居民的收入来源主要是家庭经营性收入（参见表5－24、表5－25）。

表5－24　2008年各地区农村居民家庭平均每人纯收入（按工资性收入占比排序）

	纯收入（元）	工资性收入（元）	工资性收入占比（%）	经营性收入（元）	经营性收入占比（%）	其他收入（元）	其他收入占比（%）
全国	4 760.62	1 853.73	38.94	2 435.56	51.16	471.33	9.90
上海市	11 440.26	8 108.32	70.88	711.26	6.22	2 620.68	22.91
北京市	10 661.92	6 389.31	59.93	2 058.57	19.31	2 214.04	20.77
浙江省	9 257.93	4 587.44	49.55	3 762.93	40.65	907.56	9.80
天津市	7 910.78	4 064.95	51.38	3 097.14	39.15	748.69	9.46
江苏省	7 356.47	3 895.50	52.95	2 812.00	38.22	648.97	8.82
广东省	6 399.79	3 684.47	57.57	2 001.50	31.27	713.82	11.15
福建省	6 196.07	2 421.46	39.08	3 146.09	50.78	628.52	10.14
山东省	5 641.43	2 263.46	40.12	2 962.96	52.52	415.01	7.36
辽宁省	5 576.48	2 035.53	36.50	2 931.26	52.56	609.69	10.93
吉林省	4 932.74	810.17	16.42	3 344.72	67.81	777.85	15.77
黑龙江省	4 855.59	916.76	18.88	3 163.70	65.16	775.13	15.96
河北省	4 795.46	1 979.52	41.28	2 416.22	50.39	399.72	8.34
江西省	4 697.19	1 842.36	39.22	2 552.59	54.34	302.24	6.43
湖北省	4 656.38	1 742.33	37.42	2 690.83	57.79	223.22	4.79
内蒙古自治区	4 656.18	806.48	17.32	3 218.01	69.11	631.69	13.57
湖南省	4 512.46	1 990.52	44.11	2 196.61	48.68	325.33	7.21

续表

	纯收入（元）	工资性收入（元）	工资性收入占比（%）	经营性收入（元）	经营性收入占比（%）	其他收入（元）	其他收入占比（%）
河南省	4 454.24	1 499.93	33.67	2 699.30	60.60	255.01	5.73
海南省	4 389.97	808.63	18.42	3 235.09	73.69	346.25	7.89
安徽省	4 202.49	1 737.84	41.35	2 114.24	50.31	350.41	8.34
重庆市	4 126.21	1 764.64	42.77	2 016.64	48.87	344.93	8.36
四川省	4 121.21	1 620.40	39.32	2 061.70	50.03	439.11	10.65
山西省	4 097.24	1 713.55	41.82	1 986.38	48.48	397.31	9.70
广西壮族自治区	3 690.34	1 283.39	34.78	2 190.62	59.36	216.33	5.86
宁夏回族自治区	3 681.42	1 260.04	34.23	2 032.01	55.20	389.37	10.58
新疆维吾尔自治区	3 502.90	422.82	12.07	2 779.71	79.35	300.37	8.57
西藏自治区	3 175.82	759.72	23.92	1 845.04	58.10	571.06	17.98
陕西省	3 136.46	1 243.57	39.65	1 475.01	47.03	417.88	13.32
云南省	3 102.60	617.47	19.90	2 156.80	69.52	328.33	10.58
青海省	3 061.24	983.16	32.12	1 602.74	52.36	475.34	15.53
贵州省	2 796.93	1 002.68	35.85	1 512.47	54.08	281.78	10.07
甘肃省	2 723.79	867.98	31.87	1 543.24	56.66	312.57	11.48

资料来源：根据《中国统计年鉴（2009）》整理。

表 5-25　2008 年按纯收入进行分组的各地区各项收入指标平均数

	纯收入		工资性收入			家庭经营性纯收入		
项目	绝对值	增长率（%）	绝对值	增长率（%）	比例（%）	绝对值	增长率（%）	比例（%）
第一组	8 460.46	12.83	4 735.92	13.66	55.98	2 512.78	3.84	29.70
第二组	4 647.68	15.87	1 568.81	15.94	33.75	2 639.35	13.13	56.79
第三组	3 207.94	15.49	937.87	20.75	29.24	1 904.18	10.00	59.36

资料来源：根据《中国统计年鉴（2009）》整理。

由此可以看出，在我国农民纯收入来源的结构中，家庭经营性收入和工资性收入占据农民收入主导性的地位。但其中家庭经营性收入增长率总体变化趋势是下降的，而且下降较大；而随着国家改革开放政策的进一步实施，政策逐渐趋于稳定，农村居民外出务工也越来越多，工资性收入占农民纯收入的比重也越来越大，而且增长的速度越来越快，成为农村居民收入来源的重要组成部分，是其收入增长的重要动力。

外出务工与农民收入增加呈现的正相关关系。改革开放以来，在城乡收入差距持续增大的背景下，出于提高农民家庭收入的目的，大量的流动人口开始进入城市。人口普查数据显示，1982 年我国流动人口的数量仅为 657 万人，占全国总人口的 0.66%；1990 年全国流动人口数量达到 2 135 万人，占全国总人口的 1.89%；2000 年全国流动人口的数量达到 14 439 万人，占全国人口的比重已经高达 11.62%。进入新世纪以后，全国农村劳动力外出数量每年以 600 万 ~ 800 万人的速度递增（国务院研究室课题组，2006）。国家统计局公布的监测调查报告显示，2009 年度全国农民工总量为 22 978 万人，外出农民工 14 533 万人，其中住户中外出农民工 11 567万人，举家外出农民工 2 966 万人，都呈现出逐年增长的态势。在外出务工人数增长的同时，外出务工收入也不断增加。国家统计局的数据表明，2004 年全国农民工的月平均工资为 539 元，2009 年为1 417元。

（2）外出务工还可以间接地提高农民收入。农村劳动力的流动有助于推动农业机械化的发展。劳动力的流动，使得农业劳动力的机会成本开始提高，使用农业机械，节省劳动时间，增加外出打工时间成为农民经济理性的选择。同时由于农民外出务工，积累了一定的资金，有选择地购买和使用农业机械成为可能。1990 年以来，农业机械化进程加快，农业机械总动力年均递增超过 6%（参见图 5 - 20）。

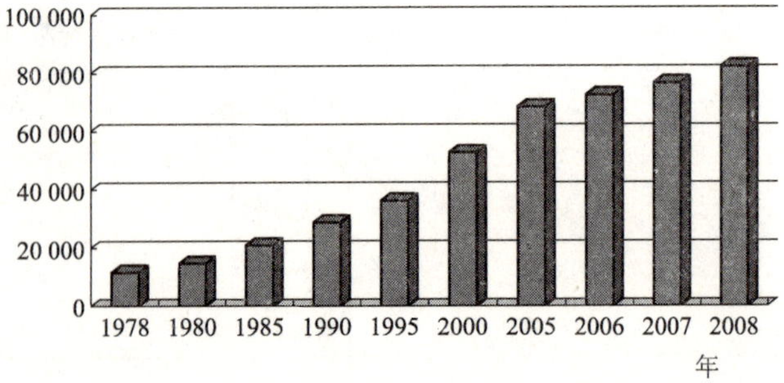

图 5 - 20　1978 ~ 2008 年农业机械总动力（万千瓦）

资料来源：根据《中国统计年鉴（2009）》整理。

除尽可能地使用农业机械外，农村劳动力的流动还有助于加大农业科技投入和应用，加大农业生产资料的投入力度。农业科技化的提高，主要由于外出劳动力的观念和经验影响了自己和家庭使用新技术的偏好，还由于外出劳动力寄回或带回的收入帮助家庭增加了农业生产投入，从而促进粮食单产增加和农业技术及产品的应用。

就业保护带来的另一间接效应是提升了人力资本。农村劳动力进入城镇以后，把诸多生活新理念、经济发展的新信息、工作的新经验和新体会带回家乡，带动了农村劳动力整体素质的提高；同时当外出劳动力积累了一定的资金和经营管理经验，掌握了技术和准确的市场信息后，兴办各种二、三产业，不仅创造了本地劳动力新的就业机会，也会带动本地劳动力素质的提高。

2. 就业保护与减贫

（1）就业保护已经成为减贫的重要途径。就业保护对贫困地区的减贫效应有直接的带动作用，这种作用可以通过两个途径来实现。第一，就业保护的实施，特别是对农业技术的培训，可以直接提高贫困地区的农业生产效率，提升家庭经营性收入。第二，就业保护政策的实施，通过提供更多的就业信息以及就业培训，可以提升农民的就业能力，促进农民向农民工转化，提高贫困地区居民的工资性收入。特别是第二条途径，集中体现了就业保护的减贫效应。正如前文所言，在就业保护政策的推动下，劳动力外出与农民收入增长呈正向关系，也就是劳动力外出与家庭贫困缓解之间呈正向关系。许多贫困地区将劳务输出作为反贫困的重要措施。

大量的调查研究也进一步论证了就业保护的减贫效应。世界银行（2009）利用国家统计局的样本数据分析认为，按照世界银行的贫困线计算，有迁移者的家庭户的收入贫困发生率是7.5%，而没有迁移者的家庭户贫困发生率是10.9%。接近2/3（66.2%）的农村贫困人口生活在没有迁移劳动者的家庭中，显著高于他们在农村总人口中的57.4%的比重（参见表5－26）。在控制了家庭户的数量和地区特征变量之后，估计在一个家庭中，有一个迁移劳动者可以使家庭人均收入提高8.7%，使消费提高6.1%。张永丽和王文娟（2008）对甘肃六个国家扶贫开发重点村的调查数据显示，在有劳动力流动的家庭，打工收入占总收入的64.31%，成为家庭总收入的绝对主要来源。劳动力外出降低了农村人口的绝对贫困发生率，有劳动力流动的农户贫困发生率为17.22%，没有劳动力流动的农户贫困发生率为58%。

表 5 – 26 农村不同家庭的人口贫困比重

	人口占全国人口比重（%）	世界银行收入贫困线	
		发生贫困的百分比（%）	在农村人口中的比重（%）
无迁移人口的家庭	—	10.9	—
有迁移人口的家庭	42.6	7.5	33.8

资料来源：世界银行，2009。

（2）人口流动的倒“U”特性会降低就业保护的减贫效应。虽然就业保护对贫困地区的经济发展有直接的推动作用，但这并不意味着就业保护政策的实施必然会极大地推动扶贫减贫。相反地，大量的研究表明，农民在受到就业保护政策的扶持下，并不会自然而然地成为农民工，进而提高工资性收入并提高收入水平。农民是否能成为农民工，会受到多重因素的影响。推拉理论的观点是，人口流动的出现是由于人们可以通过搬迁改善生活条件。于是，在流入地中那些使移民生活条件改善的因素就成为拉力，而流出地中那些不利的社会经济条件则成为推力，人口迁移就是在这两种力量的共同作用下完成的（程名望等，2006）。一个基本的共识是属于农村推力的因素有三个：农村收入水平太低、农村缺乏发展机会、农村太穷；属于城市拉力的因素有两个：城市收入高、外出见世面。推拉理论的核心结论实际上是经济收入的差异是流动就业产生的最终动力。另外，大量的实证研究也表明，虽然工作环境等都会影响农民工对工作的满意度，但薪酬是农民工最为关注的因素，它对农民工工作满意度的影响最大。也可以说，薪酬是农民打工的主要追求和最大期望（王兴周，2006）。由此，收入的预期是影响农民外出务工的主要因素。

沿着这一思路，贫困地区人口在就业保护政策的推动下外出务工，可以极大地提升贫困地区农民的收入水平，并达到减贫脱贫的目的。但是理论研究和实证研究都证明劳动力外出的可能性与家庭收入水平之间呈倒 U 形关系，这说明，劳动力转移最多的并不是最贫困的地区，也不是最贫困的农民。相反，一些贫困家庭之所以贫困，是因为家里没有或缺少劳动力，这些家庭即使有较强的流动迁移动机，也不可能有较高的流动可能性；一些贫困地区的贫困家庭虽然不缺劳力，但长期安于现状，缺少冒险精神，大家都贫困，没有“被剥夺”的感觉，因此，也不愿意离家外出打工（盛来运，2007）。另外，还有一些家庭由于受到其他因素的制约（比如，无力支付“高昂”的往返车费），无法实现流动。而相对或绝对富裕的农民则缺少脱贫致富的强烈动机，不愿意安排家庭成员外出挣钱。

（3）人力资本不足影响就业保护政策效应的发挥。以森为代表的能力贫困学家认为，贫困主要是贫困地区居民获取收入的能力受到剥夺以及机会的丧失，而不仅仅是低收入；收入是获得能力的重要手段，能力的提高会使个人获得更多的收入；良好的教育和健康的身体不仅能直接地提高生活质量，而且还能提高个人获得更多收入及摆脱贫困的能力。疾病、人力资本的不足，社会保障系统的软弱无力，社会歧视等都是造成人们收入能力丧失的不可忽视的因素；应该用人们能够取得某种基本生活内容和人们能够得到的自由来理解贫困和剥夺（Sen，1987、1993、1997）。能力贫困理论的落脚点在于通过重建个人能力来避免和消除贫困。联合国开发计划署在 1997 年《人类发展报告》中提出了一个度量贫困的新指标，即能力贫困指标，它主要包括三方面的内容：①基本生存的能力，即获取营养和健康的能力；②健康生育的能力；③接受教育和获取知识的能力。这些观点实际上都认为，人力资源不足或教育贫困是导致贫困的重要原因。

理论研究和经验研究也都证实，文化程度高的劳动力比较容易找到工作，收入水平也相对较高，因此比较容易实现由农村向城市的流动或迁移。根据人力资本理论，教育有利于降低找工作的信息成本，增加就业的可能性。企业选择教育水平相对较高的劳动者是因为相信他们有较高的生产能力。有关中国的实证研究也说明，发展农村教育有利于推动农村劳动力流动。就健康的贫困户和非贫困户而言，他们来自农业的收入差异很小，他们的收入差距主要源于工资性收入，而工资性收入多少在很大程度上会受到劳动力受教育程度的影响。通常较高的教育水平意味着较高的收入，并更易于摆脱贫困（张晓辉、李剑，2006）。方黎明等（2007）的调研数据显示，同一般农户相比较，贫困农户劳动力的受教育程度更低。赤贫和贫困农户中的“无一位小学毕业及以上家庭成员”的家庭分别占 55.6% 和 39.1%，明显高于其他农户家庭，分别比小康农户高 46 个百分点和 30 个百分点。相反，赤贫和贫困农户中，“至少有一位初中毕业及以上家庭成员”的家庭所占比重明显低于其他农户，赤贫、贫困、基本温饱、温饱和小康五类农户所占比重分别为 12.7%，27.4%，45.1%，57.0% 和 68.8%（参见表 5－25）。

我们还可以对比另外一组数据。根据国家统计局的调查，2009 年，在外出农民工中，文盲占 1.1%，小学文化程度占 10.6%，初中文化程度占 64.8%，高中文化程度占 13.1%，中专及以上文化程度占 10.4%。高中及以上文化程度比重比上年提高 1.7 个百分点，占 23.5%。分年龄组看，低年龄组中高学历比例要明显高于高年龄组，30 岁以下各年龄组中，接受过高中及以上教育的比例均在 26% 以上，其中，21～25 岁年龄组中接受过高中及以上教育的比例达到 31.1%。这些数据说明，教育程度较高的农民会选择出外打工。另外，许多调研数据也证明，受过较好教育的年轻人更愿意出来打工，而具有初中以上文化程度的劳动力不愿意在家务农（Roberts，2001）。《贫困监测报告》的数据则显示，2008 年国家扶贫重点县的文盲率仍然高达 11.1%，比全国农村平均水平 6.19% 高出近 5 个百分点。在重点贫困县中，98.6% 的劳动力只有小学或初中水平。国家扶贫重点县初中及以上文化程度的比例则仅为 55.5%，比农民工 88.3% 的比例低了 33 个百分点（参见表 5－27）。可见教育程度限制了就业保护政策的实施效果。

表 5－26　各类农户家庭成员的教育水平结构

农户家庭成员教育水平	农户类型					合计
	赤贫	贫困	基本温饱	温饱	小康	
无小学毕业及以上家庭成员	55.6%	39.1%	29.4%	14.1%	9.6%	16.3%
无初中毕业及以上家庭成员	31.7%	33.5%	25.5%	28.9%	21.6%	24.6%
有初中毕业及以上家庭成员	12.7%	27.4%	45.1%	57.0%	68.8%	59.1%

注：“无初中毕业及以上家庭成员”农户不包括“无小学毕业及以上家庭成员”的农户。

资料来源：方黎明，张秀兰：《中国农村扶贫的政策效应分析》，《财经研究》，2007 年第 12 期。

世界银行（2009）的研究也进一步证实了这一观点。世界银行认为，劳动人口的受教育年限与贫困率之间有一个明显的负相关关系。以世界银行的贫困线为标准，受教育少于 6 年的劳动者的贫困发生率大于 16%。如果另外接受 3 年教育的话，则会下降 7.2%；跨过 9 年的门槛将使贫困率下降一大部分；接受了 9～12 年教育的劳动者的贫困率下降到了 2.5%；而受教育年限超过 12 年的劳动者几乎不存在贫困的状况（参见表 5－28、表 5－29）。

表 5－28　2008 年贫困地区劳动力文化程度

	不识字或识字很少	小学	初中	高中	大专及以上
全国	6.1	25.3	52.8	11.4	4.4
国家扶贫重点县	11.1	33.4	45.2	7.7	2.5
农民工平均水平	1.1	10.6	64.8	13.1	10.4

注：农民工数据是 2009 年数据，其余为 2008 年数据。

资料来源：《贫困监测报告（2009）》，第 17 页；《2009 年中国农民工监测调查报告》。

表 5－29　中国的收入贫困率与受教育水平的关系

家庭工作成员的平均受教育水平	占全部人口比率（%）	平均收入（元/人/年）	世界银行贫困线		世界银行贫困线的 2 倍	
			贫困人口所占比例（%）	占所有贫困人口的比例（%）	贫困人口所占比例（%）	占所有贫困人口的比例（%）
小于 6 年	16.1	2 300	16.3	38.0	48.8	29.2
6～9 年	51.6	3 040	7.2	53.6	31.1	59.6
9～12 年	23.6	4 850	2.5	8.4	12.5	11.0
12 年以上	8.7	8 290	0.1	0.1	0.6	0.2
合计	100	3 808	6.9	100	26.9	100

资料来源：世界银行，2009。

同时，教育贫困还具有代际传递性。尽管我国已经开始实行免费的义务教育，贫困农户也普遍表示希望子女能接受较高水平的教育从而摆脱贫困，但贫困家庭学龄儿童辍学情况依然比较严重。2009 年《贫困监测报告》显示，国家重点扶贫县中，7～15 岁儿童的失学率为 3.0%，7～15 岁儿童的失学率为 2.1%，13～15 岁儿童的失学率为 4.3%。

教育程度的不足，一方面极大地限制了贫困地区人口的流动能力，另一方面即使出现流动就业，但由于能力水平较低，导致劳动力流动带来的收益水平有限。两方面的原因，导致就业保护带来的扶贫减贫效应有限。

（4）社会环境不佳降低了就业保护的减贫效应。农民就业结构的变化，特别是要提高工资性收入，与社区的发展程度紧密相关。其中，交通状况、信息通畅程度都会直接影响劳动力的就业选择。“要想富，先修路”，这是许多地区发展的经验总结。究其原因，交通状况好，意味着发展机遇多，比较容易获得外界的信息和生产资料。在信息化时代，获得信息的能力如同资本一样重要。信息的通畅程度，直接影响着农民获取外界信息的能力，也同时影响着农民人力资源程度的高低。

当前，全国贫困人口中大约有一半分布在西部省份中，这一比例远高于西部人口占全国总人口 29% 的比例。还有，这些省份的贫困人口无论在深度还是严重程度上更是远远高于其他省份。因此，他们在贫困深度和严重程度上所占的份额也更高，分别大约为 60% 和 66%。换句话说，如果用很敏感的贫困人口的贫困程度的指标来评估贫困程度，那么中国贫困人口中约 2/3 分布在西北和西南各省中（世界银行，2009）。这些地区生态脆弱、自然灾害频繁、生存环境恶劣，既不利于人类居住，又不利于开展贫困人口赖以解决温饱问题的农业生产。这既是贫困地区贫困落后的重要原因，又是一些贫困人口初步脱贫以后，又大面积返贫的根源。而这种交通状况较差，与外界联系相对不通畅的状态，也影响了外界信息的传递，就业保护政策对这些地区的扶贫效果也受到一定程度的影响。

七、总体评估结论

本章首先梳理了一般意义上公共政策的评估标准，并在此基础上提出了社会保护政策减贫效应的评估标准与框架，即社会保护政策对贫困人口的包容能力、保障水平以及公平性。然后遵循类似的评估标准与框架，分别评估了社会救助、医疗和健康保障、老年保障，儿童、老年和残疾人福利以及就业保护与促进等社会保护政策的减贫效应。研究表明，社会保护政策已经在一定程度上发挥了降低贫困的效果，但其对于贫困的救助性机制、预防性机制以及发展性机制仍有待完善。在救助性机制方面，目前社会救助计划对贫困人口的覆盖不充分，不利于减贫；保障水平相对有限，弱化了减贫效果；横向公平性较差，不利于经济不发达地区的减贫。在预防性机制方面，目前农村医疗与健康保障领域的社会包容与受益的公平性存在的问题制约了其减贫的效应。老年保障制度减贫尚存在如下制约性因素，即覆盖面小制约了减贫的效果；基础养老金与其子女参保以及与个人缴费的“捆绑式”政策不利于最大限度地发挥新农保的减贫效应；新农保的保障水平较低也制约了其减贫效果。在发展性机制方面，就业保护与促进对于降低贫困的作用仍有待进一步发挥。

第六章　社会保护政策减贫的国际经验

本章以 OECD 国家为例，探讨社会保护政策减贫的国际趋势，并考察一些国家社会保护制度设计中对于低收入群体的不同考虑，分析其经验与教训。研究认为，只有通过有利于低收入群体的制度设计，才能使社会保护政策反贫困的功能得到充分体现。

一、社会保护政策减贫的国际趋势——以 OECD 国家为例

减贫是世界各国面临的共同挑战。通过完善的社会保障政策来降低贫困的发生率是一些国家的共同做法。以下我们以 OECD 国家为例，探讨这些国家过去近 30 年中社会保护政策及其变化趋势，并分析其对于贫困发生率以及贫富差距的影响。

（一）社会保护支出及其发展趋势

近 30 年来，OECD 国家公共社会保护支出占 GDP 比重不断提高，从 1980 的 15.6% 提高到近年来的 19% 以上（参见图 6－1 和附表 10）。

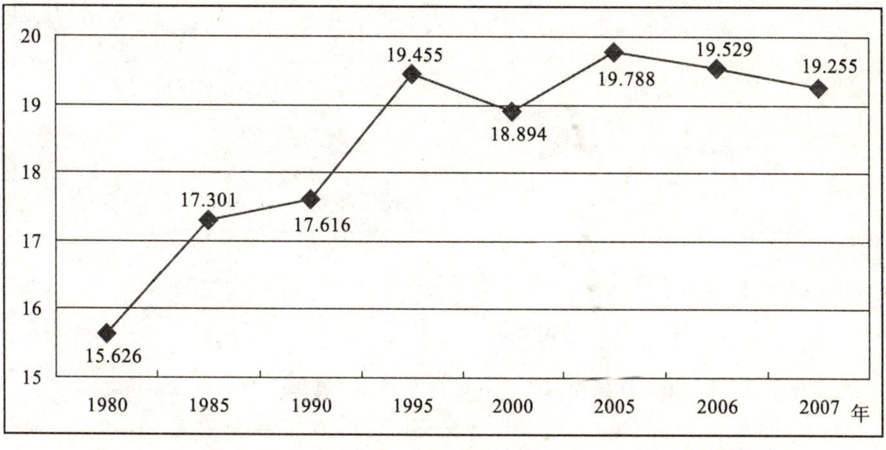

图 6－1　OECD 国家公共社会保护支出占 GDP 比重的发展趋势（%）

资料来源：www. oecd. org，访问日期：2010 年 12 月 19 日。下同。

OECD 国家公共社会保护支出占政府支出的比重也不断提高，从 1980 的 39.49% 提高到 2007 年的 47.41%（参见图 6－22 和附表 11）。

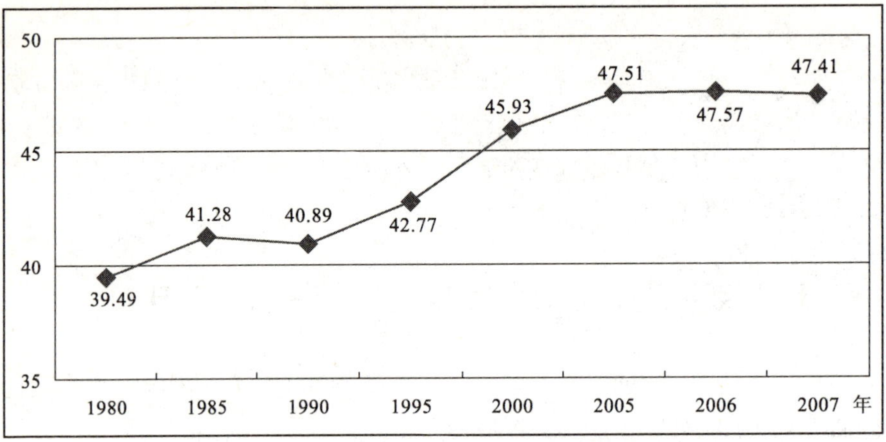

图 6－2　OECD 国家公共社会保护支出占政府支出的比重（%）

人均社会保护支出也不断攀升，从 1980 年的 1 346.351 美元提高到 2007 年的 6 595.978 美元（参见图 6－3 和附表 12）。

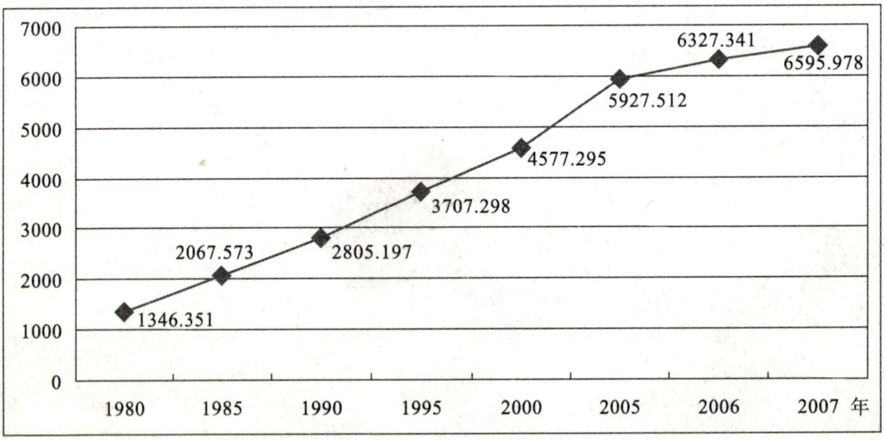

图 6－3　OECD 国家人均公共社会保护支出发展趋势　单位：美元

（二）社会保护政策对于贫困发生率的影响

有效的社会保护政策大大降低了这些国家的贫困发生率。2005 年以来，在税收和转移支付等社会保护政策调节之前，OECD 国家低于平均收入的 40%，50% 和 60% 的贫困发生率分别为 22.7%，26.4% 和 30.7%；经过税收和转移支付等社会保护政策调节后，相应的贫困发生率分别下降为 5.6%，10.6% 和 17.4%（参见图 6－4 和附表 13、14）。

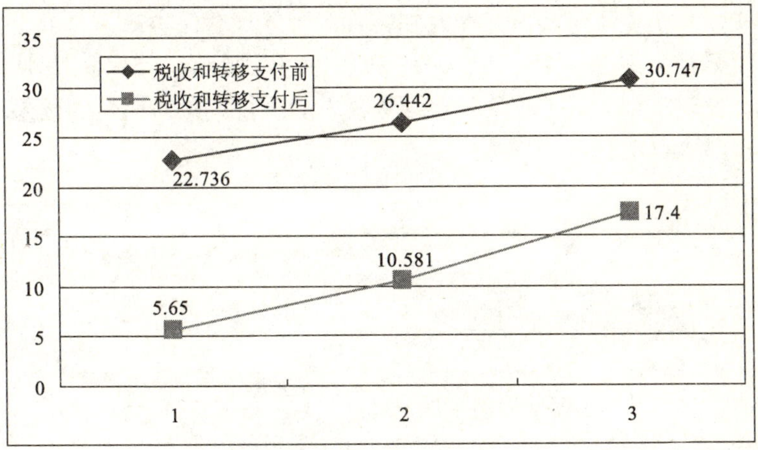

图 6－4　税收和转移支付前后的贫困发生率对比

注：1 代表贫困线为当前平均收入的 40%；2 代表贫困线为当前平均收入的 50%；3 代表贫困线为当前平均收入的 60%。

从表 6－1 可以看出，社会保护支出与贫困发生率存在明显的负相关关系。回归方程显示，公共社会保护支出占 GDP 的比重每提高 1 个百分点，按当前平均收入的 40%，50%，60% 计算的贫困发生率分别降低 0.434，0.512 和 0.541 个百分点。类似的，社会保护支出占政府支出比重以及人均社会保护支出等指标也与贫困发生率存在明显的负相关关系。

表 6－1　社会保护支出与贫困发生率的回归系数

	贫困发生率 Y1		
	收入的 40%　Y11	收入的 50%　Y12	收入的 60%　Y12
公共社会保护支出占 GDP 的比重 X1	－0.434	－0.512	－0.541
社会保护支出占政府支出的比重 X2	－0.245	－0.239	－0.243
人均社会保护支出 X3	－0.001	－0.001	－0.001

（三）社会保护政策对于基尼系数的影响

由于社会保护政策有效地降低与缓解了贫困，调节了贫富差距，使得基尼系数大大降低。2005 年以来，在税收和转移支付等社会保护政策调节之前，OECD 国家总人口、工作年龄人口与退休年龄人口的基尼系数分别为 0.45，0.4 和 0.67。经过税收和转移支付等社会保护政策调节后，相应的基尼系数分别下降为 0.31，0.31 和 0.29（参见图 6－5 和附表 15、16）。可见，有效的社会保护政策对于调节收入的贫富差距有明显的效果，对于退休年龄人口的收入调节尤其明显。

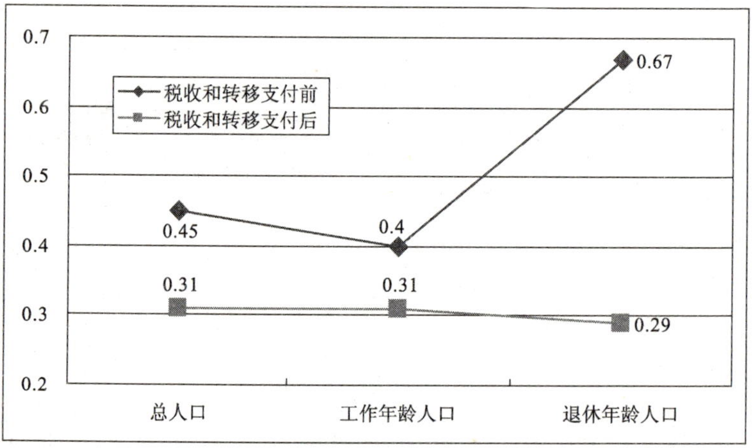

图 6－5　税收和转移支付前后的基尼系数变化

从表 6－2 可以看出，社会保护支出与基尼系数存在明显的负相关关系。回归方程显示，公共社会保护支出占 GDP 的比重每提高 1 个百分点，总人口、工作年龄人口以及退休年龄人口的基尼系数分别降低 0.008，0.007 和 0.009。类似的，社会保护支出占政府支出比重以及人均社会保护支出等指标也与基尼系数存在明显的负相关关系。

表 6－2　社会保护支出与基尼系数的回归系数

	基尼系数 Y2		
	总人口 Y21	工作年龄人口 Y22	退休年龄人口 Y23
公共社会保护支出占 GDP 的比重 X1	－0.008	－0.007	－0.009
社会保护支出占政府支出的比重 X2	－0.002	－0.002	－0.003
人均社会保护支出 X3	－1.12E－05	－1.02E－05	－1.30E－05

二、社会保护政策对减贫作用的考量

为了充分发挥社会保护政策降低贫困的效果，需要在社会保护政策的设计中考虑低收入群体的利益。只有通过有利于低收入群体的制度设计，才能使得社会保护政策反贫困的功能得以充分体现。以下我们分别通过一些国家医疗保险和养老保险改革的制度设计中对于低收入群体的不同考虑，分析其经验与教训。

我们先以泰国、墨西哥与新加坡等国的医疗保险改革为例，探讨其在社会保护政策架构中对于减贫的作用。

（一）疾病和贫困是一对孪生兄弟

为了有效地反贫困，建立一个面向全民的健康保障体系至关重要。不少新兴工业化国家通过医疗保障制度的创新，建立了全民健康保障体系，将原来大量游离于正式保障制度之外的低收入人口纳入保障范围，大大降低了因病致贫与返贫的比例，增强了医疗保障制度的反贫困功能。这些国家的重要做法是进行横向拓展和纵向划分①。

横向拓展主要通过新增的医疗保障计划，向原来无保障的人群扩展，如泰国和墨西哥，由于经济中非正式部门就业的人口比重较高，社会健康保险制度的进一步拓展受到限制，所以税收筹资在新辟的保障计划中更多地被采用。2001 年之前，泰国的各种保险计划包括国家公务员医疗保障制度（CSMBS）②、社会保障计划（SSS）、工人保险计划（WCF）③、自愿性健康卡计划（VHCS）、低收入健康卡制度（LICS）④ 以及商业保险计划等⑤⑥。

---

① 李明强：《面向全民的医疗保障——医疗保障的制度创新与中国医改相关措施探讨》，北京大学学位论文，2007 年。

② CSMBS 全称为 Civil Servant Medial Benefit Scheme，保障对象为公务员及其眷属，但不需要受益人缴费，由财政全额负担。

③ SSS 全称为 Social Security Scheme，WCS 的全称为 Workmen' s Compensation Scheme。这两个计划主要的保障对象为私营企业的正式雇员，属于典型的社会健康保险计划。

④ VHCS 全称为 Voluntary Health Card Scheme，LICS 全称为 Low Income Card Scheme，前者是有税收补贴的自愿健康保险计划，主要保障对象是低收入阶层；后者是税收筹资的福利性计划，保障赤贫人口。

⑤ 匡绍华、陈宁姗：《泰国健康保险制度改革及其对我国的启示》，《中国卫生经济》，2003 年第 9 期。

⑥ Pannarunothai S. , Patmasiriwat D. , Srithamrongsawat S. Universal health coverage in Thailand: ideas for reform and policy struggling ［J］. Health Policy, 2004: 68 (1): 17 ~ 30.

在未实施全民医疗保障改革以前，约有30%的人口没有被任何保障计划覆盖，这一部分人口的主要特征是低收入，且受教育程度低①②。从2001年10月起③，泰国开始推行全民保障计划（UCS），这一计划也被称为“三十铢”计划④。这一计划在取代VHCS和LICS的同时，将当时没有纳入任何保障计划的人群覆盖进来。三十铢计划的实施使得泰国成为中低收入国家中为数不多的、为全体居民提供基本医疗保障的国家之一，在农业人口约占全国人口70%的情况下，实现了医疗保障覆盖人口达到95%以上的目标⑤。三十铢计划是建立在按人头（Capitation）支付方式基础上的税收筹资医疗保障计划，参与该计划的国民到定点医疗机构就诊，无论是门诊还是住院，每诊次只需支付30铢挂号费（约合6元人民币），即可得到基本的卫生医疗服务⑥。在三十铢计划全面推行以后，泰国拥有三个公共健康保险⑦计划，分别是CSMBS，SSS和UCS，分别保障公务员、企业雇员和其他社会成员。

墨西哥原有IMSS和ISSSTE两个社会健康保险计划，分别保障私有企业雇员及其家属和公共部门职员及其家属。在2003年改革前，仍然有55%的人口没有被医疗保险计划覆盖，这部分无保障的人口虽然可以在公立医疗机构就诊，但个人现金支付的水平较高，与拥有医疗保障的人群形成鲜明反差。世界卫生组织《世界卫生报告2000》中指出，墨西哥的卫生筹资体系存在严重不平等，将其卫生筹资公平性列在第144位（共191个成员国）⑧。墨西哥于2003年开始着手建立社会健康保障系统（System of

① Tangcharoensathien V., Wibulpholprasert S., Nitayaramphong S. Knowledgebased changes to health systems: the Thai experience in policy development [J]. Bulletin of the World Health Organization, 2004: 82 (10): 750~756.

② Tangcharoensathien V., Tantivess S., Teerawattananon Y., Auamkul N., Jongudoumsuk P. Universal Coverage and Its Impact on Reproductive Health Services in Thailand [J]. Reproductive Health Matters, 2002 10 (20): 59-69.

③ 2001年，泰国人均GPD接近2 000美元，全国人口约6 000万。“三十铢”计划政府初始投入约为900亿铢（根据1996年数据测算），约为180亿元人民币。

④ Pannarunothai S., Patmasiriwat D., Srithamrongsawat S. Universal health coverage in Thailand: ideas for reform and policy struggling [J]. Health Policy, 2004: 68 (1): 17-30.

⑤ 国务院发展研究中心社会发展研究部课题组：《建立全民覆盖的基本卫生服务制度研究》，2007年4月。

⑥ 包括体检、计划免疫、妇幼保健以及艾滋病预防等在内的预防保健；门诊和住院服务；两次以下的分娩服务；正常的住院食宿；口腔疾病治疗等。

⑦ 公共保险计划含社会健康保险与国家健康保险，以及其混合形式。

⑧ Frenk J., Gonzalez-Pier E., Gomez-Dantes O., Lezana M.A., Knaul F.M. Comprehensive reform to improve health system performance in Mexico [J]. Lancet, 2006 368 (9546): 1524-1534.

Social Protection in Health，SSPH），于2004年1月1日开始实施，目标是2010年实现全民健康保险[①]。这一目标主要通过面向原来体制下无保障人口的大众健康保险（Seguro Popular）来实现。参加大众健康保险，家庭需要根据可支配收入状况缴纳保费（以5%为上限）[②]。由于没有雇主承担共同缴费责任，地方和中央两级政府充当了这一角色，通过财政资金对参加大众健康保险者提供保费补贴。

在纵向上划分层次，以安排合适的筹资渠道，则要更多地体现成本效益原则和优先次序原则。比照上述三国的经验，并结合其他国家的经验，优先次序应该首要考虑的三个方面分别是：初级卫生保健、扶助低收入者（如泰国）、帮助个人抵御灾难性医疗费用风险（如墨西哥）。

加强初级卫生保健[③]投入是各国的普遍做法，无论是先进国家还是后起国家，在经过成本效益分析后都意识到初级卫生保健可以显著改善一国的卫生绩效，并抑制医疗费用的过快上涨。比如，在泰国、新加坡和墨西哥等新兴工业化国家，无一例外地通过财政税金予以经费保障，这符合初级卫生保健服务带有的公共物品以及准公共物品（较强的正外部性）特征。

扶助低收入者是建立医疗保障制度的重要目标，但仅仅以“利贫”为核心的医疗保障，往往难以真正对准贫困人群。在泰国和新加坡的医疗改革以前，都存在着专门针对穷人的社会福利计划，穷人甚至可以在公立医院接受治疗而不需要支付费用，但是实施这一制度核实身份的成本极高，同时造成了医疗筹资格局混乱，一方面造成了医院的高额债务，另一方面为医院财政转移成本打开了方便之门。泰国和新加坡的改革实际上都是将贫困群体纳入带有社会一致性（Solidarity）的医疗保障体系中来，实质上是通过补充其可行能力的不足，使其获得在医疗保障方面与其他社会成员同等的权利。

（二）灾难性医疗费用是导致贫困的重要原因[④][⑤]

当个人在一段时间内，为了支付医疗费用，需要大幅削减基本生活支

---

① 2002年，墨西哥人均GDP在6 200美元左右，人口约为1亿。

② 最低收入的20%可以免于缴费，但以参加健康促进活动为条件。

③ 依照国务院发展研究中心的有关研究，将初级卫生保健分为公共卫生和基本医疗。

④ Xu K.，Evans D. B.，Kawabata K.，Zeramdini R.，Klavus J.，Murray C. J. L. Household catastrophic health expenditure：a multicountry analysis. Elsevier，2003：111 –117.

⑤ Van Damme W.，Meessen B.，Por I.，Kober K. Catastrophic health expenditure. Elsevier，2003：996 –996.

出时，这种支出即被认为是灾难性的[①]。从这个定义来看，灾难性医疗费用不仅仅与实际发生的费用有关，还与当事人的经济状况有关。世界卫生组织认为，如果超过了个人支付能力的40%即被认为是灾难性医疗费用。在一国的医疗保障体系中，相当一部分人暴露在灾难性医疗费用风险之下，被认为是有失公平的[②]。新加坡和墨西哥的改革都是由政府出面组织了专门的巨灾医疗费用基金，其中新加坡采用低成本社会保险的方式，而墨西哥的巨灾医疗费用基金实际上是通过税收进行筹资的。帮助个人抵御灾难性医疗费用风险是否需要动用公共财政资源要视社会价值判断和医疗筹资制度具体安排而定。除社会健康保险和税收两种筹资渠道外，商业健康保险以及社会再保险（social reinsurance）[③] 等机制也应当加以引导和利用。

三、社会保护政策对减贫的教训

以下我们以智利等拉美国家养老保险制度改革为例，探讨其在社会保护政策架构中对于减贫考量的教训及其面临的挑战。

要制定一个面面俱全的养老保障制度并非易事，因此世界银行建议各地政府以多层保障形式去构建养老保障体系。不同层次的保障各具功能，现时世界各地的养老保障制度大多参考世界银行在1994和2005年建议的三及五（或六）条支柱养老保障体系[④]（参见图6－6）。两个模型中，共同点都是越低层次的保障越具强的公平性，而越高层次的保障越具高的效率性。世界银行先后提出的第一层保障，或者第零层保障主要目的是处理贫穷问题，以及收入再分配问题，而储蓄及保险则基于效率的考虑。

---

① Kawabata K.，Xu K.，Carrin G. Preventing impoverishment through protection against catastrophic health expenditure. SciELO Public Health，2002：612～612.

② Murray C. J. L.，Global Programme on Evidence for Health P. Defining and Measuring Fairness in Financial Contribution to the Health System［M］. World Health Organization，2001.

③ Dror D. M.，Preker A. S. Social Re-Insurance：A New Approach to Sustain Community Health Financing［M］. International Labour Organization，2002.

④ World Bank，（1994）. Averting the Old Age Crisis：Policies to Protect the Old and Promote Growth. Available at：http：//www-wds. worldbank. org/external/default/WDSContentServer/WDSP/IB/1994/09/01/000009265_ 3970311123336/Rendered/PDF/multi_ page. pdf，21/07/2010；Holzmann，R. & Hinz，Richard P.（eds），（2005）. Old -age Income Support in the 21th Century：An International Perspective on Pension Systems. Available at：http：//siteresources. worldbank. org/INTPENSIONS/Resources/Old_ Age_ Income_ Support_ Complete. pdf，21/07/2010.

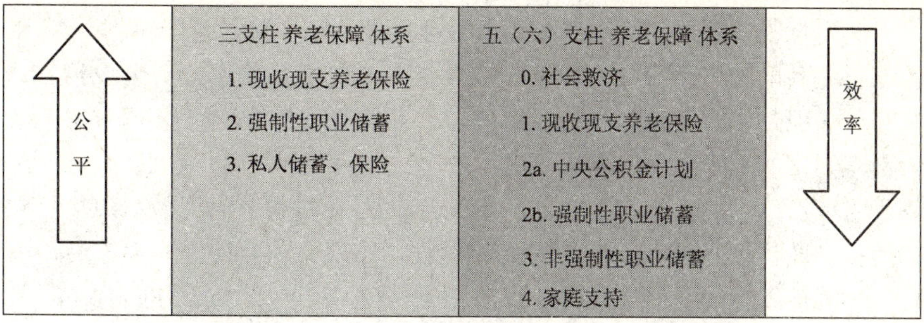

图6－6　公平、效率与世界银行的养老保障体系

资料来源：World Bank，. Averting the Old Age Crisis：Policies to Protect the Old and Promote Growth，1994；Holzmann，R. & Hinz，Richard P.（eds），. Old-age Income Support in the 21th Century：An International Perspective on Pension Systems，2005.

一些国家改革的经验与教训表明，如果养老保险改革过于强调效率，则可能会损害公平，对低收入群体的减贫不利。20世纪80年代以来，智利对原有的现收现付模式的养老保险制度进行了彻底的改革，转而实行完全储蓄积累模式，即“智利模式”。目前拉美有十几个国家和地区实行这种模式。它被称为私有化的模式，是新自由主义的产物。该制度模式的特征在于：建立个人账户，雇主和雇员的缴费统统划入个人账户，资金实行完全的市场化投资。政府指定若干个基金投资管理公司，账户持有人可以从中选择，在投资过程中，账户持有人有权对资产配置进行决策。国家的责任就是维护资本市场的稳定，提供若干基金管理公司的服务，对投资全过程实施监管。个别国家通过建立保证基金的方式，对给付水平承担很小的有限担保责任。

这种私有化趋势下的养老保险制度变革，其优势是在财务上国家没有任何包袱，资金的安全性也比较好。但劣势是覆盖率低，替代率低，几乎没有社会共济性，个人的福利水平比较低。尤其是对贫困人口的养老保险关注程度较低，导致这一群体的集体性贫困风险加大。由于对养老金实行完全个人账户制，并且完全按照个人工资收入的一定比率全部由个人缴纳，职工之间不仅缺乏互济，而且延续着在职时的工资差别，加上政策鼓励高收入者多缴费，实际上扩大了老年人的收入差异；同时，这种制度对因从事家务等原因导致工龄较短的妇女和长寿的老年人显然是一种政策歧视，因为从业时间短意味着缴费时间短，年老后个人账户上的积累额也少，而长寿老年人则必然会因个人账户上积累额小而极易陷入贫困境地[①]。私有化对低收入者的负面影响显著。在私有化中，高收入者比低收入者更易获得更高的养老金收益。虽然对每个人来说在同一基金的资金投资收益率相同，但是基金管理公司本身有固定成本。如一些养老金公司对每个账户都有固定的管理费用，低收入者的养老金缴费显然相应较低，其养老金就不可能产生高收益。另一方面，由于劳动力流动和退出劳动力市场导致的缴费中断将进一步增加低收入者获得收益的风险。有数据表明，目前超过1/3的被覆盖的智利工人在达到退休年龄时基金公司账户的余额很低，他们只能得到最低的养老金[②]。私有化对妇女的影响同样不利。智利原来的养老保险制度，即被淘汰的现收现付制公共养老金计划中有很多保护妇女的规定，这些规定在私有化过程中大部分被取消。女性工资水平较低，由于照顾家庭和生育等原因导致其缴费较低，可以预见其在将来获取的养老保险金也处于低水平。这些女性无法改变的因素并没有得到新制度的关注。她们进出劳动力市场较为频繁，其中只有很少一部分人能达到领取最低养老金要求的20年的缴费年限。

因此，采取“智利模式”的国家面临的主要任务是：在一个比较成熟的制度下，如何反贫困。为此，这些国家需要致力于增强养老保险的反贫困功能，增强社会公平。一些国家在完全积累制之外再额外加上一个基本养老金，并惠及全体退休阶层，而不管其经济状况如何。这些做法就是世界银行2005年提倡的五支柱理论中“零支柱”的做法，其目的在于提高待遇水平，削减贫困。

① 郑功成：《智利模式——养老保险私有化改革评述》，《经济学动态》，2001年第2期。

② 贾永成：《拉美公共养老保险私有化改革比较》，《拉丁美洲研究》，2006年第3期。

第七章　社会保护政策减贫战略及其构建

经济体制由计划向市场转轨的过程中，我国农村反贫困经历了从输血到造血，从救济到开发的阶段性变迁历程。《2001～2010 年新世纪农村扶贫开发纲要》实施的结束，标志着新时期农村反贫困战略的转向成为我们必须考虑的问题。本章结合前述章节的分析，探讨我国社会保护政策减贫战略的构建。

一、构建社会保护与开发式扶贫并驱的减贫战略

（一）开发式扶贫的局限凸显了扶贫战略转向的必要性

我国在扶贫开发过程中逐渐形成一条“以经济要素为主，多方参与，强调自我发展能力”的中国特色扶贫道路，为贫困群体摆脱贫困做出了重要的贡献。开发式扶贫战略的重点是关注贫困的经济维度，强调以生产要素的投入作为反贫困的战略方向。我国农村贫困是以收入为标准的绝对贫困，国家统计局在测量贫困标准和人口时并不考虑社会发展指标，关注较多的是提高生产率和收入水平的短期投资，长期以来，人们也习惯于将教育和医疗支出看做是消费而非投资。基于此，我国在反贫困战略的选择上，增加农民收入的主要渠道是农业，反贫困强调投入生产要素以提高生产力，带动家庭收入增长。

然而，开发式扶贫本质上始终是以发展经济和提高收入水平作为反贫困政策的核心内容，这种做法尽管对缓解当地的贫困问题发挥了一定的作用，却仍然存在诸多不足：

第一，扶贫政策缺乏预防性保障机制。返贫容易脱贫难的现象归因于穷人缺乏抗风险能力的保障机制。风险发生的不确定性使勉强能维持温饱的人变得极其脆弱，造成在贫困线边缘的低收入者陷入贫困，导致扶贫成本和脱贫成本过高。

第二，扶贫政策缺乏救助性系统保障。开发式扶贫以单一经济要素为主，注重从收入角度缓解贫困。随着绝对贫困数量的减少，处于相对贫困的群体呼唤反贫困政策的新定位。原先这种单一的反贫困模式将不能为贫

困者在教育、医疗、生活标准等方面提供全面保障。

第三，扶贫政策缺乏发展性引导机制。以经济要素为目标的扶贫只是解决了暂时性的温饱问题；从长远来看，为缓解因制度不公导致的“冲抵”效应，扩大反贫困的发展空间和激发扶助的潜力，实施公共服务均等化、人力资本投资等综合措施是彻底脱贫的关键。

上述缺陷表明了以经济增长为重心推动区域经济发展实施的农村反贫困战略、强调生产要素投入的单一反贫困措施的效率和效果均不理想，反贫困模式需要转变，这种忽视贫困人口长期保障性机制而过多注重收入增长的暂时性反贫困战略也需要调整。

（二）农村贫困性质的变化呼唤扶贫战略的调整

研究表明，中国农村贫困的性质已经发生了根本性的转变①。贫困分布由区域的、整体性的贫困逐渐过渡到个体性贫困，贫困人口的构成也以边缘化人口为主要组成部分。

一方面，农村贫困人口在地域分布上更加分散，呈现点状分布特点，难以有效实施地区式扶贫。中国农村绝对贫困人口的区域分布已经从过去的国家扶贫开发工作重点县转向分散在全国的大量村级社区和个体农户。贫困村和贫困家庭不仅广泛分布在西部地区，中部地区的比例也不断上升，东部富裕地区同样零星存在贫困人口。这种分散点状分布客观上限制了地区式扶贫政策的实施效果。

另一方面，贫困人口越来越集中在偏远地区，特别是缺乏劳动能力的人群。贫困人口越来越集中在偏僻的少数民族村落，生活在恶劣、脆弱的生态环境中的群体，以及老人、慢性病患者和残疾人群。开发式扶贫方式针对这个群体的减贫效率面临着严峻的挑战。

鉴于贫困性质产生的变化，扶贫战略也需要进行新的调整，即由以前的区域瞄准和经济增长为主的开发式扶贫，转变到瞄准个体，以社会保护政策为主的预防性、救助性和发展性扶贫。

（三）农村社会保障体系的初步建立成为减贫战略转向的起点

进入新世纪，中央政府高度关注贫困地区的社会保护政策，发挥社会

① 都阳、蔡昉：《中国农村贫困性质的变化与扶贫战略调整》，《中国农村观察》，2005 年第 5 期。

保护政策的反贫困功能，尤其体现在健全农村社会保障体制，加大对农村教育投入等方面。2003 年开始试点的新型农村合作医疗制度已在全国农村展开；2006 年全国农村地区已经推行了免费的义务教育；2007 年中央政府在各地实践基础上在农村全面推进低保制度，并由中央财政对中西部地区农村低保户进行补贴；2009 年开始试点新型农村养老保险制度。

农村社会保障体系的初步建立，是中国农村反贫困政策发展的一个新里程碑，成为中国政府实施社会保护与开发式扶贫并驱的减贫战略的起点。

（四）社会保护与开发式扶贫并驱减贫战略的内涵

随着农村社会保护政策的初步建立和开发式扶贫工作的深化，反贫困战略要将开发式扶贫与社会保护政策有机结合起来，加强政策间的协调和整合。要实现减贫政策战略重心的转移，即把扶贫的关口前移，把更多的资金投入到提高农民自身获取收入、预防和应对贫困风险能力的地方。

首先，要重视社会保护政策在新时期减贫中的地位和作用，加大对社会保护政策的投入。随着中国经济的快速发展，国家对贫困人群的财政保障能力有了大幅度的提升。但是根据亚洲开发银行的一个基于 31 个亚洲国家（地区）的研究表明①，2005 年中国在社会保护上的支出（教育、医疗和开发式扶贫除外）占 GDP 的比例为 4.6%，稍低于亚洲平均 4.8% 的水平。这个比例不仅与日本、韩国等经济发达的国家相差甚远，而且不及周边转型国家，如蒙古国（9.8%）、吉尔吉斯斯坦共和国（11.0%）、乌兹别克斯坦共和国（11.1%），甚至低于政府财政收入和人类发展指标位于亚洲最低之列的孟加拉国。更值得关注的是，中国的社会保护支出中，超过 80% 的费用花费在城市居民的养老金上。如果除去养老金的支出，中国针对弱势和贫困人口的支出比例在这 31 个亚洲国家（地区）排在最低的一组。尽管近两年中国针对贫困和弱势群体的社会保护投入在绝对数量上有较大幅度增长，但与此项事业发展的需求仍有相当差距。因此，在未来的减贫战略中，必须加大对相关社会保护政策的投入，发挥其对于减贫的救助性、预防性以及发展性机制。

其次，坚持与完善开发式扶贫。对于具有劳动能力的贫困人口，继续坚持开发式扶贫是正确的选择。但是，开发式扶贫的内容则需要进一步拓

① Halcrow. TA6308：Scaling Up of the Social Protection Index for Committed Poverty Reduction, Final Report, volume1. Multi-Country Report, 2007.

展和完善。这包括：从以自然资源开发为重点转向以人力资本开发为重点；改革开发式扶贫的瞄准方式和组织方式，争取做到扶贫到户；与开发式扶贫相关的制度安排和政府治理结构的改革。在农业增长乏力、资源开发遇到环境约束等背景下，开发式扶贫必须考虑开发方式的转变。人力资本的开发也可以分为两个方面：一是在继续从事自然资源开发的过程中，通过实用技术的教育来增强开发的技术含量，这样既可以提高资源开发的效率，又可以更多地顺应可持续发展的要求；二是增强使农民适应市场的能力和人口流动能力的开发，后者对提高贫困人口的非农业收入非常重要，因此可能是人力资本开发的主要方向。对于与开发式扶贫相关的制度安排和政府治理结构改革，主要包括减少政府主导程度、更多地引进非政府组织参与开发项目、改革扶贫贷款发放机制等内容。

最后，要建立新的减贫战略框架来协调和整合社会保护和开发式扶贫，实现二者的有效衔接，提高农村减贫投入的效率和效能。两者相辅相成、互为补充、并行不悖、功能各异，共同构成新的减贫战略框架。

二、建立并完善集“救助性、预防性、发展性”于一体的综合反贫困社会保护政策

为了提高社会保护政策的减贫效应，发挥其救助性机制、预防性机制以及发展性机制的作用，我国反贫困战略调整思路应选择由“单一开发式扶贫”向集“救助性、预防性、发展性”三位于一体的综合反贫困战略转变，相互衔接配合，既保障贫困者的生存权，又保障其发展权。其中，救助性反贫困社会保护政策主要是指以最低生活保障为主要基石的社会救助；预防性反贫困社会保护政策是指包括社会保险在内的社会福利制度，增强诸如疾病、年老、失业、灾害等不可预见风险的抵抗力；发展性反贫困社会保护政策是指实施人力资源开发以及促进就业等公共服务均等化机制。

（一）完善救助性反贫困社会政策

对于全部或部分失去劳动能力的人口，应当主要依靠社会安全网的建立来进行扶贫。目前中国农村的极端贫困人口中有一大部分人口是部分或者全部丧失劳动能力的人，对这部分人继续采用开发式扶贫的方式进行扶贫已经很难起到明显的作用。因此，建议主要采用完善社会救助安全网的方式来对农村极端贫困人口进行扶贫。

为带动贫困群体摆脱贫困，要完善集长期、专项救助和临时救助为一体的综合型社会救助，将反贫困责任充分落实到扶贫实践中，解决保障生存权的问题。长期救助包括农村最低生活保障制度和五保供养制度。应考虑将扶贫制度、农村最低生活保障制度和“五保供养”制度有机结合，降低制度附近的边缘户进入低保的门槛，使农村中的贫困人口在统一的制度下维持生存。专项救助包括在教育、医疗、法律等方面的援助，临时救助包括灾害救助、流浪救助等。在反贫困制度中，要加大专项救助和临时救助的力度，并将其与长期救助相联系与对接。对经历临时救助和专项救助后仍不能恢复正常生活，面临困难且低于低保线的贫困群体要将他们纳入最低生活保障制度的保障范围；对低保制度下的贫困群体也要依据其需要进行专项救助；当发生灾害时，要启动临时救助机制保护濒临贫困的群体，实现应保尽保。特别是对于一户多残、一户重残、多重残疾的贫困家庭，应适当提高救助标准并享受制度化的保障。

为了完善救助性反贫困政策，要以保障农村居民最低限度的生存需求为宗旨，通过认真的调查研究来确定合理的保障标准，提高社会救助的保障水平。为此，要考虑修正和完善农村官方的最低生活保障标准。要考虑绝对贫困线与相对贫困线之间的融合，并建立动态的贫困标准调整机制。为了建立动态的贫困标准调整机制，需要同时考虑食物线与非食物线，其中要建立食物线与价格之间的联动机制，根据食品价格指数的变化每年进行调整，目的在于确保食物线的购买力。同时，要建立非食物线与社会平均收入水平挂钩的机制，目的在于强调贫困线的相对性。这样，可以同时根据食物线和非食物线得到贫困保障标准调整机制，以使得贫困标准不断提高，与贫困人口的能力发展需求相适应。

另外，要有效扩大社会救助对于贫困人口的覆盖面，争取将所有应保人口都纳入保障的范围。

最后，要改革资金的筹集机制，增加上层政府（尤其是中央政府）的转移支付力度，加强社会统筹的程度。要探索建立中央调剂金制度，以确保在推行社会救助制度时能够给予需要低保的地区以适当的中央财政补助，最大限度地提高制度的筹资横向公平性。

（二）完善预防性反贫困社会政策

要进一步完善医疗健康保障、养老保障、社会福利等预防性反贫困社会政策。

首先，要完善新型农村合作医疗制度。要改进新农合的制度设计，建立合理的“新农合”补偿模式，降低住院补偿共付率，减少家庭自付比率。为了加大保障享有力度，通过逐步降低甚至取消起付线（或采用零起付）和封顶线的限制、提高补偿比和报销比例、增加门诊及常见病医疗服务等综合方式提高保障水平；加快新型农村合作医疗与医疗救助制度的衔接进度，加大对低收入人群医疗救助的力度和救助范围，改善受益公平性；简化准入程序，将事前、事中与事后相结合。事后的医疗报销会使低收入群体因无力垫支巨额医疗费而被排斥在受助范围之外，降低了医疗服务的可及性，进而引致更加贫困的潜在风险。风险化解应依据收入并兼顾其他标准确定救助群体，在疾病发生时提供及时保障，在事后对负担仍然较重的贫困群体提供救助；增加政府对低收入农户的补贴，以保费的形式补贴他们参加合作医疗，降低他们利用卫生服务的共付率。

其次，要完善新型农村社会养老保险制度。加大财政投入，尽快实现新农保的全面覆盖；加强中央财政的转移支付力度，解决中西部地区的经济状况可能带来的筹资难题，保证贫困地区新农保制度的发展，以更有效地发挥其减贫效应；加大财政投入，提高保障水平，增强新农保的减贫效应。

最后，要完善儿童福利、老人福利以及残疾人福利制度。在儿童福利方面，在未来一段时期内，我国应将儿童福利纳入国家“十二五”专项规划；建立专门的儿童行政管理机构；逐步建立和完善儿童大病救助、残障儿童的福利津贴制度，推广对于单亲家庭乃至所有儿童的福利津贴制度；建设专业化、专职化儿童福利工作人员队伍；大力建设社区儿童之家；完善儿童教育专业体系；重视家长教育，强化家庭支持政策，切实尊重儿童、保护儿童，提升儿童成长环境的人文关怀，最终建立与经济社会发展水平相适应的、满足儿童真正需求的儿童福利体系①。

在老人福利服务方面，要构建包括服务内容、主体、对象、筹资模式与队伍等要素在内的老年福利服务模式。

一是老年福利服务的内容。要考虑老年人不同层次的服务需要，提供完善的服务内容，满足老年人在生活服务、健康服务和精神服务等方面的需求。具体而言，老年生活服务体系建设以居家养老为基础、社区服务为

① 北京师范大学社会发展与公共政策学院中国社会政策研究所：《中国儿童福利政策报告》，2010年6月。

依托、机构养老为补充，为老年人生活供养、日常照顾提供帮助；老年健康服务体系建设以社区卫生服务体系为基础，家庭护理照料为依托，满足老年人预防、治疗、康复和临终关怀等需要；老年精神服务体系建设以老年活动中心建设为基础，心理慰藉为重点，达成休闲娱乐、参与社会的目标。同时，老年福利服务体系不仅为有需要的长者提供服务，还要为长者服务人员提供护老者支援服务，从而使其能够更加积极地投入到照顾长者的行动中。

二是老年福利服务主体。在结构上，老年福利服务机构应体现多元化，既应该包括政府机构，也应该包括非政府机构（受政府资助的服务机构和非政府资助的服务机构等），“公助民办”应该成为发展方向。在功能上，政府福利机构应主要承担政策制定、经费资助、统一服务标准、评估与监管等职能。服务的直接供给应主要由非政府机构来实施，形成“公助民办”的老年福利服务格局。在相互关系上，不同类型的老年福利服务机构之间要形成政府、商界和第三部门的三方合作机制。在这个三方合作体系中，不同类型的服务机构相互独立，它们之间表现为合作关系，而不是从属关系，不同主体之间往往可以就福利事务展开平等对话，并且相互制衡。

三是老年福利服务对象。老年福利服务应具有普惠性，服务对象构成应具有“普遍主义”的特征。从总体上看，老年福利服务以满足中低收入群体的基本需要为主，以满足高收入群体的个性化需要为辅。为此，老年福利服务体系既要体现福利性，不让任何一位有需要的长者因为经济原因而无法得到服务，又要体现市场性，即充分尊重市场供求规律，以满足不同阶层长者的服务需要，从而使其服务对象遍布各个社会阶层。

四是老年福利服务筹资模式。老年福利服务的经费来源渠道应该是多样化的，筹资模式应以政府资助和服务收费为主，以社会筹募为辅，以体现其福利性。

五是老年福利服务队伍。福利服务水平的提高离不开专业化、高志愿和高效率的社会工作者。老年福利服务工作人员应具有专业化程度较高与志愿性程度高的特征。庞大的专业化、高志愿性的社会工作者队伍可以为老年福利服务事业提供强有力的支持，保障福利服务的高效率与高水平。老年福利服务工作人员队伍的建设至少可以从如下几个方面着手：要积极促进社会工作职业的专业化，包括完善社会工作就业资格制度和社工职级制度，使社会工作成为一项体面的、受人尊重和认可的职业；要积极促进社会工作知识的专业化，根据社会需要培养出既具备专业理论知识，又具有丰富实践经验的社会工作人才；要积极倡导志愿服务，宣传志愿服务理念、奉献意识和公民意识，使志愿服务成为一种社会风尚和长效机制。

在残疾人福利方面，要加快残疾人福利体系的建设，扩大残疾人福利范围，增进残疾人福利水平。残疾人社会福利体系包括社会保险与社会救助等基础项目、社会工作与康复教育等专业项目、社会服务与社会支持等高级项目，只有通过残疾人相关法律完善、社会保险制度的规范及残疾人服务与救助网络的形成才能保证残疾人社会福利体系的构建与推行。具体而言，要通过落实残疾人公平享有基本医疗卫生服务的责任、健全残疾人康复服务网络和保障措施、建立健全残疾预防体系等，加强残疾人医疗康复和残疾预防工作，保障残疾人享有基本医疗卫生和康复服务；要通过扩大残疾人社会保险覆盖面、提高残疾人生活保障水平、发展残疾人社会福利和慈善公益事业等，健全残疾人社会保障制度，保障残疾人基本生活；要通过大力发展残疾人教育、积极促进残疾人就业，提高残疾人自身素质和参与能力，促进残疾人全面发展；要加快残疾人服务体系建设、大力支持残疾人服务业发展，提升为残疾人服务的水平；增强全社会扶残助残意识，加强残疾人事业法律法规和制度建设，以优化残疾人事业发展的社会环境，营造扶残助残的良好社会氛围。

（三）建立并完善发展性反贫困社会政策

发展性反贫困社会保护政策是指实施人力资源开发以及促进就业等公共服务均等化机制。基本公共服务均等化是指政府要为社会公众提供基本的、在不同阶段具有不同标准的、最终大致均等的公共物品和公共服务。该内涵包括全体公民享有基本公共服务的机会均等、结果大体相等，同时尊重社会成员的自由选择权。因此，针对前期开发式扶贫经济增长不公带来的冲抵减贫效应，公共服务均等化在新时期反贫困中应保证贫困群体与非贫困群体在宏观经济政策和区域经济中的共享权益，重点向话语权、分享权、收益权等赋权倾斜。

1. 实施人力资源开发服务

人力资本理论认为，贫困的根源在于对人力资本投资不足，导致了人身上的知识、能力和健康产出率较低。除前述探讨的收入和消费能力以外，获得教育和医疗服务的可及性和公平性也应被视为人力资源开发的重要部分。

首先，要建立公平的教育制度。贫困具有的代际传递性决定了教育在缓解贫困循环圈中的重要作用。研究表明，教育投资对扶贫的效应最大，劳动人口受教育年限与贫困率之间有一个明显的负相关的关系。然而，教育机会的不平等是贫困者与非贫困者在社会化过程中逐渐形成社会分层的原因之一。由于我国财政性教育资源长期以来在城市和农村的非均衡投入，造成了城乡教育差距的拉大。而且，农村家庭用于教育的支出负担在逐级加重。因此，维护接受教育的起点公平是关键，改革公共教育财政体制对农村教育的转移支付与建立农村教育救助制度双轨并举。具体包括：农村基础教育应全面取消农村中小学义务教育的各项学杂费，减少年幼人群失学率；积极发展农村职业教育和成人教育，降低成年人的文盲率；加大科技培训力度和师资引导力量，提高自我发展的能力；农村贫困地区劳动力跨区流动就业，加强培训并赋予农民工子女和城市居民受教育的同等权利；加强对西部教育的对口支援和发展西部远程教育体系。

其次，发展农村卫生保健制度。卫生保健制度是一种由政府组织，向全体居民免费提供公共卫生服务和按成本收费提供基本医疗服务的健康保障制度。发挥卫生保健制度防治结合的特性将有利于减少因病致贫和因病返贫的现象，可称之为一种积极主动的福利制度。经验表明，即使在资源非常有限的贫穷国家，重视保障普遍的基础医疗服务需求对缓解贫困也具有重要作用。而在我国，农村家庭用于健康的支出在大幅增加，成为其重要负担。发展农村卫生保健制度具体包括：第一，要树立以公益为核心的政府主导责任保健机制。第二，建立人人享有平等、及时、便捷的卫生保健福利制度的目标。短期依据医疗卫生供求和财力情况界定保健“基本”范畴，维系居民预防和控制常见疾病的公共卫生服务体系；长远实现从基本保健向人人享有健康保障的卫生福利保健制度过渡。第三，构建多层次、全方位的卫生保健福利制度。完善县、乡、村三级卫生服务网络，发展公共卫生服务；将卫生保健、医疗救助和新型农村合作医疗有机结合，实现预防疾病、治疗疾病和促进健康一体化的综合保障。以公平性、可及性、便捷性等作为衡量标准，建立监督评价指标体系，进行动态管理和监测，实现卫生保健制度可持续发展。

最后，要加强农村劳动力培训。人力资本投资与收入呈明显的相关性。加强人力资本投资，提高贫困人口能力是消除贫困的根本途径。农村贫困人口中，因受教育程度不高、缺乏有效的引导，使得人力资本潜能在摆脱贫困中尚未得到充分发挥。据统计显示，我国农村贫困人口家庭中，没有丧失劳动能力的成员接近3/4，且其中约有97%的贫困家庭不止拥有一个劳动力①。因此，从宏观经济发展趋势来看，人力资本在财富增长和社会进步中的价值将日趋凸显。为使贫困人口能在经济政策和区域经济中受益，就需要对富余劳动力进行适度引导，通过技能培训、科技帮扶、劳务输出等渠道带动就业。这样，在提升人力资本存量的同时，也开阔了发展视野，有利于打破封闭贫困循环圈，实现由小农经济家庭人向市场经济社会人的转变。

2. 从反贫困到反社会排斥

贫困的多维度表明，反贫困不仅要解决物质贫困本身，还要关注贫困更深层次的根源。欧共体第一个“国内行动计划”（National Action Plans on Social Inclusion，NAPs/incl）建立了衡量贫困的指标体系，提出了在反贫困和消除社会排斥中应该采取协调一致的政策。随着参与式贫困评估（Participatory Poverty Assessments，PPAs）的推广，人们逐渐认识到社会排斥（social exclusion）和无权（powerlessness）在反贫困中的重要影响②。

贫困的根源是遭受排斥和丧失权利，经济性贫困和非经济性贫困很大程度上与社会排斥有关，最贫困的群体往往最容易被排斥到享有的范围之外。社会排斥导致基本能力被剥夺，包括丧失参与经济、社会等活动的机会。单纯以收入来衡量贫困并不全面，它低估了社会排斥机制对贫困的本质影响，包括从参与到社会融合方面的权利③。因此，反贫困需要将消除物质贫困与消除社会排斥、实现社会整合结合起来的“发展性社会政策”——除了给予物质上的救助外，更重要的是消除非物质的能力剥夺和社会排斥④。这需要对贫困者遭受到的无力感、被忽视等排斥予以解除，为就业、教育、卫生保健等社会权利提供保障，从反贫困到反社会排斥。保证制度的公正、赋权是减少贫困的根本途径。由此可见，单一性的扶贫策略只在于缓解贫困的一个方面，真正有效的反贫困不仅要在经济上保证生存需求，还要在社会宏观大环境中为其提供全方位、多阶段的保障，增

① World Bank. From poor areas to poor people: China’s evolving poverty reduction agenda—An assessment of poverty and inequality in China，2009.

② 刘民权、俞建拖：《国际扶贫的理论和政策实践》，中国发展研究基金会研究项目，2007年10月。

③ European Commission. Towards a Europe of Solidarity: Intensifying the fight against social exclusion，fostering integration，European Commission COM 1992（542），Brussels. p. 8

④ 杨立雄：《欧盟社会救助政策的演变及对我国的启示》，《湖南师范大学社会科学学报》，2005年第1期。

强发展的能力，而更为重要的是要在赋权和共享的解困路径中探寻根源和出路。

三、调整开发式扶贫策略

当前，开发式扶贫的政策收益正在受到人们的质疑。然而我们可以通过对它的扶贫策略加以调整使其继续发挥重要作用。我们可以在开发式扶贫的地域发展基础上增加一些直接为贫困家庭提供帮助的功能，如为有劳动能力的贫困群体和低收入人群提供就业培训和服务等。

研究表明，贫困群体的分化现象越来越突出①。这就意味着，不同禀赋水平的贫困群体在面对劳动力市场机会时具有不同的反应。一部分贫困或低收入群体处于迁移概率增加的临界区域，其对于外部的就业机会有着比较强烈的反应，但囿于家庭禀赋状况的约束，迁移概率无法得到显著的提升。因此，政府对临界点附近的人群进行帮扶非常重要。只要能使这些家庭获得迁移所需的最基本的资源，他们就能够更充分地利用外面的就业机会，跳出贫困陷阱，从而改善自身的福利水平。因此，对于这类群体而言，教育补贴、培训和迁移补贴将是最有效的脱贫措施。

还有一部分群体已经突破了迁移的临界点，是个人能力比较强，家庭禀赋状况比较好的家庭。他们已经可以利用城市劳动力市场的就业机会，因此，不需要对这部分家庭实施特殊的救助措施和扶贫计划。他们和其他需要提高收入的农民群体一样，希望完善城市劳动力市场的制度环境，从而更有效地利用城市劳动力市场增进自身的福利水平。对于这部分群体，应该以通过消除城市劳动力市场的制度障碍、实现城乡劳动力市场一体化的方式提高他们的收入。这一部分人群的禀赋状况较好，已经解决了温饱问题，可以通过积极地参与城市劳动力市场进一步提高收入。城市劳动力市场的发育状况将对他们的行为有重要的影响，城乡劳动力市场一体化程度越高，他们继续发展的可能性越大；否则，这一部分人将容易陷入"温饱陷阱"。

因此，对于具有一定的劳动能力，但收入较低而常年处于贫困边缘的农村低收入人口，开发式扶贫的帮助是非常重要的。经过30年的开发式扶

---

① 都阳、蔡昉：《中国农村贫困性质的变化与扶贫战略调整》，《中国农村观察》，2005年第5期。

贫政策的实施，中国在扶贫手段和项目设计上都积累了很多的经验，这些经验是一笔宝贵的财富，需要珍惜。我们可以对其进行调整，采取多种方式直接惠及这些人群。例如，外出打工是农民脱贫和增加收入的一个重要渠道，开发式扶贫完全可以通过就业培训和就业服务来帮助有劳动能力的困难家庭进入劳动力市场。

四、完善减贫新战略实施的制度安排

为了有效实施社会保护和开发式扶贫并驱的减贫新战略，需要进一步完善扶贫的相关制度安排。

第一，要进一步拓展扶贫政策的内容和领域，建立综合的扶贫体系和扶贫制度。该制度的指导性目标是：在制定和实施任何公共政策时都兼顾扶贫的需要①。政府应当将扶贫的需要纳入其公共政策制定和制度改革的议程中，通过在制定公共政策和进行制度变革的过程中兼顾穷人的需要来拓展扶贫的内容和领域。

第二，合理地规划政府部门在扶贫过程中的地位和作用，加强非政府组织和私营部门在扶贫活动中的地位和作用，改进扶贫的效率。

第三，强化政府部门在扶贫过程中的相互协调，防止因部门利益差别而影响扶贫效果。

第四，推动城乡统筹的扶贫体系的建立。随着市场化改革的深入，城乡融合的趋势会不断加深，因此，必须考虑统筹城乡扶贫体系的问题。在目前的情况下，扶贫体系城乡统筹的首要问题就是建立进城农民工的扶贫体系。

第五，强化扶贫活动中统计、监测、评估的机制。为了提高扶贫的效率，防止扶贫资源被浪费或者挪作他用，政府必须加强扶贫活动中的统计、监测和评估活动。在此方面，政府的扶贫系统应当发挥更多的作用。除此之外，扶贫系统还应当在协调各部门的扶贫活动方面充当更主要的角色。

---

① 林毅夫、李永军：《未来20年的中国扶贫：新的政策框架和制度安排》，载王国良主编：《中国扶贫政策——趋势与挑战》，社会科学文献出版社，2005年版。

附　表

附表1　扶贫开发投入（成本）与产出（效益）分析指标

投入指标				产出指标								
财政扶贫投入				经济指标	贫困指标				公平指标			
年份	a人均GDP（元）	政府资金投入总量（亿元）	贫困线（元/人）	b农村居民人均纯收入（元）	H（%）	贫困人口总数（万人）	PG	SPG	基尼系数	农村居民恩格尔系数（%）	b/a
1986	963	42	213	423.76	15.5	13 100	0.06	0.02	0.31	56.36	0.44
1987	1 112	42	227	462.55	14.3	12 200	0.05	0.02	0.31	55.75	0.42
1988	1 366	39	236	544.94	11.1	9 600	0.05	0.02	0.32	53.99	0.40
1989	1 519	41	259	601.51	11.6	10 200	0.07	0.03	0.33	54.81	0.40
1990	1 644	46	300	686.31	9.6	8 500	0.06	0.02	0.34	58.8	0.42
1991	1 893	63	304	708.55		9 400	0.05	0.02	0.33	57.6	0.37
1992	2 311	67	317	783.99	8.8	8 000	0.04	0.02	0.33	57.6	0.34
1993	2 998	76	367	921.62	11.8	10 007	0.05	0.02	0.35	58.1	0.31
1994	4 044	97	440	1 220.98	7.7	7 000	0.04	0.02	0.36	58.9	0.30
1995	5 046	98	530	1 577.74	7.1	6 540	0.04	0.02	0.38	58.6	0.31
1996	5 846	108		1 926.07	6.3	5 800	0.03	0.01	0.37	56.3	0.33
1997	6 420	153	640	2 090.13	5.4	4 962	0.03	0.01	0.38	55.1	0.33
1998	6 796	183	635	2 616.98	4.6	4 210	0.02	0.01	0.37	53.4	0.39
1999	7 159	258	625	2 210.34	3.7	3 412	0.02	0.01	0.38	52.6	0.31
2000	7 858	248	625 865	2 253.42	3.4	3 209 （6 213）	0.02	0.01	0.40	49.1	0.29
2001	8 622	298	630 872	2 366.40	3.2	2 927 （6 102）	0.03	0.01	0.41	47.7	0.27
2002	9 398	283	627 869	2 475.60	3.0	2 820 （5 825）	0.02	0.01	0.41	46.2	0.26
2003	10 542	299	637 882	2 622.20	3.1	2 900 （5 617）	0.02	0.01	0.42	45.6	0.25

续表

投入指标				产出指标							
财政扶贫投入				经济指标	贫困指标				公平指标		
年份	a 人均 GDP（元）	政府资金投入总量（亿元）	贫困线（元/人）	b 农村居民人均纯收入（元）	H（%）	贫困人口总数（万人）	PG	SPG	基尼系数	农村居民恩格尔系数（%）	b/a
2 004	12 336		668 924	2 936. 40	2. 8	2 610 （4 977）	0. 02	0. 01	0. 42	47. 2	0. 24
2005	14 053		683 944	3 254. 90	2. 5	2 365 （4 067）	0. 01	0. 01	0. 44	45. 5	0. 23
2006	16 165		693 958	3 587. 00	2. 3	2 148 （3 550）	—	—	43. 0	0. 22	—
2007	18 934		785	4 140. 40	1. 6	1 479	—	—	43. 1	0. 22	—
2008	22 698		1 196	4 760. 60	4. 2	4 007	—	—	43. 7	0. 21	—

注：（1）政府资金投入总量一栏中，1986～2002 年投入包括中央财政扶贫资金、信贷扶贫资金和以工代赈三大项目，其数据来源于：姜爱华：《政府开发式扶贫资金绩效研究》，中国财政经济出版社，2008 年版，第 91 页；2003 年投入包括中央财政预算安排的扶贫资金 114 亿元（不含国债部分）和扶贫贴息贷款指导性计划 185 亿元，数据来源于 2004 年《中国农业发展报告》。（2）H为贫困发生率，PG 表示贫困距指数，SPG 表示平方贫困距指数，b/a 表示农民人均纯收入占全国人均 GDP 的比重。

数据来源：（1）人均 GDP，H 来源于国家统计局；（2）贫困线及低收入线来源于《中国统计年鉴》和《中国农村贫困监测报告》；（3）农村居民恩格尔系数来源于《中国农村住户调查年鉴 2009》；（4）PG，SPG 和基尼系数来源于王雨林：《中国农村贫困与反贫困问题研究》，浙江大学出版社，2008 年版，第 69 页。

附表 2 贫困发生率与人均纯收入、基尼系数、农村居民恩格尔系数等相关关系

Correlations						
		贫困发生率	农村居民人均纯收入	政府扶贫资金投入	基尼系数	农村居民恩格尔系数
贫困发生率	Pearson Correlation	1	-0. 855**	-0. 886**	-0. 924**	0. 745**
	Sig.（2-tailed）		0. 000	0. 000	0. 000	0. 000
	N	22	22	17	19	22
农村居民人均纯收入	Pearson Correlation	-0. 855**	1	0. 914**	0. 953**	-0. 862**
	Sig.（2-tailed）	0. 000	0. 000	0. 000	0. 000	—
	N	22	23	18	20	23
政府扶贫资金投入	Pearson Correlation	-0. 886**	0. 914**	1	0. 917**	-0. 867**
	Sig.（2-tailed）	0. 000	0. 000	0. 000	0. 000	—
	N	17	18	18	18	18
基尼系数	Pearson Correlation	-0. 924**	0. 953**	0. 917**	1	-0. 788**
	Sig.（2-tailed）	0. 000	0. 000	0. 000	0. 000	N
	19	20	18	20	20	—
农村居民恩格尔系数	Pearson Correlation	0. 745**	-0. 862**	-0. 867**	-0. 788**	1
	Sig.（2-tailed）	0. 000	0. 000	0. 000	0. 000	—
	N	22	23	18	20	23

** Correlation is significant at the 0. 01 level（2-tailed）.

附表3 政府扶贫资金投入与人均扶贫成本

年份	政府扶贫资金投入总量（亿元）	农村居民人均纯收入（元）	人均消费支出（元）	贫困人口数（万人）	人均扶贫成本（元/人）
1986	42	423.76	356.95	1 3100	32.06
1987	42	462.55	398.29	12 200	34.43
1988	39	544.94	476.66	9 600	40.63
1989	41	601.51	535.37	10 200	40.20
1990	46	686.31	584.63	8 500	54.12
1991	63	708.55	619.79	9 400	67.02
1992	67	783.99	659.21	8 000	83.75
1993	76	921.62	769.65	10 007	75.95
1994	97	1 220.98	1 016.81	7 000	138.57
1995	98	1 577.74	1 310.36	6 540	149.85
1996	108	1 926.07	1 572.08	5 800	186.21
1997	153	2 090.13	1 617.15	4 962	308.34
1998	183	2 616.98	1 590.33	4 210	434.68
1999	258	2 210.34	1 577.42	3 412	756.15
2000	248	2 253.42	1 670.13	3 209	772.83
2001	298	2 366.40	1 741.09	2 927	1 018.11
2002	283	2 475.60	1 834.31	2 820	1 003.55
2003	299	2 622.20	1 943.30	2 900	1 031.03
2004		2 936.40	2 184.65	2 610	—
2005		3 254.90	2 555.40	2 365	—
2006		3 587.00	2 829.02	2 148	—
2007		4 140.40	3 223.85	1 479	—
2008		4 760.60	3 660.68	4 007	—

数据来源：（1）政府扶贫资金投入数据来源于姜爱华：《政府开发式扶贫资金绩效研究》，中国财政经济出版社，2008年版，第91页；2003年投入包括中央财政预算安排的扶贫资金114亿元（不含国债部分）和扶贫贴息贷款指导性计划185亿元，数据来源于2004年《中国农业发展报告》。（2）农村居民人均消费支出源于《中国发展报告2009》，人均扶贫成本由政府扶贫资金和贫困人口总数计算得到。

附表4 扶贫资金弹性

年份	政府扶贫资金投入总量（亿元）	贫困人口总数（万人）	a贫困人口变动率（%）	b政府扶贫资金变动率（%）	扶贫资金弹性
1986	42	1 3100	—	—	—
1987	42	12 200	6.87	0.00	
1988	39	9 600	21.31	-7.14	-2.98
1989	41	10 200	-6.25	5.13	-1.22
1990	46	8 500	16.67	12.20	1.37
1991	63	9 400	-10.59	36.96	-0.29
1992	67	8 000	14.89	6.35	2.35
1993	76	10 007	-25.09	13.43	-1.87
1994	97	7 000	30.05	27.63	1.09
1995	98	6 540	6.57	1.03	6.37
1996	108	5 800	11.31	10.20	1.11
1997	153	4 962	14.45	41.67	0.35
1998	183	4 210	15.16	19.61	0.77
1999	258	3 412	18.95	40.98	0.46
2000	248	3 209	5.95	-3.88	-1.53
2001	298	2 927	8.79	20.16	0.44
2002	283	2 820	3.66	-5.03	-0.73
2003	299	2 900	-2.84	5.65	-0.50
2004	—	2 610	10.00	—	—
2005	—	2 365	9.39	—	—
2006	—	2 148	9.18	—	—
2007	—	1 479	31.15	—	—
2008	—	4 007	-170.93	—	—

说明：扶贫资金弹性＝（a/b）×100%。其中a＝（上年贫困人口数－本年贫困人口数）/上年度贫困人口数；b＝（本年扶贫资金投入额－上年扶贫资金投入额）/上年度扶贫资金投入额。该公式具体参见姜爱华：《政府开发式扶贫资金绩效研究》，中国财政经济出版社，2008年版，第123页。

附表 5 全国农民平均消费倾向（APC）与边际消费倾向（MPC）

年份	a 人均消费支出（元）	b 农村居民人均纯收入（元）	c 人均消费支出增量	d 农民人均纯收入增量	APC	MPC
1986	356.95	423.76	—	—	0.84	—
1987	398.29	462.55	41.34	38.79	0.86	1.066
1988	476.66	544.94	78.37	82.39	0.87	0.951
1989	535.37	601.51	58.71	56.57	0.89	1.038
1990	584.63	686.31	49.26	84.8	0.85	0.581
1991	619.79	708.55	35.16	22.24	0.87	1.581
1992	659.21	783.99	39.42	75.44	0.84	0.523
1993	769.65	921.62	110.44	137.63	0.84	0.802
1994	1 016.81	1 220.98	247.16	299.36	0.83	0.826
1995	1 310.36	1 577.74	293.55	356.76	0.83	0.823
1996	1 572.08	1 926.07	261.72	348.33	0.82	0.751
1997	1 617.15	2 090.13	45.07	164.06	0.77	0.275
1998	1 590.33	2 616.98	-26.82	526.85	0.61	-0.05
1999	1 577.42	2 210.34	-12.91	-406.64	0.71	0.032
2000	1 670.13	2 253.42	92.71	43.08	0.74	2.152
2001	1 741.09	2 366.40	70.96	112.98	0.74	0.628
2002	1 834.31	2 475.60	93.22	109.2	0.74	0.854
2003	1 943.30	2 622.20	108.99	146.6	0.74	0.743
2004	2 184.65	2 936.40	241.35	314.2	0.74	0.768
2005	2 555.40	3 254.90	370.75	318.5	0.79	1.164
2006	2 829.02	3 587.00	273.62	332.1	0.79	0.824
2007	3 223.85	4 140.40	394.83	553.4	0.78	0.713
2008	3 660.68	4 760.60	436.83	620.2	0.77	0.704

说明：平均消费倾向 APC = a/b，边际消费倾向 MPC = c/d。计算思路来源于聂华林，李秀红：《中国西部农民收入与消费实证研究》，中国社会科学出版社，2007 年版，第 87 页。

附表 6 城镇居民平均消费倾向（APC）与边际消费倾向（MPC）

年份	城镇居民人均消费性支出（元）	城镇居民家庭人均可支配收入（元）	人均消费支出增量	人均可支配收入增量	APC	MPC
1986	799	900.9	—	—	0.89	—
1987	884.4	1 002.1	85.4	101.2	0.88	0.84
1988	1 104	1 180.2	219.6	178.1	0.94	1.23
1989	1 211	1 373.9	107	193.7	0.88	0.55
1990	1 278.9	1 510.2	67.9	136.3	0.85	0.50
1991	1 453.8	1 700.6	174.9	190.4	0.85	0.92
1992	1 671.7	2 026.6	217.9	326	0.82	0.67
1993	2 110.8	2 577.4	439.1	550.8	0.82	0.80
1994	2 851.3	3 496.2	740.5	918.8	0.82	0.81
1995	3 537.6	4 283	686.3	786.8	0.83	0.87
1996	3 919.5	4 838.9	381.9	555.9	0.81	0.69
1997	4 185.6	5 160.3	266.1	321.4	0.81	0.83
1998	4 331.6	5 425.1	146	264.8	0.80	0.55
1999	4 615.9	5 854	284.3	428.9	0.79	0.66
2000	4 998	6 280	382.1	426	0.80	0.90
2001	5 309	6 859.6	311	579.6	0.77	0.54
2002	6 029.9	7 720.8	720.9	861.2	0.78	0.84
2003	6 510.9	8 472.2	481	751.4	0.77	0.64
2004	7 182.1	9 421.6	671.2	949.4	0.76	0.71
2005	7 942.9	10 493	760.8	1 071.4	0.76	0.71
2006	8 696.7	11 759.5	753.8	1 266.5	0.74	0.60
2007	9 997.5	13 785.8	1 300.8	2 026.3	0.73	0.64
2008	11 242.9	15 780.8	1 245.4	1 995	0.71	0.62

数据来源：城镇居民人均消费性支出与家庭人均可支配收入来源于《中国城市（镇）生活与价格年鉴2009》；APC与MPC计算方法与前述附表相同。

附表7　国定贫困县平均消费倾向（APC）与边际消费倾向（MPC）

年份	国定贫困县人均消费支出（元）	国定贫困县人均纯收入（元）	人均消费支出增量	人均纯收入增量	APC	MPC
1997	1 052. 42	1 237. 12	—	—	0. 85	
1998	1 029. 42	1 317. 55	-23	80. 43	0. 78	-0. 29
1999	1 044. 56	1 346. 88	15. 14	29. 33	0. 78	0. 52
2000	1 040. 65	1 337. 83	-3. 91	-9. 05	0. 78	0. 43
2002	1 142. 7	1 305. 2	—	0. 88	—	—
2003	1 220. 1	1 406. 3	77. 4	101. 1	0. 87	0. 77
2004	1 394. 4	1 585. 3	174. 3	179	0. 88	0. 97
2005	1 528. 5	1 725. 6	134. 1	140. 3	0. 89	0. 96
2006	1 679. 7	1 928. 4	151. 2	202. 8	0. 87	0. 75

说明：因2001年的国定贫困线人均纯收入数据缺失，所以2002年的人均消费增量、人均纯收入增量和MPC空格。

数据来源：国定贫困线人均消费性支出与人均纯收入来源于历年《中国农村贫困监测报告》，中国统计出版社；APC与MPC计算方法与前述附表相同。

附表8　全国农村、城镇与国定贫困县居民APC与MPC

年份	平均消费倾向 APC			边际消费倾向 MPC		
	农村居民 APC	城镇居民 APC	国定贫困县 APC	农村居民 MPC	城镇居民 MPC	国定贫困县 MPC
1986	0. 84	0. 89				
1987	0. 86	0. 88		1. 07	0. 84	
1988	0. 87	0. 94		0. 95	1. 23	
1989	0. 89	0. 88		1. 04	0. 55	
1990	0. 85	0. 85		0. 58	0. 50	
1991	0. 87	0. 85		1. 58	0. 92	
1992	0. 84	0. 82		0. 52	0. 67	
1993	0. 84	0. 82		0. 80	0. 80	
1994	0. 83	0. 82		0. 83	0. 81	
1995	0. 83	0. 83		0. 82	0. 87	
1996	0. 82	0. 81		0. 75	0. 69	

续表

年份	平均消费倾向 APC			边际消费倾向 MPC		
	农村居民 APC	城镇居民 APC	国定贫困县 APC	农村居民 MPC	城镇居民 MPC	国定贫困县 MPC
1997	0.77	0.81	0.85	0.27	0.83	—
1998	0.61	0.80	0.78	-0.05	0.55	-0.29
1999	0.71	0.79	0.78	0.03	0.66	0.52
2000	0.74	0.80	0.78	2.15	0.90	0.43
2001	0.74	0.77	—	0.63	0.54	—
2002	0.74	0.78	0.88	0.85	0.84	—
2003	0.74	0.77	0.87	0.74	0.64	0.77
2004	0.74	0.76	0.88	0.77	0.71	0.97
2005	0.79	0.76	0.89	1.16	0.71	0.96
2006	0.79	0.74	0.87	0.82	0.60	0.75
2007	0.78	0.73	—	0.71	0.64	—
2008	0.77	0.71	—	0.70	0.62	—

说明：计算方法和相关数据分别参见附表5“全国农民平均消费倾向（APC）与边际消费倾向（MPC）”；附表6“城镇居民平均消费倾向（APC）与边际消费倾向（MPC）”；附表7“国定贫困县平均消费倾向（APC）与边际消费倾向（MPC）”。

附表9 中国官方贫困线标准与相对贫困线的比较

官方标准			相对数贫困线的比较 单位：元			
年份	a 贫困线（元/人）	b 农村居民人均纯收入（元）	c = b 的 40%	d = b 的 50%（欧盟国家）	e = b 的 60%（发达国家）	f = a/b（%）
1986	213	423.76	169.50	211.88	254.26	50.26
1987	227	462.55	185.02	231.28	277.53	49.08
1988	236	544.94	217.98	272.47	326.96	43.31
1989	259	601.51	240.60	300.76	360.91	43.06
1990	300	686.31	274.52	343.16	411.79	43.71
1991	304	708.55	283.42	354.28	425.13	42.90
1992	317	783.99	313.60	392.00	470.39	40.43
1993	367	921.62	368.65	460.81	552.97	39.82
1994	440	1 220.98	488.39	610.49	732.59	36.04

续表

官方标准			相对数贫困线的比较 单位：元			
年份	a 贫困线（元/人）	b 农村居民人均纯收入（元）	c = b 的 40%	d = b 的 50%（欧盟国家）	e = b 的 60%（发达国家）	f = a/b（%）
1995	530	1 577.74	631.10	788.87	946.64	33.59
1996		1 926.07	770.43	963.04	1 155.64	0.00
1997	640	2 090.13	836.05	1 045.07	1 254.08	30.62
1998	635	2 616.98	1 046.79	1 308.49	1 570.19	24.26
1999	625	2 210.34	884.14	1 105.17	1 326.20	28.28
2000	625	2 253.42	901.37	1 126.71	1 352.05	27.74
2001	630	2 366.40	946.56	1 183.20	1 419.84	26.62
2002	627	2 475.60	990.24	1 237.80	1 485.36	25.33
2003	637	2 622.20	1 048.88	1 311.10	1 573.32	24.29
2004	668	2 936.40	1 174.56	1 468.20	1 761.84	22.75
2005	683	3 254.90	1 301.96	1 627.45	1 952.94	20.98
2006	693	3 587.00	1 434.80	1 793.50	2 152.20	19.32
2007	785	4 140.40	1 656.16	2 070.20	2 484.24	18.96
2008	1 196	4 760.60	1 904.24	2 380.30	2 856.36	25.12

数据来源：a 和 b 源于《中国农村住户调查年鉴 2009》和历年《中国统计年鉴》，中国统计出版社；c，d，e 和 f 经 a 和 b 计算得出。

附表 10 OECD 国家公共社会保护支出占 GDP 的比重（%）

年 国家	1980	1985	1990	1995	2000	2005	2006	2007
澳大利亚	10.282	12.119	13.127	16.187	17.321	16.516	16.092	16.016
奥地利	22.385	23.71	23.764	26.556	26.725	27.365	26.973	26.421
比利时	23.519	26.04	24.883	26.266	25.415	26.451	26.42	26.348
加拿大	13.656	16.987	18.117	18.89	16.5	17.019	16.94	16.856
智利	—	—	10.167	11.391	13.18	11.162	10.488	10.564
捷克共和国	—	—	16.04	18.173	19.797	19.53	19.052	18.792
丹麦	24.76	23.242	25.139	28.915	25.678	27.213	26.586	26.1

续表

年	1980	1985	1990	1995	2000	2005	2006	2007
国家								
爱沙尼亚	—	—	—	0	14.058	13.165	12.779	13.002
芬兰	18.074	22.588	24.288	30.874	24.341	26.121	25.912	24.933
法国	20.76	25.997	24.871	28.498	27.718	28.969	28.593	28.4
德国	22.113	22.525	21.734	26.762	26.559	27.234	26.148	25.161
希腊	10.242	15.971	16.47	17.341	19.155	20.964	21.259	21.329
匈牙利	—	—	—	—	20.438	22.812	23.055	23.089
冰岛	—	—	13.737	15.206	15.247	16.329	15.869	14.59
爱尔兰	16.656	21.307	14.924	15.681	13.269	15.756	15.751	16.311
以色列	—	—	—	16.702	17.092	16.455	15.936	15.522
意大利	17.978	20.807	19.95	19.897	23.275	24.979	25.087	24.858
日本	10.4	11.238	11.28	14.276	16.536	18.591	18.441	18.704
韩国	—	—	2.827	3.241	4.798	6.447	7.338	7.525
卢森堡	20.63	20.186	19.135	20.756	19.782	22.997	21.79	20.648
墨西哥	—	1.734	3.258	4.328	5.302	6.83	6.971	7.21
荷兰	24.791	25.344	25.567	23.808	19.783	20.708	20.304	20.078
新西兰	17.04	17.663	21.52	18.666	19.144	18.119	18.951	18.392
挪威	16.852	17.766	22.306	23.282	21.306	21.709	20.444	20.799
波兰	—	—	14.915	22.608	20.748	21.28	21.011	20.006
葡萄牙	9.919	10.096	12.503	16.476	18.876	22.897	22.937	22.523
斯洛伐克共和国	—	—	—	18.763	17.916	16.32	15.986	15.687
斯洛文尼亚	—	—	0	0	22.884	21.899	21.541	20.264
西班牙	15.548	17.784	19.949	21.408	20.436	21.407	21.401	21.579
瑞典	27.163	29.487	30.233	32.037	28.432	29.083	28.413	27.304
瑞士	13.799	14.696	13.454	17.462	17.846	20.191	19.193	18.521
土耳其	3.223	3.13	5.68	5.594	—	9.873	9.988	10.476
英国	16.539	19.436	16.75	19.907	18.595	20.565	20.359	20.541
美国	13.155	13.114	13.456	15.381	14.455	15.833	15.992	16.196
OECD 合计	15.626	17.301	17.616	19.455	18.894	19.788	19.529	19.255

附表 11 OECD 国家公共社会保护支出占政府支出的比重（%）

年 国家	1980	1985	1990	1995	2000	2005	2006	2007
澳大利亚	31.61	32.042	37.13	44.588	48.769	48.954	48.073	47.964
奥地利	45.211	44.686	46.139	47.143	51.271	54.552	54.613	54.503
比利时	—	44.541	47.507	50.345	51.718	50.603	54.316	54.383
加拿大	32.665	35.305	36.472	39.36	39.92	43.262	42.971	42.703
智利	—	—	—	—	—	—	—	—
捷克共和国	—	—	—	33.365	47.343	43.416	43.552	44.22
丹麦	—	—	45.369	48.775	47.839	51.552	51.538	51.255
爱沙尼亚	—	—	—	0	38.917	39.181	38.029	37.803
芬兰	44.995	48.543	50.433	50.274	50.408	52.055	52.851	52.773
法国	45.437	50.203	50.27	52.35	53.681	54.265	54.248	54.296
德国	—	—	—	48.866	58.876	58.143	57.705	57.769
希腊	—	—	—	37.907	41.028	47.697	47.166	45.658
匈牙利	—	—	—	—	43.707	45.431	44.328	46.194
冰岛	—	—	—	35.608	36.419	38.688	38.109	34.516
爱尔兰	—	—	34.884	38.158	42.436	46.406	45.731	44.339
以色列	—	—	—	31.645	35.24	35.318	34.727	34.539
意大利	44.079	41.749	37.709	37.889	50.401	51.873	51.5	51.94
日本	31.093	34.334	35.715	39.483	42.48	49.091	51.075	51.683
韩国	—	—	14.474	15.921	21.389	24.248	26.463	26.264
卢森堡	—	—	50.694	52.307	52.624	55.388	56.487	57.089
墨西哥	—	—	—	—	—	36.98	36.45	37.316
荷兰	44.913	44.26	46.56	42.179	44.787	46.232	44.581	44.352
新西兰	—	—	40.741	45.457	49.958	47.652	48.262	46.698
挪威	—	—	—	45.707	50.368	51.548	50.518	50.565
波兰	—	—	—	47.381	50.504	48.986	47.9	47.419
葡萄牙	—	—	—	39.666	45.893	50.026	51.513	51.448
斯洛伐克共和国	—	—	—	38.574	34.335	42.94	43.631	45.696
斯洛文尼亚	—	—	—	0	48.972	48.452	48.396	47.763

续表

年 国家	1980	1985	1990	1995	2000	2005	2006	2007
西班牙	—	—	—	48. 175	52. 242	55. 683	55. 745	55. 08
瑞典	—	—	—	49. 326	51. 611	54. 005	53. 901	53. 57
瑞士	—	—	44. 397	49. 886	50. 845	57. 25	57. 321	57. 301
土耳其	—	—	—	—	—	—	—	—
英国	35. 899	42. 639	40. 332	45. 794	47. 268	46. 608	46. 134	45. 8
美国	38. 988	35. 759	36. 378	41. 413	42. 582	43. 721	44. 376	44. 292
OECD 合计	—	—	—	—	—	—	—	—

附表 12 OECD 国家人均公共社会保护支出（以目前的价格与 PPPs 计价，单位：美元）

年 国家	1980	1985	1990	1995	2000	2005	2006	2007
澳大利亚	1081. 236	1751. 223	2336. 772	3580. 28	4857. 198	5795. 826	5973. 098	6256. 904
奥地利	2362. 677	3460. 798	4623. 769	6241. 216	7689. 67	9142. 59	9785. 412	10008. 47
比利时	2405. 852	3601. 614	4649. 887	5896. 717	7021. 847	8501. 647	9027. 49	9353. 603
加拿大	1556. 662	2658. 132	3546. 563	4321. 834	4734. 779	6050. 91	6313. 494	6492. 599
智利	—	—	—	849. 205	1222. 456	1361. 074	1367. 181	1466. 876
捷克共和国	—	—	1904. 717	2328. 583	2968. 364	3977. 506	4259. 266	4615. 603
丹麦	2469. 765	3426. 289	4641. 261	6648. 297	7402. 012	9033. 755	9580. 478	9705. 311
爱沙尼亚	—	—	—	0	1386. 488	2176. 281	2445. 851	2779. 669
芬兰	1632. 433	2928. 585	4276. 988	5800. 369	6244. 543	8016. 376	8577. 983	9023. 52
法国	1972. 582	3349. 611	4296. 939	5762. 85	7005. 97	8601. 514	9023. 871	9446. 242
德国	2537. 988	3599. 901	4626. 167	6019. 477	6892. 67	8542. 231	8817. 617	8948. 574
希腊	837. 186	1645. 584	2070. 854	2545. 398	3526. 958	5151. 137	5723. 896	6044. 089
匈牙利	—	—	—	—	2480. 292	3863. 839	4227. 042	4419. 533
冰岛	—	—	2926. 587	3530. 935	4397. 953	5719. 307	5683. 966	5454. 636
爱尔兰	1033. 129	1856. 694	1940. 034	2809. 917	3807. 887	6085. 315	6659. 591	7381. 53
以色列	—	—	—	2800. 468	4015. 019	3848. 922	3986. 247	4142. 576
意大利	1655. 738	2679. 205	3510. 172	4200. 677	5957. 833	7030. 219	7584. 561	7892. 143

续表

年 国家	1980	1985	1990	1995	2000	2005	2006	2007
日本	966. 535	1489. 59	2180. 31	3258. 202	4256. 431	5704. 896	5950. 071	6286. 931
韩国	—	—	237. 273	426. 077	826. 205	1468. 931	1783. 139	1970. 577
卢森堡	2678. 938	3799. 484	5818. 678	8081. 644	10613. 272	15723. 491	17115. 045	17446. 575
墨西哥	—	104. 298	226. 075	326. 169	532. 669	850. 997	955. 371	1042. 069
荷兰	2446. 932	3331. 326	4507. 411	5131. 113	5817. 867	7270. 791	7730. 373	8182. 236
新西兰	1480. 584	2236. 208	3145. 314	3317. 685	4042. 513	4613. 271	5175. 33	5280. 766
挪威	1612. 201	2541. 11	3989. 936	5493. 923	7697. 79	10272. 323	10896. 994	11427. 05
波兰	—	—	893. 486	1691. 754	2192. 671	2933. 549	3166. 704	3340. 513
葡萄牙	530. 761	710. 49	1375. 998	2219. 563	3350. 572	4875. 78	5247. 049	5401. 359
斯洛伐克共和国	—	—	—	1558. 875	1965. 877	2637. 911	2940. 056	3254. 897
斯洛文尼亚	—	—	—	0	3997. 981	5144. 883	5479. 841	5508. 524
西班牙	1057. 098	1631. 771	2646. 964	3422. 938	4357. 401	5860. 616	6496. 576	6956. 686
瑞典	2867. 794	4379. 485	5838. 48	7004. 882	7947. 371	9510. 575	10140. 533	10492. 509
瑞士	1869. 044	2725. 934	3289. 2	4648. 719	5643. 143	7163. 277	7509. 845	7925. 375
土耳其	92. 874	130. 299	331. 883	398. 687	—	1124. 668	1287. 467	1432. 833
英国	1413. 658	2359. 283	2746. 225	3985. 979	4918. 076	6844. 725	7171. 189	7447. 768
美国	1570. 834	2266. 948	3061. 386	4210. 956	5003. 658	6636. 371	7047. 039	7434. 935
OECD 合计	1346. 351	2067. 573	2805. 197	3707. 298	4577. 295	5927. 512	6327. 341	6595. 978

附表 13　税收和转移支付前的贫困发生率

贫困线	当前平均收入的 40%					
时期 国家	70 年代中期	80 年代中期	90 年代	90 年代中期	2000 年代	2000s 中期
澳大利亚	—	—	—	25. 4	26. 4	25
奥地利	—	—	—	—	—	19. 9
比利时	—	—	—	32. 4	31. 4	30. 8
加拿大	16. 37	18. 94	19. 56	21. 77	20. 62	19. 82

续表

贫困线	当前平均收入的40%					
时期	70 年代中期	80 年代中期	90 年代	90 年代中期	2000 年代	2000s 中期
国家						
捷克共和国	—	—	—	—	—	25.2
丹麦	—	18	20.3	22.8	21.1	21.3
芬兰	—	—	—	—	—	13.8
法国	—	31.7	29.4	31.7	30	27.7
德国	—	24.2	22.3	26.1	28.1	30.3
希腊	19	23	—	25.2	26.7	26.9
匈牙利	—	—	22.6	25.5	24.5	26.4
冰岛	—	—	—	—	—	15.5
爱尔兰	—	—	—	—	—	27
意大利	—	—	—	28	27.3	29.6
日本	—	—	—	15.2	20.4	23
韩国	—	—	—	—	—	12.4
卢森堡	—	—	—	—	—	24.5
墨西哥	—	15.3	—	16.5	17.5	15.2
荷兰	—	—	—	—	20.3	21.3
新西兰	—	—	—	—	—	—
挪威	—	16.6	—	21.7	19.9	21.2
波兰	—	—	—	—	—	33.6
葡萄牙	—	—	—	—	—	24.4
斯洛伐克共和国	—	—	—	—	—	24.6
西班牙	—	—	—	—	—	11.2
瑞典	19.8	23.7	23.2	26.5	24.5	24.1
瑞士	—	—	—	—	13.1	13.9
土耳其	—	—	—	—	—	—
英国	—	—	—	—	24.9	23.2
美国	19.1	21.3	21.4	22	20.7	21.7
OECD 合计	—	—	—	—	—	22.736

续表

贫困线	当前平均收入的50%					
时期	70年代中期	80年代中期	90年代	90年代中期	2000年代	2000s中期
国家						
澳大利亚	—	—	—	28.4	29.8	28.6
奥地利	—	—	—	—	—	23.1
比利时	—	—	—	36.7	35.6	32.7
加拿大	20.38	23.09	24.02	26.16	24.74	24.48
捷克共和国	—	—	—	25.1	27.9	28.2
丹麦	—	20.1	22.4	24.9	23.2	23.6
芬兰	15.8	15.1	—	20.7	18	17.6
法国	—	35.8	34.3	34.3	33	30.7
德国	—	26.9	24.9	28.7	31.1	33.6
希腊	24.1	28	—	30.5	32.2	32.5
匈牙利	—	—	26.7	29.9	28.6	29.9
冰岛	—	—	—	—	—	20.1
爱尔兰	—	—	—	—	25.7	30.9
意大利	—	21.1	24.1	30.9	31.1	33.8
日本	—	12.5	—	19	23.9	26.9
韩国	—	—	—	—	—	17.5
卢森堡	—	—	—	—	—	29.1
墨西哥	—	20.7	—	23.1	22.5	21
荷兰	—	—	—	24	23.6	24.7
新西兰	—	20.2	27.3	27.1	26.9	26.6
挪威	—	18.7	—	24.5	22.6	24
波兰	—	—	—	—	—	37.5
葡萄牙	27.2	—	23.5	26.2	24.1	29
斯洛伐克共和国	—	—	—	—	—	27.4
西班牙	—	—	—	18.5	17.9	17.6
瑞典	22	26.1	25.9	29.6	27	26.7
瑞士	—	—	—	—	16.5	18

续表

贫困线	当前平均收入的50%					
时期	70年代中期	80年代中期	90年代	90年代中期	2000年代	2000s中期
国家						
土耳其	—	—	—	—	—	—
英国	—	—	—	29.9	27.8	26.3
美国	23	25.6	25.9	26.4	25.4	26.3
OECD合计	—	—	—	—	—	26.442

贫困线	当前平均收入的60%					
时期	70年代中期	80年代中期	90年代	90年代中期	2000年代	2000s中期
国家						
澳大利亚	—	—	—	32	33.5	32.6
奥地利	—	—	—	—	—	27.6
比利时	—	—	—	42	40.5	34.9
加拿大	25.02	27.93	28.88	30.67	29.44	29.49
捷克共和国	—	—	—	29.4	32	31.7
丹麦	—	22.4	24.7	27.3	25.5	26
芬兰	19.4	18.8	—	25.5	22.4	22
法国	—	39.7	37.8	37	36.1	34.1
德国	—	29.5	28.4	32.2	34	36.4
希腊	—	—	—	36.7	38.5	38.5
匈牙利	—	—	30.9	33.3	33	33.6
冰岛	—	—	—	—	—	24.7
爱尔兰	—	—	—	—	29.4	33.9
意大利	—	—	—	35.1	35.2	37.6
日本	—	—	—	23.1	28.3	30.9
韩国	—	—	—	—	—	23.1
卢森堡	—	—	—	—	—	34.4
墨西哥	—	27.4	—	29.1	28.9	27.2
荷兰	—	—	—	26.2	27.6	28.6
新西兰	—	23.3	30.3	29.6	30.2	29.8

续表

贫困线	当前平均收入的60%					
时期	70年代中期	80年代中期	90年代	90年代中期	2000年代	2000s中期
国家						
挪威	—	20.8	—	27.5	25.8	27
波兰	—	—	—	—	—	41.9
葡萄牙	30.8	—	28.2	30.8	28.6	33.8
斯洛伐克共和国	—	—	—	—	—	31.9
西班牙	—	—	—	25.4	24.9	25
瑞典	24.7	29.5	29.5	33	29.9	29.8
瑞士	—	—	—	—	20.7	23
土耳其	—	—	—	—	—	—
英国	—	—	—	—	31.3	29.8
美国	27.4	30.3	30.6	31.3	30.3	31
OECD合计	—	—	—	—	—	30.747

附表14 税收和转移支付后的贫困发生率

贫困线	当前平均收入的40%					
时期	70年代中期	80年代中期	90年代	90年代中期	2000年代	2000s中期
国家						
澳大利亚	—	—	—	5	5.9	4.6
奥地利	—	—	—	—	—	3.4
比利时	—	—	—	6.2	6.2	3.1
加拿大	7.99	7.18	6.45	5.95	6.48	6.76
捷克共和国	—	—	—	—	—	3
丹麦	—	1.8	2.1	1.5	1.7	2.1
芬兰	—	—	—	—	—	2.8
法国	—	4.9	3.1	3.2	2.7	2.8
德国	—	3.1	3.7	4.9	5.3	6.3
希腊	12.6	8.8	—	8	8.1	7
匈牙利	—	—	2.9	3.4	4	3.7

续表

贫困线	当前平均收入的40%					
时期	70年代中期	80年代中期	90年代	90年代中期	2000年代	2000s中期
国家						
冰岛	—	—	—	—	—	4.2
爱尔兰	—	—	—	—	—	7
意大利	—	—	—	9	7.3	6.6
日本	—	—	—	8.7	10.1	9.5
韩国	—	—	—	—	—	9.8
卢森堡	—	1.7	—	1.7	1.7	3.1
墨西哥	—	15.2	—	14.9	15.5	12.7
荷兰	—	—	—	—	3.4	4
新西兰	—	—	—	—	—	—
挪威	—	1.9	—	3.1	2.9	3.5
波兰	—	—	—	—	6.4	9.3
葡萄牙	—	—	—	—	—	7.4
斯洛伐克共和国	—	—	—	—	—	4.5
西班牙	—	—	—	—	—	8.1
瑞典	1.3	1.5	1.7	2	2.5	2.5
瑞士	—	—	—	—	3.8	4.8
土耳其	—	—	—	9.5	—	11.4
英国	—	—	—	—	4.4	3.7
美国	10.1	11.8	11.9	10.7	11	11.4
OECD合计	—	—	—	—	—	5.65
贫困线	当前平均收入的50%					
时期	70年代中期	80年代中期	90年代	90年代中期	2000年代	2000s中期
国家						
澳大利亚	—	—	—	11.4	12.2	12.4
奥地利	—	6.1	—	7.4	9.3	6.6
比利时	—	14.6	—	10.8	10.4	8.8
加拿大	12.92	11.84	11.1	10.73	11.41	11.73

续表

贫困线	当前平均收入的50%					
时期	70年代中期	80年代中期	90年代	90年代中期	2000年代	2000s中期
国家						
捷克共和国	—	—	3.2	4.3	4.3	5.8
丹麦	—	6	6.2	4.7	5.1	5.3
芬兰	9.9	5.1	—	4.9	6.4	7.3
法国	—	8.3	7.2	7.5	7.2	7.1
德国	—	6.3	6.6	8.5	9.2	11
希腊	17.8	13.4	—	13.9	13.5	12.6
匈牙利	—	—	6.3	7.4	8.2	7.1
冰岛	—	—	—	—	—	7.1
爱尔兰	—	10.6	—	11	15.4	14.8
意大利	—	10.3	10.7	14.2	11.8	11.4
日本	—	12	—	13.7	15.3	14.9
韩国	—	—	—	—	—	14.6
卢森堡	—	5.4	—	5.5	5.5	8.1
墨西哥	—	20.7	—	21.7	21.5	18.4
荷兰	—	—	—	6.3	6.8	7.7
新西兰	—	6.2	9	8.4	9.8	10.8
挪威	—	6.4	—	7.1	6.3	6.8
波兰	—	—	—	—	11.2	14.6
葡萄牙	16.2	—	13.8	14.6	13.7	12.9
斯洛伐克共和国	—	—	—	—	—	8.1
西班牙	—	14.1	10.7	11.8	13.7	14.1
瑞典	3.8	3.3	3.6	3.7	5.3	5.3
瑞士	—	—	—	—	7.5	8.7
土耳其	—	16.4	—	16.2	—	17.5
英国	—	—	—	10.9	10.2	8.3
美国	15.4	17.9	18.1	16.7	17.1	17.1
OECD合计	—	—	—	—	—	10.581

续表

贫困线	当前平均收入的60%					
时期	70年代中期	80年代中期	90年代	90年代中期	2000年代	2000s中期
国家						
澳大利亚	—	—	—	20.8	21.2	20.3
奥地利	—	11.4	—	13.7	15.6	13.4
比利时	—	20.7	—	17.6	17.8	16.2
加拿大	18.86	18.21	17.47	17.1	18.11	18.78
捷克共和国	—	—	8.1	9.9	9.7	11.5
丹麦	—	13.4	13.3	11.5	12.3	12.3
芬兰	15.8	10.7	—	10.8	13.8	14.8
法国	—	15.3	15.4	14.9	14.7	14.1
德国	—	12.5	12.5	13.9	14.1	17.2
希腊	23.7	19.6	—	21.7	20.5	19.6
匈牙利	—	—	12.9	14.4	14.4	12.3
冰岛	—	—	—	—	—	12.3
爱尔兰	—	19.5	—	20.7	23.3	23.3
意大利	—	16.9	19.1	21.8	19.1	19.7
日本	—	18	—	19.8	21.4	20.8
韩国	—	—	—	—	—	20.8
卢森堡	—	11.5	—	12.4	12.9	13.2
墨西哥	—	27.6	—	27.8	28	25.3
荷兰	—	—	—	13.5	13.6	14.4
新西兰	—	14.2	19.4	15.8	20.5	22.7
挪威	—	12.2	—	13.4	12.1	12.4
波兰	—	—	—	—	17.7	20.8
葡萄牙	22.3	—	20.6	22.1	20.6	20.7
斯洛伐克共和国	—	—	—	—	—	13.7
西班牙	—	20.2	16.3	18.6	21	21
瑞典	9.3	7.3	8.7	7.9	10.8	11.4
瑞士	—	—	—	—	13.3	15.2

续表

贫困线	当前平均收入的60%					
时期	70年代中期	80年代中期	90年代	90年代中期	2000年代	2000s中期
国家						
土耳其	—	24.3	—	23.4	—	24.3
英国	—	—	—	19.5	18.5	15.5
美国	21.2	23.8	24.2	23.8	23.7	23.9
OECD合计	—	—	—	—	—	17.4

附表15　税收和转移支付前的基尼系数

年龄	总人口					
时期	70年代中期	80年代中期	90年代	90年代中期	2000年代	2000s中期
国家						
澳大利亚	—	—	—	0.47	0.48	0.46
奥地利	—	—	—	—	—	0.43
比利时	—	0.45	—	0.47	0.46	0.49
加拿大	0.38	0.4	0.4	0.43	0.44	0.44
捷克共和国	—	—	—	0.44	0.47	0.47
丹麦	—	0.37	0.4	0.42	0.41	0.42
芬兰	0.34	0.33	—	0.39	0.39	0.39
法国	—	0.52	0.51	0.48	0.5	0.48
德国	—	0.44	0.42	0.46	0.48	0.51
希腊	—	—	—	—	—	—
匈牙利	—	—	—	—	—	—
冰岛	—	—	—	—	—	0.37
爱尔兰	—	—	—	—	0.43	0.42
意大利	—	0.42	0.44	0.51	0.52	0.56
日本	—	0.35	—	0.4	0.43	0.44
韩国	—	—	—	—	—	0.34
卢森堡	—	—	—	—	—	0.45
墨西哥	—	—	—	—	—	—

续表

年龄	总人口					
时期	70 年代中期	80 年代中期	90 年代	90 年代中期	2000 年代	2000s 中期
国家						
荷兰	0.42	0.47	0.47	0.48	0.42	0.42
新西兰	—	0.41	0.47	0.49	0.48	0.47
挪威	—	0.35	—	0.4	0.41	0.43
波兰	—	—	—	—	—	0.57
葡萄牙	0.46	—	0.44	0.49	0.48	0.54
斯洛伐克共和国	—	—	—	—	—	0.46
西班牙	—	—	—	—	—	—
瑞典	0.39	0.4	0.41	0.44	0.45	0.43
瑞士	—	—	—	—	0.35	0.35
土耳其	—	—	—	—	—	—
英国	0.36	0.44	0.46	0.48	0.48	0.46
美国	0.37	0.4	0.42	0.45	0.45	0.46
OECD 合计	—	—	—	—	—	0.45
年龄	工作年龄人口：18～65 岁					
时期	70 年代中期	80 年代中期	90 年代	90 年代中期	2000 年代	2000s 中期
国家						
澳大利亚	—	—	—	0.42	0.41	0.42
奥地利	—	—	—	—	—	0.39
比利时	—	—	—	0.42	0.4	0.43
加拿大	0.36	0.37	0.37	0.4	0.42	0.41
捷克共和国	—	—	—	0.37	0.4	0.4
丹麦	—	0.32	0.35	0.37	0.37	0.37
芬兰	0.32	0.31	—	0.38	0.37	0.38
法国	—	0.45	0.44	0.43	0.44	0.41
德国	—	0.37	0.35	0.39	0.4	0.43
希腊	—	—	—	—	—	—
匈牙利	—	—	—	—	—	—

续表

年龄	工作年龄人口：18~65岁					
时期	70年代中期	80年代中期	90年代	90年代中期	2000年代	2000s中期
国家						
冰岛	—	—	—	—	—	0.33
爱尔兰	—	—	—	—	0.39	0.39
意大利	—	0.39	0.4	0.47	0.47	0.49
日本	—	0.34	—	0.37	0.39	0.38
韩国	—	—	—	—	—	0.32
卢森堡	—	—	—	—	—	0.4
墨西哥	—	—	—	—	—	—
荷兰	0.38	0.43	0.43	0.44	0.39	0.39
新西兰	—	0.36	0.42	0.43	0.43	0.42
挪威	—	0.29	—	0.34	0.36	0.39
波兰	—	—	—	—	—	0.54
葡萄牙	—	—	0.4	0.43	0.43	0.49
斯洛伐克共和国	—	—	—	—	—	0.41
西班牙	—	—	—	—	—	—
瑞典	0.31	0.32	0.32	0.37	0.38	0.37
瑞士	—	—	—	—	0.31	0.31
土耳其	—	—	—	—	—	—
英国	0.31	0.39	0.41	0.42	0.43	0.41
美国	0.35	0.38	0.39	0.42	0.42	0.43
OECD合计	—	—	—	—	—	0.4
年龄	退休年龄人口：65岁以上					
时期	70年代中期	80年代中期	90年代	90年代中期	2000年代	2000s中期
国家						
澳大利亚	—	—	—	0.72	0.76	0.73
奥地利	—	—	—	—	—	0.77
比利时	—	—	—	0.84	0.84	0.86
加拿大	0.65	0.63	0.59	0.6	0.57	0.56

续表

年龄	退休年龄人口：65 岁以上					
时期	70 年代中期	80 年代中期	90 年代	90 年代中期	2000 年代	2000s 中期
国家						
捷克共和国	—	—	—	0.88	0.91	0.87
丹麦	—	0.7	0.71	0.71	0.7	0.68
芬兰	0.59	0.5	—	0.43	0.41	0.39
法国	—	1.07	0.99	0.85	0.85	0.82
德国	—	0.83	0.78	0.78	0.78	0.76
希腊	—	—	—	—	—	—
匈牙利	—	—	—	—	—	—
冰岛	—	—	—	—	—	0.7
爱尔兰	—	—	—	—	0.71	0.51
意大利	—	0.36	0.34	0.77	0.8	0.86
日本	—	0.5	—	0.61	0.65	0.68
韩国	—	—	—	—	—	0.47
卢森堡	—	—	—	—	—	0.81
墨西哥	—	—	—	—	—	—
荷兰	0.68	0.67	0.66	0.63	0.6	0.57
新西兰	—	0.7	0.68	0.71	0.72	0.72
挪威	—	0.65	—	0.65	0.61	0.65
波兰	—	—	—	—	—	0.85
葡萄牙	—	—	0.73	0.75	0.76	0.49
斯洛伐克共和国	—	—	—	—	—	0.88
西班牙	—	—	—	—	—	—
瑞典	0.76	0.71	0.72	0.6	0.65	0.64
瑞士	—	—	—	—	0.55	0.53
土耳其	—	—	—	—	—	—
英国	0.66	0.67	0.65	0.63	0.61	0.6
美国	0.56	0.56	0.58	0.59	0.59	0.6
OECD 合计	—	—	—	—	—	0.67

附表 16 税收和转移支付后的基尼系数

年龄	总人口					
时期	70 年代中期	80 年代中期	90 年代	90 年代中期	2000 年代	2000s 中期
国家						
澳大利亚	—	—	—	0.31	0.32	0.3
奥地利	—	0.24	—	0.24	0.25	0.27
比利时	—	0.27	—	0.29	0.29	0.27
加拿大	0.3	0.29	0.29	0.29	0.32	0.32
捷克共和国	—	—	0.23	0.26	0.26	0.27
丹麦	—	0.22	0.23	0.21	0.23	0.23
芬兰	0.23	0.21	—	0.23	0.26	0.27
法国	—	0.31	0.3	0.28	0.28	0.28
德国	—	0.26	0.26	0.27	0.27	0.3
希腊	0.41	0.34	—	0.34	0.34	0.32
匈牙利	—	—	0.27	0.29	0.29	0.29
冰岛	—	—	—	—	—	0.28
爱尔兰	—	0.33	—	0.32	0.3	0.33
意大利	—	0.31	0.3	0.35	0.34	0.35
日本	—	0.3	—	0.32	0.34	0.32
韩国	—	—	—	—	—	0.31
卢森堡	—	0.25	—	0.26	0.26	0.26
墨西哥	—	0.45	—	0.52	0.51	0.47
荷兰	0.25	0.26	0.28	0.28	0.28	0.27
新西兰	—	0.27	0.32	0.34	0.34	0.34
挪威	—	0.23	—	0.26	0.26	0.28
波兰	—	—	—	—	0.32	0.37
葡萄牙	0.35	—	0.33	0.36	0.36	0.38
斯洛伐克共和国	—	—	—	—	—	0.27
西班牙	—	0.37	0.34	0.34	0.34	0.32
瑞典	0.21	0.2	0.21	0.21	0.24	0.23
瑞士	—	—	—	—	0.28	0.28

续表

年龄	总人口					
时期	70 年代中期	80 年代中期	90 年代	90 年代中期	2000 年代	2000s 中期
国家						
土耳其	—	0.43	—	0.49	—	0.43
英国	0.28	0.33	0.37	0.35	0.37	0.34
美国	0.32	0.34	0.35	0.36	0.36	0.38
OECD 合计	—	—	—	—	—	0.31
年龄	工作年龄人口：18 ~65 岁					
时期	70 年代中期	80 年代中期	90 年代	90 年代中期	2000 年代	2000s 中期
国家						
澳大利亚	—	—	—	0.3	0.29	0.31
奥地利	—	0.23	—	0.23	0.25	0.27
比利时	—	—	—	0.28	0.28	0.27
加拿大	0.3	0.29	0.29	0.29	0.33	0.32
捷克共和国	—	—	0.23	0.25	0.26	0.27
丹麦	—	0.21	0.21	0.21	0.22	0.23
芬兰	0.23	0.2	—	0.23	0.26	0.27
法国	—	0.31	0.3	0.28	0.29	0.28
德国	—	0.25	0.25	0.27	0.27	0.3
希腊	0.41	0.33	—	0.32	0.34	0.31
匈牙利	—	—	0.27	0.3	0.3	0.3
冰岛	—	—	—	—	—	0.29
爱尔兰	—	0.34	—	0.32	0.29	0.32
意大利	—	0.31	0.29	0.35	0.34	0.35
日本	—	0.3	—	0.32	0.33	0.31
韩国	—	—	—	—	—	0.3
卢森堡	—	0.24	—	0.26	0.26	0.26
墨西哥	—	0.45	—	0.52	0.5	0.47
荷兰	0.25	0.26	0.28	0.28	0.28	0.27
新西兰	—	0.26	0.31	0.33	0.33	0.33

续表

年龄	工作年龄人口：18~65岁					
时期	70年代中期	80年代中期	90年代	90年代中期	2000年代	2000s中期
国家						
挪威	—	0.22	—	0.25	0.26	0.28
波兰	—	—	—	—	0.32	0.38
葡萄牙	—	—	0.32	0.34	0.35	0.38
斯洛伐克共和国	—	—	—	—	—	0.27
西班牙	—	0.3	0.27	0.28	0.27	0.31
瑞典	0.2	0.2	0.2	0.22	0.24	0.24
瑞士	—	—	—	—	0.28	0.27
土耳其	—	0.43	—	0.51	—	0.42
英国	0.28	0.32	0.36	0.35	0.37	0.34
美国	0.3	0.33	0.34	0.35	0.35	0.37
OECD合计	—	—	—	—	—	0.31
年龄	退休年龄人口：65岁以上					
时期	70年代中期	80年代中期	90年代	90年代中期	2000年代	2000s中期
国家						
澳大利亚	—	—	—	0.26	0.31	0.3
奥地利	—	0.25	—	0.25	0.24	0.28
比利时	—	—	—	0.31	0.29	0.24
加拿大	0.35	0.29	0.27	0.26	0.26	0.27
捷克共和国	—	—	0.19	0.21	0.18	0.2
丹麦	—	0.2	0.2	0.19	0.2	0.2
芬兰	0.28	0.22	—	0.21	0.24	0.24
法国	—	0.35	0.35	0.31	0.31	0.31
德国	—	0.26	0.25	0.26	0.26	0.27
希腊	0.47	0.37	—	0.38	0.37	0.33
匈牙利	—	—	0.27	0.24	0.23	0.22
冰岛	—	—	—	—	—	0.24
爱尔兰	—	0.29	—	0.29	0.33	0.28

续表

年龄	退休年龄人口：65 岁以上					
时期	70 年代中期	80 年代中期	90 年代	90 年代中期	2000 年代	2000s 中期
国家						
意大利	—	0. 31	0. 3	0. 32	0. 33	0. 31
日本	—	0. 37	—	0. 37	0. 36	0. 34
韩国	—	—	—	—	—	0. 4
卢森堡	—	0. 27	—	0. 25	0. 25	0. 23
墨西哥	—	0. 49	—	0. 55	0. 56	0. 56
荷兰	0. 25	0. 25	0. 27	0. 26	0. 25	0. 24
新西兰	—	0. 23	0. 26	0. 25	0. 28	0. 23
挪威	—	0. 23	—	0. 25	0. 22	0. 25
波兰	—	—	—	—	0. 25	0. 28
葡萄牙	—	—	0. 38	0. 38	0. 38	0. 38
斯洛伐克共和国	—	—	—	—	—	0. 2
西班牙	—	0. 25	0. 24	0. 24	0. 26	0. 31
瑞典	0. 21	0. 18	0. 21	0. 2	0. 22	0. 22
瑞士	—	—	—	—	0. 29	0. 28
土耳其	—	0. 48	—	0. 52	—	0. 37
英国	0. 27	0. 26	0. 32	0. 28	0. 29	0. 27
美国	0. 36	0. 35	0. 37	0. 36	0. 37	0. 4
OECD 合计	—	—	—	—	—	0. 29

参考文献

ADB (Asian Development Bank) . 2009. "Social Protection: Reducing Risks, Increasing Opportunities." Manila. [www. adb. org/SocialProtection/ default. asp] .

Avenstrup, R. ; Liang, X. ; Nellemann, S. (2004): "Kenya, Lesotho, Malawi and Uganda: Universal Primary Education and Poverty Reduction" Scaling Up Poverty Reduction: A Global Learning Process and Conference Shanghai, May 25 – 27, 2004.

Bereford, P. and Hoban, M. (2005) Participation in anti-poverty and regeneration work and research, Report of Joseph Rowntree Foundation.

Binswanger, H. , Khandker, S. , and Rosenzweig, M. (1993) How infrastructure and . nancial institutions affect agricultural output and investment in India. Journal of Development Economics, 41 (2): 337 – 366.

Carrin. G. . D. de Graeve. and L. Deville. 1999. "Editorial: Introduction to Special Issue on the Economics of Heath Insurance in Low and Middle Income Countries." Social Science and Medicine 48: 859 – 864.

Chen N, Ma A, Guan Y. 2000. Study and Experience of a Risk-based Cooperative Medical System in China : Experience in Weifang of Shandong province. International Conference on Health Systems Financing in Low-Income African and Asian Countries. CERDI.

Conlin, M. (1999) . "Peer Group Micro-Lending Programs in Canada and the United States", Journal of Development Economics, 60: 249 – 269

De Brauw, Alan, Jikun Huang, Scott Rozelle. (2002) The Evolution of China' s Rural Labor Markets during the Reforms, Journal of Comparative Economics.

Devarajan, S. and Kanbur, R. (2005) A framework for scaling up poverty reduction, with illustrations from South Asia, Working Paper, Department of Applied Economics and Management, Cornell University, Ithaca, New York.

Devereux S. Conceptualizing Destitution. IDS Working Paper 216. Institute of

Development Studies, Brighton, Sussex BN1 9RE. England. 2003.

Dollar, D. and Kraay, A. (2004) Trade, growth, and poverty, The Economic Journal, 114, F22 - F49.

Eleni Gabre-Madhin and Nithya Nagarajan, Making Markets Work and Work for the poor. Poverty Monitoring and Evaluation—Workshop Proceedings of the Sixth East Asia PADI Consultation Meeting &Regional Workshop on Poverty Monitoring and Evaluation, China Agriculture Press; World Bank (2005) World Development Report 2006 : Equity and development [R] . The World Bank, Washington D. C.

Escobal, J. (2001) The determinants of nonfarm income difersification in rural Peru, World Development, 29 (3): 497 - 508.

European Commission. (1992) Towards a Europe of Solidarity: Intensifying the fight against social exclusion, fostering integration, European Commission COM (92) 542, Brussels. p. 8

Fan, S. and Rao, N. (2002) Public investment and poverty reduction: A synthesis of issues, methods and major findings, Mimeo. Washington, D. C. : International Food Policy Research Institute.

Fan, S., Hazell, P. and Thorat, S. (1999) Government spending, agricultural growth and poverty: An analysis of interlinkages in rural India. IFPRI Research Report No. 110. Washington DC: International Food Policy Research Institute.

Fan, Shenggen and Chan-Kang, Connie (2005) Road Development, Economic Growth and Poverty Reduction in China. Research Report 138. Washington, D. C. : International Food Policy Research Institute.

Fan, Shenggen, Linxiu Zhang and Xiaobo Zhang. (2004) Reforns, Investment and Poverty in Rural China. Economic Development and Cultural Change, pp. 395 ~ 421.

García, A. Bonilla and J. V. Gruat. 2003. "Social Protection: A Life Cycle Continuum Investment for Social Justice, Poverty Reduction and Sustainable Development." International Labor Organization, Geneva. [www. ilo. org/public/english/protection/download/lifecycl/lifecycle. pdf] .

Halcrow 2007, TA6308: Scaling Up of the Social Protection Index for Committed Poverty Reduction, Final Report, volume 1. Multi-Country Report.

Hjorth, P. (2003) Knowledge development and management for urban poverty alleviation, Habitat International 27: 381 - 392.

Holzmann, Robert and Steen Jorgensen. 2001. "Social Risk Management: A New Conceptual Framework for Social Protection, and Beyond." International Tax and Public Finance 8 (4): 529 - 556.

IMF (International Monetary Fund) . 2001. "Government Financial Statistics Manual." Washington, D. C.

Jacoby, H. G. (2000) Access to markets and the benefits of rural roads, The Economic Journal, 110, 713 - 737.

Jalan, J., and Ravallion, M. (2002) Geographic poverty traps? A micro econometric model of consumption growth in rural China, Journal of Applied Econometrics.

Karl, M. (2000): "Monitoring and evaluating stakeholder participation in agriculture and rural development projects: A literature review. (http: www. fao. org/sd/Ppdirect/Ppre0074. htm.)

Khandker, S. R. (1989) Improving rural wages in India. Policy, Planning, and Research Working Paper 276.

Limao, N. and Venables, A. J. (1999) Infrastructure, geographical disadvantage and transport costs, World Bank Policy Research Working Paper 2257.

Liu Y, Hu S, Fu W, Hsiao WC. 1996. Is community financing necessary and feasible for rural China? Health Policy, 38: 155 - 171.

Myrdal, G. Asian Drama: An Inquiry into the Poverty of Nations, Vol. 1 - 3, New York: Pantheon Books, 1968. ——The Challenge of World Poverty: A World Anti-poverty Program in Outline. New York: Pantheon Books, 1970.

Munsterberg, E. (1904) The Problem of Poverty. The American Journal of Sociology, Vol. 10, No. 3 (Nov.), pp. 335 - 353.

OECD (Organisation for Economic Co-operation and Development) . 2009. "Social Protection." Paris, Cedex.

Pretty, J. (1995) Regenerating Agriculture: Policies and Practice for Sustainability and Self-Reliance. Earthscan, London; National Academy Press, Washington.

Ravallion, M. and Wodon, Q. (2000): "Does child labor displace schooling? Evidence on behavioral response to an enrollment subsidy", Economic Journal, 110: C158 - 175;

Renwick, T. J. and Bergmann, B. R. (1993) A Budget-Based Definition of Poverty: With an Application to Single-Parent Families. The Journal of Human Resources, Vol. 28, No. 1 (Winter.), pp. 1 - 24;

Rowntree, S (1901) Poverty: A Story of Town Life. London: Macmillan;

Schutz, T. W. (1965) Investing in Poor People: An Economist' s View, American Econom ic Review 40, pp. 510 - 520. —— Investment in Human Capital: The Role of Education and of Research. New York: Free Press, 1971.

Sen, A. K. (1985) Commodities and Capacities. Amsterdam: North Holland.

Sen, A. K. (1999) Development as Freedom, New York: Alfred A. Knopf, Inc.

Sen, Amartya. (1983) Poor, Relatively Speaking, Oxford Economic Papers, New Series, Vol . 35, No. 2 (Jul).

T. H. Polster. Public Program Analysis: Applied M ethods1Baltlmore, University Park Press. 1978.

Townsend, Peter. (1962) The Meaning of Poverty, The British Journal of Sociology, Vol. 13, No. 3 (Sep.).

UK DFID (United Kingdom Department for International Development). 2005. "Social Transfers and Chronic Poverty: Emerging Evidence and the Challenge Ahead: A DFID Practice Paper." [www. dfid. gov. uk/Documents/publications/socialtransfers. pdf].

UN ECOSOC (United Nations Economic and Social Council). 2000. "Enhancing Social Protection and Reducing Vulnerability in a Globalizing World: Report of the Secretary-General." New York. [www. icsw. org/un-news/pdfs/csdsocprotect. PDF].

UNESC (2005) Decentralization for poverty reduction, Policy dialogue of UNESC for Asia and the Pacific Committee on poverty reduction, second session. November 2005, Bangkok.

Van De Walle, D. (2002) Choosing Rural Road Investments to Help Reduce Poverty, World Development. 20 (4): 575 - 589.

World Bank (2001) China: Overcoming Rural Poverty. The World Bank,

Washington, D. C;

World Bank (2001) World Development Report 2000/2001: Attacking Poverty, Oxford University Press, New York.

World Bank (2003) China Country Economic Memorandum: Promoting Growth with Equity, The World Bank publication, Washing-ton, D. C.

World Bank (2004) World Development Indicator 2004, Oxford University Press: New York.

World Bank (2006). Health Reform in Rural China: Where Next? World Bank, Washington DC.

World Bank (2009) From poor areas to poor people: China' s evolving poverty reduction agenda——An assessment of poverty and inequality in China.

Xing-yuan G, Xue-shan F. 2000. Study on Health Financing in Rural China. International Conference on Health Systems Financing in Low-Income African and Asian Countries. CERDI.

北京师范大学社会发展与公共政策学院中国社会政策研究所. 中国儿童福利政策报告. 2010 年 6 月.

曾毅. 中国人口老龄化的“二高三大”特征及对策探讨 [J]. 人口与经济, 2001 (1).

车刚、赵涛. 新型农村合作医疗对农村居民卫生服务利用公平性的影响研究 [J]. 卫生软科学, 2007, 21 (1): 1-4.

陈立中. 收入增长和分配对我国农村减贫的影响——方法、特征与证据 [J]. 经济学 (季刊), 2009, (02): 711-726.

陈振明. 政策科学——公共政策分析导论 [M]. 北京: 中国人民大学出版社, 2003

程晓娟、张霞. 贫困地区致贫因素指标体系研究 [J]. 开发研究, 2005 (02).

褚亮. 贫困人口医疗救助的经济学分析 [D]. 复旦大学 2009 年博士学位论文.

代志明. 新型农村合作医疗补偿机制歧视问题研究——以收入差异为视角 [J]. 中国软科学, 2007 (2).

董晓波. 农村反贫困战略转向研究——从单一开发式扶贫向综合反贫困转变 [J]. 社会保障研究, 2010 (1).

都阳、蔡昉. 中国农村贫困性质的变化与扶贫战略调整 [J]. 中国农村观察，2005（5）.

段世江、石春玲.中国农村反贫困：战略评价与视角选择［J］.河北大学学报（哲学社会科学版），2004（06）：76－79.

范小建.完善国家扶贫战略和政策体系的背景［J］.中国老区建设，2009（6）.

范小建.中国特色扶贫开发的基本经验［J］.求实，2007（23）.

国家统计局、第二次全国残疾人抽样调查领导小组.第二次全国残疾人抽样调查主要数据公报（第二号）.2007年5月28日.

张淑英主编.中国农村住户调查年鉴2009［M］.北京：中国统计出版社，2009.

国家新闻办公室.中国的农村扶贫开发白皮书.2001.

韩颖、郑建中、覃凯.山西省卫IV项目地区农民因病致贫研究［J］.山西医科大学学报，2003，3（3）.

姜锡明、王海芳.农村反贫困战略中的社会保障制度安排［J］.农村经济，2007（06）：66－69.

卡尔·帕顿，大卫·萨维奇.政策分析和规划的初步方法［M］.北京：华夏出版社，2002.

康晓光.中国贫困与反贫困理论［M］.南宁：广西人民出版社，1995。

匡远配.中国扶贫政策和机制的创新研究综述［J］.农业经济问题，2005（08）.

劳埃德·雷诺兹.微观经济学［M］.北京：商务印书馆，1992.

李明强.面向全民的医疗保障——医疗保障的制度创新与中国医改相关措施探讨［D］.北京大学学士学位论文，2007.

李薇.保障与发展的双赢——社会保护政策框架下的城市反贫困战略研究［J］.中共桂林市委党校学报，2008（1）.

李小云.我国财政扶贫资金投入机制分析［J］.农业经济问题，2007（10）.

林毅夫、李永军.未来20年的中国扶贫：新的政策框架和制度安排［J］.//王国良.中国扶贫政策——趋势与挑战［M］.北京：社会科学文献出版社，2005.

刘继同.社会福利与社会保障界定的“国际惯例”及其中国版含义［J］.学术界，2003（2）.

刘坚．新阶段扶贫开发的成就与挑战——中国农村扶贫开发纲要(2001 年—2010 年）中期评估报告［M］．北京：中国财政经济出版社，2006.

刘民权、俞建拖．国际扶贫的理论和政策实践．中国发展研究基金会研究项目，2007 年 10 月．

刘平量．城市化移民：解决我省农村贫困人口的根本途径［J］．海南广播电视大学学报，2004（01）：60－62.

刘远立、饶克勤、胡善联．论建立中国农村健康保障制度之必要性和相关的政策问题（研究报告）［］．中国农村基本保障问题国际研讨会，2001 年 7 月 9－10 日，北京．

陆汉文．统筹性减排战略的提出背景．亚行统筹性减贫战略项目评审分报告，2010 年 5 月．

马丁·拉瓦里昂、陈绍华．中国减贫工作取得不平衡的进展．2004 年 7 月 18 日．

孟庆跃、焦岩、于保荣、严非、汤胜蓝．山东、宁夏新型农村合作医疗不同收入人群受益分布研究［J］．中国卫生经济，2008（11）．

缪尔达尔．亚洲的戏剧——南亚国家贫困问题研究［M］．北京：首都经济贸易大学出版社，2001.

宁骚．公共政策学［M］．北京：高等教育出版社，2003.

乔晓春、张恺悌、孙陆军、张玲．对中国老年贫困人口的估计［J］．人口研究，2005（2）．

全国城乡贫困老年人状况调查研究课题组．全国城乡贫困老年人状况调查研究项目总报告．（未公开发表），2003 年 1 月．

任苒、张琳．中国农村地区合作医疗干预后不同收入组人群的医疗服务需要与利用［J］．中国卫生经济，2004，23（2）．

尚晓援．“社会福利”与“社会保障”再认识［J］．中国社会科学，2001（3）．

沈红．中国贫困研究的社会学评述［J］．社会学研究，2000（02）．

史元峰、朱洪彪、朱伟等．河南省农村家庭卫生服务研究报告［J］．中国农村卫生事业管理，1999，19（8）．

世界银行，2009. 从贫困地区到贫困人群：中国扶贫议程的演进. http：//www. worldbank. org. cn/china，访问时间：2010 年 7 月 21 日．

世界银行．1990 年世界发展报告［M］．北京：经济出版社，1991.

世界银行．中国卫生系统——为什么改革势在必行．2005 年，中国农村医疗简报系列，4.

世界银行东亚及太平洋地区扶贫与经济管理局．中国贫困和不平等问题评估．2009 年 3 月．

斯图亚特·S. 那格尔．政策研究：整合与评估［M］．长春：吉林人民出版社，1994.

唐海英．论农村扶贫的机制与效益［J］．财经理论与实践，2000（03）．

田庆丰、张智民、王耀平、时松和、戴能光、武红．河南省新型农村合作医疗试点县基线调查研究［J］．中国卫生经济，2005，24（4）．

童星、林闽钢．我国的农村贫困标准线研究［J］．中国社会科学，1994（03）．

汪宏、Winnie Yip、张里程、王禄生、萧庆伦．中国农村合作医疗的受益公平性［J］．中国卫生经济，2005，24（2）．

王朝明．中国农村 30 年开发式扶贫：政策实践与理论反思［J］．贵州财经学院学报，2008（6）．

王德文、张恺悌．中国老年人口的生活状况与贫困发生率估计［J］．中国人口科学，2005（1）．

王荣党．农村反贫困度量指标体系与实证分析——以云南为例［J］．云南行政学院学报，2006（05）：156－160.

王增文．农村最低生活保障制度的济贫效果实证分析［J］．贵州社会科学，2009（12）．

威廉·N，邓恩．公共政策分析导论［M］．北京：中国人民大学出版，2002.

魏后凯、邬晓霞．中国的反贫困政策：评价与展望［J］．上海行政学院学报，2009（02）：56－68.

谢东梅．低收入群体社会保护的政策含义及其框架［J］．商业时代，2009（21）．

熊理然、成卓．中国贫困地区的功能定位与反贫困战略调整研究［J］．农业经济问题，2008（02）：76－80.

徐月宾、刘凤芹、张秀兰．中国农村反贫困政策的反思——从社会救助向社会保护转变［J］．中国社会科学，2007（3）．

杨立雄．欧盟社会救助政策的演变及对我国的启示［J］．湖南师范大学社会科学学报，2005（1）.

姚洋、高梦滔、海闻．“大病”风险对于农户的影响分析．“健康风险对中国农村地区家庭收入与消费的影响研究”，课题报告之三，2003.

叶普万．贫困经济学研究：一个文献综述［J］．世界经济，2005（09）.

周怡．贫困研究：结构解释与文化解释的对垒［J］．社会学研究，2002（03）.

周怡．社会情境理论：贫困现象的另一种解释［J］．社会科学，2007（10）.

应晓华、李国红、胡善联、江芹、刘宝、陈政、张黎明．家庭卫生筹资公平性研究［J］．中华医院管理杂志，2004，20（8）.

于学军．老年人口贫困问题研究［J］.//中国老龄科学研究中心．中国城乡老年人口状况一次性抽样调查数据分析［J］．北京：中国标准出版社，2003.

于洋，戴蓬军．新世纪我国农村反贫困对策思考［J］．农村经济，2004（08）.

贠杰、杨诚虎．公共政策评估：理论与方法［J］．北京：中国社会科学出版社，2006.

张国庆．现代公共政策导论［J］．北京：北京大学出版社，1997.

张金马．公共政策分析：概念·过程·方法［J］．北京：人民出版社，2004.

张磊，黄承伟，李小云．中国扶贫开发政策演变［J］．北京：中国财政经济出版社，2007.

张伟新．市场化与反贫困路径选择［J］．北京：中国社会科学出版社，2001.

赵昌文．贫困地区可持续发展战略模式及管理系统研究［M］．成都：西南财经大学出版社，2001 年.

中国发展研究基金会．在发展中消除贫困：中国发展报告［M］．北京：中国发展出版社，2007 年.

中国国际扶贫中心课题组．世界各国贫困标准研究．中国国际扶贫中心研究报告，2010（1）.

周长城、陈红．中国小康社会指标体系研究综述［J］．湖南社会科学，2004（05）.

朱玲、蒋中一．以工代赈与缓解贫困［M］．上海：上海人民出版社，1994.

祝梅娟．贫困线测算方法的最优选择［J］．经济问题探索，2003（06）．